2021

黑龙江省社会科学学术著作出版资助项目

旗人作家穆儒丐研究

李　丽◎著

哈尔滨工程大学出版社
Harbin Engineering University Press

内 容 简 介

本书是目前关于现代旗人作家穆儒丐研究的第一本专著,以穆儒丐在清末、中华民国初期、军阀时代、东北沦陷时期的创作为主要研究对象,研究他不同时期创作的变化和连续性。围绕着满汉、中外、新旧三对矛盾,钩沉出穆儒丐亲历中国近代诸多重大变革形成的复杂思想和创作轨迹,呈现他对民族、国家基于旗人立场上的独特观点,厘清穆儒丐的作品和当时的伪满官方立场存在相互利用、拆解的复杂关系。梳理这些关系,一方面有助于全面、准确地理解穆儒丐文学创作的意义;另一方面以研究穆儒丐为切入点,可以从旗人文化这个侧面,展现中国现代文学在发生、发展过程中的复杂性与多元性。

图书在版编目(CIP)数据

旗人作家穆儒丐研究/李丽著. —哈尔滨：哈尔滨
工程大学出版社,2021.12
ISBN 978 – 7 – 5661 – 3321 – 2

Ⅰ. ①旗… Ⅱ. ①李… Ⅲ. ①穆儒丐 – 人物研究
Ⅳ. ①K825.6

中国版本图书馆 CIP 数据核字(2021)第 242663 号

旗人作家穆儒丐研究
QIREN ZUOJIA MURUGAI YANJIU

选题策划 邹德萍
责任编辑 李 暖
封面设计 佟 玉

出版发行 哈尔滨工程大学出版社
社　　址 哈尔滨市南岗区南通大街 145 号
邮政编码 150001
发行电话 0451 – 82519328
传　　真 0451 – 82519699
经　　销 新华书店
印　　刷 北京中石油彩色印刷有限责任公司
开　　本 787 mm ×960 mm 1/16
印　　张 11.5
字　　数 260 千字
版　　次 2021 年 12 月第 1 版
印　　次 2021 年 12 月第 1 次印刷
定　　价 65.80 元
http://www.hrbeupress.com
E-mail:heupress@ hrbeu.edu.cn

前　言

穆儒丐（1884/1885—1961），文学家、戏曲评论家、翻译家、历史学家、报人。他出生于北京西郊健锐营的旗人家庭，清末民初北京著名报人、作家，中国最早的戏剧评论家之一。1917 年穆儒丐到沈阳，在《盛京时报》创办东北地区第一份报纸文艺副刊《神皋杂俎》。《神皋杂俎》是东北地区重要的文学副刊，该报 1944 年宣告终刊。穆儒丐是这份副刊的编辑人、主要撰稿人，其文学观念和创作对东北地区的文学、文化有重要的意义。同时，穆儒丐作为旗人文学的重要作家，其创作的文学作品代表了近代满族文学想要实现其族群现代化的文化趋势。因此，以穆儒丐为线索可以丰富中国现代文学，尤其是东北现代文学的图景。

鉴于目前对穆儒丐的研究分散在旗人文学、东北现代文学、伪满文学各领域，无法形成对穆儒丐思想和创作的一贯关注，因此本书将以穆儒丐在清末、中华民国初期、东北沦陷时期的创作作为主要研究对象，围绕满汉、中外、新旧三对矛盾，研究其在不同时期创作的变化和连续性。本书是目前关于穆儒丐的研究最为全面的论著。

本书挖掘出很多新史料，填补了穆儒丐研究和东北现代文学的空白。本书中的史料丰富、翔实，笔者在对史料进行梳理中提出并阐释了自己的观点，对旗人文学、东北现代文学、伪满文学有着基于历史丰富性的独到见解。本书通过对穆儒丐的研究和对当时历史语境的还原，揭示出东北现代文学的诸多特点；对穆儒丐在伪满时期创作的"潜话语"分析，揭示了伪满文学本身就可以解构伪满政权的逻辑，突破了伪满文学文化研究中简单的二元对立的研究方式。本书是一部在史料与理论层面都有创见的学术著作。

本书的出版得到了黑龙江省社会科学学术著作出版项目（2021024 – B）的资助，以及哈尔滨学院青年博士科研启动基金项目（HUDF2020113）的支持。

著　者

2021 年 9 月

目　　录

绪　言

第一节　穆儒丐生平

穆儒丐(1884/1885—1961),文学家、戏曲评论家、翻译家、历史学家、报人。满族,祖籍吉林。原名穆都哩,也写作穆笃里,"穆都哩"是满语"龙"的音译。别署辰公,号六田,以儒丐、丐为主要笔名[①]进行创作。

穆儒丐出生于北京西郊香山健锐营正蓝旗的旗人家庭,少年时食清八旗前锋饷。家庭兄弟姐妹众多,家庭关系和谐融洽。幼年入专为旗人子弟开设的虎神学堂、方知学社学习。1900 年 3 月考入北京西郊设立的武备学堂。1900 年 4 月起,受到义和团运动的影响,穆儒丐回家避乱。亲历庚子之乱是穆儒丐人生的一段重要经历,他一生都在不断反思庚子之乱产生的原因,以及庚子之乱中暴露出的国民劣根性。1903 年入北京宗室觉罗八旗学堂[②]读书。

1905 年,穆儒丐考取清政府选派留学生资格,进入日本早稻田大学学习。1905 年农历八月初九,穆儒丐一行二十余人在三名司事带领下,启程赴日本留学。由北京乘火车到天津。在天津停留期间,受到旗人英实夫的接待,并拜访了英实夫的哥哥——《大公报》馆主英敛之。然后由天津乘小船到大沽,在大沽换乘大船经烟台到达日本,经停日本长崎、下关到达神户,然后由神户乘火车到达东京。

穆儒丐在其自传小说《徐生自传》中详细描写了从中国到日本旅程中经停各地

---

①关于穆儒丐的笔名,黑龙江省社会科学院研究员铁峰认为"肥丐"也是其笔名之一(见马良春,李福田主编《中国文学大辞典》,天津人民出版社,1991,第 6241 页)。"肥丐"在 1920 前后也常见于《盛京时报》副刊《神皋杂俎》,但是经笔者查实,"肥丐"不是穆儒丐。1921 年 8 月 9 日《神皋杂俎》书评栏目刊登穆儒丐的一篇书评《星期一日记》,文中提到自己于星期日与友人至凝香榭听李大玉鼓书,然后到欧波馆吃饭,"适肥丐从辽阳新归,亦应招而赴河上之会者"。可知"肥丐"不是穆儒丐的笔名,而是另有其人。

②后更名为经正学堂。

的社会风貌,表达了对当时中国社会落后状况的痛心,"我不了解塘沽一带,是国家第一门户,为什么这样闭塞,一点文明气象也没有。此处不过离天津一百(里)地,俨然到了化外一般。假如此地有人经营,大沽的要塞,万不至失守的。可见国家维新这几十年,都把钱花在无用的地方了。国家的要塞,反倒委弃不顾"[1]。也流露出对日本经过明治维新成为现代强国的复杂心理。穆儒丐一行达日本的第一站是长崎,乘船需接受日本海上警察检查,"这种举动,虽然于旅客稍有不便,但是我看见日本人能够自由发挥他们国家的权力,我非常羡慕的"[2]。穆儒丐对日本警察在自己国家海关有序地行使国家权力十分羡慕,并感慨中国的良港都被外国占去了。下关经停期间,穆儒丐想起了中日甲午战争,中国战败后就是在下关签订的条约,"次日到了下关,是甲午之役,李文忠和日本伊藤博文结割让条约地方。我们中国人到了这里,不知不觉便萌一种不快的感想"[3]。尤其在神户停留期间,正值日本国民庆祝日俄战争胜利,"这时正是日俄战争闭幕的时候,日军方由满洲撤归。战胜的国民正是举国若狂,举办欢迎大会。那临时设立的凯旋门。也不知搭了多少,街上电车,也都饰着松枝鲜花,日本白地红心的国旗,无论大街小巷,都插满了,差不多把天都要蔽住。那日本国民,无男无女,无老无幼,都出来逛凯旋门……便是我们从旁参观,也是很羡慕的。可是羡慕之中,又夹杂许多惭愧,想起我们中国的事情,多怎(什么时候,笔者注)才有这样一天"[4]。穆儒丐羡慕强国与"中国何时成为强国"交织在一起复杂的心理一直成为他思想的重要部分。

青年时代的穆儒丐

[1]穆儒丐:《徐生自传》(49),《神皋杂俎》,1922 年 8 月 22 日。
[2]穆儒丐:《徐生自传》(58),《神皋杂俎》,1922 年 9 月 1 日。
[3]穆儒丐:《徐生自传》(60),《神皋杂俎》,1922 年 9 月 3 日。
[4]同上。

穆儒丐在日本早稻田大学留学六年,最初三年学习历史、地理,三年后转学政治经济学。对于延长留学时间转学政治经济学,穆儒丐这样解释,"从前我在日本留学,本是奉命去研究教育的,所以关于教育事项,也有正三年的研究。后来我不愿当教员,所以又延长三年,改行研究起政治经济学,志向本来想着大用"①。留日期间的穆儒丐与旗人在日留学生恒钧、佩华、隆福、荣升、乌泽生、裕端,在东京创办《大同报》。他作为旗人立宪派,加入当时在日本发生的"立宪派"与"革命派"关于"中国何处去"的大论战。穆儒丐在《大同报》上翻译了鸟居龙藏在日本《太平洋报》上发表的《经济与蒙古》、浅龙虎夫的《中国纸币起源考》,创作了《世界列国现今之状势》《论说四:蒙回藏与国会问题》两篇论说文。穆儒丐留日时值明治末年,日本图书行业发达,大量西方文学文化书籍被翻译成日文。穆儒丐借助日文阅读了大量世界文学作品,如《莎士比亚全集》《玩偶之家》以及俄国的托尔斯泰等作家作品。同时他也十分熟悉日本文学,偏爱尾崎红叶、夏目漱石、森鸥外等人的著作。

1911 年,穆儒丐毕业回国,通过清政府考验游学毕业生考试,于 1911 年农历九月十五日被授予法政举人。但因辛亥革命爆发,清朝统治结束,他失去入仕机会,到禁卫军②做书记长,不久便辞职回北京西郊家中隐居。

中华民国初期(简称民初),穆儒丐到留日期间的同学乌泽生创办的《国华报》做文艺版编辑,同时也在《大同日报》《群强报》《京师教育报》等报刊上发表文章。1914 年,他参加北洋政府举办的第一届"知事试验考试",考中后没有赴任。这一时期,北京诸多报纸上刊载戏曲类消息,常有对戏曲及戏曲演员进行品评的文章,这些文章是现代戏评文体的雏形。穆儒丐此时也创作了许多戏评文章,为戏评成为一种现代文学批评样式做出了贡献。他依照司马迁《史记》的笔法创作了《伶

①穆儒丐:《女教与家庭问题》,《神皋杂俎》,社会问题研究专栏,1928 年 9 月 20 日。
②庚子之乱后,清朝政府看到八旗兵制已经无法承担保卫国家、保卫皇族的任务。溥仪继位后,摄政王载沣开始着手创建皇族武装禁卫军,以现代征兵制的方式创立这支军队。这支军队士兵素质很高,其中很多是穆儒丐同乡同龄的旗人子弟。这支部队最初由良弼节制,良弼被革命党彭家珍炸死后,因为冯国璋曾做过贵胄学堂的总办,而这支部队中很多士兵都曾就读该校,因此,冯国璋接管禁卫军,归中华民国陆军部编制。1914 年,禁卫军改编为陆军第十六师驻守南京,仍归冯国璋节制。后冯国璋为避嫌,逐渐疏远十六师。"外蒙古"独立期间,这支部队被派征蒙,因没有后勤供给,不仅征蒙不成,溃败后也不复存在。因为穆儒丐许多朋友在禁卫军中服役,所以民初穆儒丐才能到这支部队做书记长,而禁卫军的昔日辉煌而今消失也是穆儒丐所痛心的。穆儒丐在很多作品中都有提及,并将禁卫军民初后的历史写进了自己的小说。《同名鸳鸯》《新婚别》中的主人公都是禁卫军的士兵。两部小说都有明显脱离小说故事情节,专门叙述禁卫军历史的插叙。因为研究界至今对清末禁卫军的研究都很少,尤其是转为十六师后的经历更是鲜有提及,因此,穆儒丐关于禁卫军的文学创作有一定的史学价值。

史》，为京剧形成以来的重要戏曲家作传，为京剧历史研究留下了珍贵的史料。因在北京《国华报》《群强报》上连载小说《梅兰芳》，遭到"梅党"攻击。1916年《国华报》停刊后，穆儒丐到奉天法政学校任职，后因法政学校停课和父亲病危返京，而继续在北京报界谋生，1916年与1917年之交穆儒丐父亲去世。

穆儒丐父亲去世后，他于1917年夏由野满先生和辻听花先生①介绍②，接受奉天《盛京时报》之聘到沈阳出任该报编辑。1918年1月15日③在沈阳《盛京时报》创办文艺副刊《神皋杂俎》，该副刊为东北地区报纸第一个文艺副刊。在《盛京时报》工作期间，穆儒丐使用儒丐、丐为主要笔名创作。根据穆儒丐自述，"在北京的时候，也是以文艺为主要职务，那时我的笔名是辰公二字。只因为老大无成的关系，我便改用儒丐二字。杜工部的诗有云，'纨绔不饿死，儒冠多误身……朝扣富儿门，暮随肥马尘。残杯与冷炙，到处潜悲辛……'这不活画出一个讨饭吃的儒者嘛。本来乱国的读书人，应当想一想杜工部当时的情况，便是不见怎样得意，然而还没挨饿，也就大可自慰了。又元时把社会阶级，分得很奇怪，什么一官二吏……九儒十丐。儒的阶级，仅高于丐一等。我有慨于杜工之诗，又惩于元人笔记，不敢自高身价，所以才使用儒丐二字"④。从北京时期以辰公为笔名，到东北时期以儒丐为笔名，穆儒丐对社会、自我认识发生的转变可以体察。

①辻听花为北京《顺天时报》日本记者辻武雄的笔名。辻听花在《顺天时报》1917年7月5日第五版"春雪楼谈"栏目第103期，刊登《送别穆辰公之沈阳》。

②根据穆儒丐1935年11月7—13日在《盛京时报》副刊《神皋杂俎》连载的《运命质疑》中提到的，"那时我由奉天回家，因法政学校停办的缘故，所以依然在报界胡混。这时本社想由北京邀个人来帮忙，便由野满先生和辻听花先生协议之下，想着约我去，使人征求我的意见。我也以为奉天是熟地方，又是老家，便答应了"。

③笔者未找到《神皋杂俎》的创刊号，根据盛京时报创刊30周年，《神皋杂俎》的另一位重要编辑金小天回忆，在1936年10月18—19日，连载于《盛京时报》副刊《神皋杂俎》的文章《从今天向回追想》，"我们《神皋杂俎》是由中华民国七年一月十五日与读者相见的，这部文艺版是由同人儒丐先生所创"。认定《神皋杂俎》创刊时间为1918年1月15日。

④穆儒丐：《运命质疑》(3)，《神皋杂俎》，1935年11月9日。因本文大量引用《盛京时报》副刊《神皋杂俎》，在后文引用时简化为《神皋杂俎》。

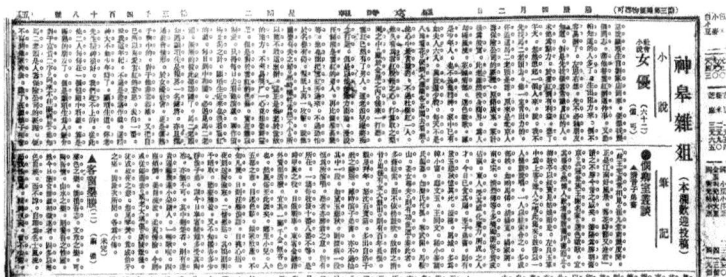

穆儒丐在《神皋杂俎》上表发的第一篇小说

1919—1931 年,穆儒丐在沈阳期间是其文学创作的黄金时期。《盛京时报》是穆儒丐发表文章的主要阵地,他的大部分作品都发表在这份报纸上。穆儒丐创作了论说、小说、戏评、文论、翻译、戏剧等多种体裁的文章,被称为"东北新文学的拓荒者"。在这一时期,穆儒丐在《神皋杂俎》上发表的小说有《女优》《梅兰芳》《香粉夜叉》《笑里啼痕录》《同命鸳鸯》《徐生自传》《北京》《海外掘金记》《五色旗下的死人》《难女的经历》《落涸记》《宜春里》《战争之背景》《锄与枪》《猪八戒上任》《四皓》《财政次长的兄弟》等等。翻译了德国小说《情魔地狱》;翻译了波兰小说家显克微支的长篇小说《你往何处去》,穆译本以《俪西亚郡主传》为名;翻译了日本小说家谷崎润一郎的小说《麒麟》和《艺炉》;翻译了法国作家雨果小说《克洛得》;意译英国诗人洛格斯《述怀》;译述美国斯迈尔斯的《品性论》;意译苏格兰诗人米尔克的诗《赠杜鹃》。创作了新剧《马保罗将军》和《两个公理》。在文学理论方面创作了《新剧与旧剧》《文学之我见》等。此外还有大量的书评、戏评文章。

除文学创作外,穆儒丐在这一时期尤其在 1926 年之前,创作了大量的论说文章,基本都刊登在《盛京时报》头版头条。笔者根据线装书局出版的《盛京时报》影印本统计,穆儒丐 1918—1926 年在《盛京时报》头版发表 375 篇论说,内容涉及社会、思想、教育、市政等社会生活各个方面,对当时社会发生的热点事件都做出了及时的反应。这也从一个侧面反映了这一时期的穆儒丐积极参与社会现实的入世心态。

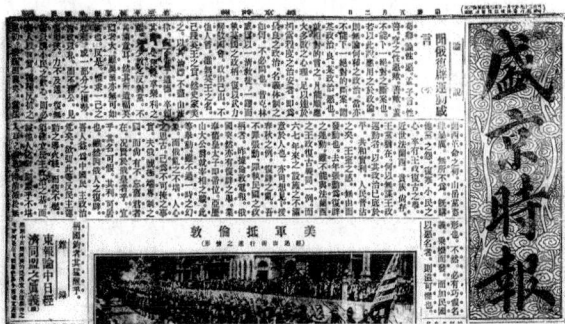

穆儒丐在《盛京时报》头版发表的论说文章

虽然自称"稳健派"的穆儒丐并不完全认同新文化运动的诸多主张,但他率先将新文化运动的文学成果引入东北。在《神皋杂俎》上转载过鲁迅、郭沫若、胡适、郁达夫等新文化健将的作品,并学习新文学的优秀成果,最明显的表现就是这一时期他创作了《宜春里》《战争之背景》《锄与枪》等高水平的现代短篇小说。这些短篇小说与他以往创作的小说审美风格迥然不同,放入同时代五四新文化阵营的优秀短篇小说行列也不逊色。

作为文艺副刊编辑,这一时期穆儒丐还参与《盛京时报》举办的征文评选活动。《盛京时报》从1919年开始每年举行新年征文活动,一直持续到1931年。这个被称为"新年号"的征文活动,其中"小说评选"从出题到评选基本都出自穆儒丐一人之手。这项评选活动对繁荣东北地区现代文学起到了积极作用。同时根据与穆儒丐共事过的金小天和王秋萤回忆,穆儒丐还积极培养后辈,后来东北许多报纸的编辑都曾经得到过穆儒丐的指导。

1925年"五卅惨案"发生后,全国为之愤怒。消息传到东北地区,东北地区掀起了反日爱国运动。穆儒丐因不赞同激烈的抗议运动,主张"实力救国",与曾经的同事《东三省民报》记者安怀音展开了长达两个月的论战。穆儒丐被安怀音等《东三省民报》记者称为"汉奸"。这次论战对穆儒丐的影响很大,论战前穆儒丐在《神皋杂俎》上连载自己编述的《美学史纲要》,在论战期间未完停刊。这场论战后穆儒丐的论说文章急遽减少。经历了与新文学的不断接触,穆儒丐在1926年《盛京时报》副刊《紫陌》的创刊号上发表《发刊词》,提出"旧不腐,新不浮"的新文化理想。

1930年,东北政府筹备奉天通志馆,编纂《奉天通志》,穆儒丐与伦明负责合编《交涉志》。这一时期穆儒丐对东北地区的历史、金石学、碑帖、绘画等方面多有关注,《神皋杂俎》上刊载的相关文章明显增多。

1931年,东北地区中日关系紧张,周大文①赴北平任北平市长,经周大文多次登门拜访,1931年6、7月间,穆儒丐由沈阳返回故乡北平,在北平市政府做秘书工作。1933年6月左右穆儒丐离开北平重回《盛京时报》。穆儒丐离开《盛京时报》期间,副刊《神皋杂俎》编辑工作由金小天负责,穆儒丐重返《盛京时报》后,《神皋杂俎》仍然由金小天负责,穆儒丐不再担任编辑,也很少发表政论文章,而是致力于学术研究及文学创作。

东北沦陷时期,穆儒丐的主要文学创作包括小说《财色婚姻》《栗子》《福昭创

①周大文(1896—1971),字华章。与张学良为结拜兄弟。1931年4月任北平市长,1933年张学良下野,周大文辞去北平市长职务。

业记》《如梦令》《新婚别》《玄奘法师》;翻译小说《古城情魔记》、谷崎润一郎的《春琴抄》。其中《福昭创业记》于 1938 年获得《盛京时报》"文艺盛京赏",1939 年获伪满洲国第一届"民生部大臣文艺赏"。1942 年 1 月 22 日,伪满成立康德新闻社,穆儒丐任理事。

1945 年东北解放后,穆儒丐离开东北返回北平,更名为宁裕之。1953 年经张伯驹介绍,被北京文史馆聘为馆员。根据北京文史馆工作人员介绍,新中国成立初期北京文史馆馆员不需坐班且没有工资。穆儒丐晚年以编曲唱曲为生,穆儒丐之子宁汝需于 1976 年整理了穆儒丐在新中国成立后创作的戏曲作品,包括单弦《屈原》《荆轲刺秦王》《汉文帝夜梦黄头郎》《雪艳娘》《三笑》,岔曲《酒色财气》《鲁智深赞》《李逵赞》《武松赞》《讽世》《自况》《自嘲》《八恨》《八怕》《八乐》。新中国成立后,穆儒丐创作了七律《自遣》:"苦茶一盏代白干,饭后能拧一袋烟。老眼不花书细字,闲情有寄校芸篇。文章西汉难追企,乐府东篱尚可攀。高歌一曲调元气,今日才知乐尧天。"可以窥见他晚年的生活状态。1961 年 8 月 20 日,穆儒丐参加天津屈振庭收入门弟子活动,中午再到何剑锋护国寺藕芽胡同家中吃了一碗面。席间,穆儒丐说:"今天还能吃就凑合着活,也许过几天就没了。"①9 月,他逝世于北京。

第二节　研究综述及选题意义

穆儒丐是东北沦陷时期东北地区著名文人,加之其旗人身份和对旗人历史的守护,以及他不同于新文化阵营的文学观,使他长期以来没有进入现代文学研究视野。1980 年,刘心皇著《抗战时期沦陷区文学史》,将他列入东北沦陷时期东北附逆文人第二位,位列郑孝胥之后。伴随着现代文学史对区域文学的重视,东北区域文学研究起步。1986 年,吉林文史出版社将穆儒丐的章回体历史演义小说《福昭创业记》重新整理删节后再版,编入"晚清民国小说研究丛书"。

穆儒丐以创作的复杂性进入文学研究者视野,源于 1991 年 9 月在长春召开的"东北沦陷时期文学国际学术研讨会"。会上日本学者村田裕子提交并宣读了题为《穆儒丐的精神历程》的论文,文中以穆儒丐自传小说《徐生自传》和《北京》为线索,勾勒出穆儒丐作为一个满族青年的独特经历,并以《福昭创业记》为例,说明与他同时代的作家和后世研究者对他的作品都存在误解。该文认为,穆儒丐的小说《北京》以自己为原型的主人公宁伯雍离开北京的原因是,"他不愿意看到被践踏

---

① 这段经历来源于北京戏曲研究家张卫东先生,何剑锋先生是张卫东先生师父。

的民族自尊心,而渴望民族回生的新天地"①。2006 年,长井裕子即村田裕子的《满族作家穆儒丐的文学生涯》②被翻译成中文在国内发表,文中回避了"民族自尊心"一词,但是主要观点未改。一起参加这次会议的上官缨先生作为伪满洲国的亲历者,认为穆儒丐是一个复杂人物。他承认穆儒丐在文学方面的成就,"艺术上不乏独到之处",但不认同村田裕子提出的穆儒丐的"民族自尊心","《福昭创业记》这部大受日伪当局青睐的小说,对于写清初创立基业的历史,我们不能有非议与责难;但在穆儒丐的笔下,确是把清初开国同伪满成立相连,'古为今用'地为之张目立论,从史实中找依据形象地制造'天心民意',适应统治者的政治需求"③。学者们对穆儒丐在东北沦陷时期创作截然不同的评价,揭开了穆儒丐创作复杂性的一角。

一、研究综述

随着穆儒丐的文学创作逐渐纳入研究界视野,穆儒丐作为旗人的特殊身份和他对族群历史的守护,以及他开拓东北现代文坛的成绩都逐渐清晰。目前研究界对穆儒丐研究主要集中在以下几个方面:

(一)东北现代文学视野中对穆儒丐的研究

《盛京时报》是东北地区发行时间最长且影响很大的报纸,其副刊《神皋杂俎》在开拓和繁荣东北现代文学方面,发挥了不可替代的作用。作为该副刊创始人的穆儒丐是研究《盛京时报》和东北现代文学发轫期绕不过去的话题。在东北现代文学研究领域中对穆儒丐的研究,主要集中在其开创东北现代小说和东北通俗小说方面:

1. 穆儒丐小说的创作成就

已故的黑龙江省社会科学院研究员铁峰是国内较早提及穆儒丐文学成就的学者,1992 年他发表了《二十年代的东北新文学》,该文梳理了 20 世纪 20 年代东北地区现代文学取得的成就,肯定了穆儒丐在现代小说创作方面的成就,"如《香粉夜叉》,通过魏静文与夏佩文的婚姻悲剧,揭示出在现代物质生活中人的生活观念的变化,以及奉系军阀的腐败、丑恶嘴脸。重要的是作者在 1919 年,已开始运用时空交错,明线暗线交叉,安排小说的情节结构,运用场面细节描写、景物描写、心理描写刻画人物的思想性格,推进故事情节的发展"④。并提出穆儒丐的小说《香粉夜

---

①出自 1991 年东北沦陷时期文学国际学术研讨会上,村田裕子《穆儒丐的精神历程》发言稿。
②长井裕子、莎日娜:《满族作家穆儒丐的文学生涯》,《民族文学研究》2006 年第 2 期。
③上官缨:《上官缨书话》,吉林人民出版社,2001,第 72 页。
④铁峰:《二十年代的东北新文学》,《社会科学辑刊》1992 年第 1 期。

叉》是中国现代文学发展史上第一部长篇小说。1996 年,张毓茂主编的《东北现代文学史论》一书出版,在该书第三章(即《小说史论》下)第一节"先行者的足迹"中介绍的第一位作家就是穆儒丐,并以"穆儒丐:现代长篇小说的先驱者"①为标题,专门评述穆儒丐和他的长篇小说《香粉夜叉》,认定《香粉夜叉》应为中国现代文学史上第一部长篇小说。这是穆儒丐创作第一次进入文学史的书写。同年出版的《东北现代文学大系》(第六集)导言中,评价了穆儒丐的小说成绩:"中国现代长篇小说的开端是以张资平的《冲积期化石》和王统照《一叶》的问世为标志的。这是被目前的全部新文学史所认定的结论。前者 1922 年 2 月由上海泰东图书局出版,后者 1922 年 10 月作为'文学研究会丛书'由商务印书馆出版……穆儒丐创作的长篇小说《香粉夜叉》,1919 年 11 月 18 日至 1920 年 4 月 21 日连载于《盛京时报》,它比《冲击期化石》和《一叶》的出版时间,提早了大约两年。从这个单纯的意义上讲,东北现代长篇小说又确确实实地应列居于显赫位置。我们似乎可以得出这样的结论,《香粉夜叉》是中国现代文学史上第一部长篇小说。这是很令人费解也很令人骄傲的事,它有着非同一般的意义。"②

1993 年,铁锋发表了一篇专门介绍穆儒丐生平和文学成就的文章——《东北现代文学的开拓者与建设者——满族作家儒丐》③,细致梳理了五四新文化运动中穆儒丐思想的变化:从最初"反对学生和市民的'激烈'行动,要求帝国主义和军阀政府暂时'忍让''妥协',用'最善'的方法平息'暴乱',以免中国走上苏俄十月革命的道路",到 1921 年前后创作了《笑里啼痕录》《同命鸳鸯》《战争之背景》《锄与枪》《红楼时语》《儒丐戏墨》和一系列政论文批驳军阀与反动政客对苏联和社会主义的攻击,肯定了穆儒丐在这一时期思想的转变,"在中国共产党成立之前,儒丐对列宁、社会主义能有这种认识,是难能可贵的,应该予以充分肯定"。2012 年,王晓恒发表《从〈香粉夜叉〉到〈福昭创业记〉——论穆儒丐对东北现代小说的贡献》④,文中认为《香粉夜叉》不仅是中国现代文学史上第一篇白话小说,而且这篇小说是在五四运动影响下,思想和形式都具备现代意识的小说。将穆儒丐的小说创作放在五四新文化运动的影响下进行研究,加深了穆儒丐小说研究的时代性。

2. 穆儒丐通俗小说成就

2005 年,学者刘晓丽发表《从〈麒麟〉杂志看东北沦陷时期的通俗文学》。在该

①张毓茂主编《东北现代文学史论》,沈阳出版社,1996,第 132 – 138 页。

②张毓茂主编《东北现代文学大系》(第六集),沈阳出版社,1996,第 2 页。

③铁锋、郑丽秋:《东北现代文学的开拓者与建设者——满族作家儒丐》,《学习与探索》1993 年第 4 期。

④王晓恒:《从〈香粉夜叉〉到〈福昭创业记〉——论穆儒丐对东北现代小说的贡献》,《短篇小说(原创版)》2012 年第 2 期。

文中,刘晓丽认为穆儒丐在《麒麟》杂志上连载的言情小说《新婚别》代表了当时东北言情小说最高水平,与华北地区通俗小说作家刘云若的水平相当。"由此来看,《麒麟》中的长篇言情小说,虽然以华北作家为主,但东北作家的作品也具特色,在某种层面上,穆儒丐和刘云若等不分伯仲,他们的作品一起构成了《麒麟》杂志长篇言情的蔚为大观。"①学者詹丽在她博士论文中评价,在 20 世纪 20 年代,"穆儒丐一面受旧小说影响,一面留学日本接受新文化和新思想的润泽,加上他翻译了大量的外国小说,注重对中外文学的比较研究,善于取长补短。因此,他的作品中经常同时出现新旧文学的特征。在东北的文坛上,穆儒丐代表了东北通俗文学的最高成就。他所创作的大量社会小说,充分反映社会现实,成为了解那时社会现状的范本"②。

3. 穆儒丐的其他题材作品

上文提到的学者铁峰在《二十年代的东北新文学》中,较早地注意到了穆儒丐在话剧和翻译文学方面的成就,"1923 年,儒丐发表在《盛京时报》上的独幕剧《公理之失败》是最早见诸报刊的话剧"③。"仅儒丐一人在《盛京时报》上发表的长篇翻译小说就有四部:《情魔地狱》《俪西亚郡主传》《哀史》(即《悲惨世界》)《严窟岛的伯爵》(即《基督山复仇记》)。"④2012 年学者冯静发表《辽宁现代文学发生期的文学批评:以穆儒丐为中心》⑤,将《盛京时报》副刊《神皋杂俎》创办初期,以穆儒丐为中心的《神皋杂俎》作家群创作的戏评和小说批评文章,视为辽宁现代文学发生期的文学批评代表。许秀芹在《〈盛京时报〉"社说"研究述评》⑥一文中提到,穆儒丐在《盛京时报》发表了 300 余篇论说文章,提示研究界应关注穆儒丐的论说文章。2015 年,高云球、王巨川发表了《论旗人作家穆儒丐在东北的翻译文学实践》⑦,肯定了穆儒丐在东北翻译文学方面的成绩,使东北地域的文学发展成为中国现代文学整体序列中的一部分。作为一名"流动"的知识分子,在关内和关外搭建起"中心之都"与"边缘之地"的桥梁,为文学的传播与发展做出了积极的贡献。

随着东北现代文学研究的深入,穆儒丐作为东北现代文学开拓者的地位已经

①刘晓丽:《从〈麒麟〉杂志看东北沦陷时期的通俗文学》,《中国现代文学研究丛刊》2005年第 3 期。

②詹丽:《东北沦陷时期通俗小说研究》,博士学位论文,2012,吉林大学,第 86 页。

③铁峰:《二十年代的东北新文学》,《社会科学辑刊》1992 年第 1 期。

④同上。

⑤冯静:《辽宁现代文学发生期的文学批评:以穆儒丐为中心》,《名作欣赏》2012 年第 11 期。

⑥许秀芹:《〈盛京时报〉"社说"研究述评》,《兰台内外》2012 年第 3 期。

⑦高云球、王巨川:《论旗人作家穆儒丐在东北的翻译文学实践》,《民族文学研究》2015 年第 5 期。

被学界认可,穆儒丐在小说、戏剧、翻译、文学理论、政论等各种体裁创作方面的成绩逐渐清晰。

(二)东北沦陷时期穆儒丐文学作品研究

上文提到 1991 年 9 月在长春召开"东北沦陷时期文学国际学术研讨会",会上日本学者村田裕子与伪满老作家上官缨,就穆儒丐东北沦陷时期文学创作是否具有"民族自尊心"产生了较大的分歧。穆儒丐研究与很多东北沦陷时期作家研究面临共性的问题,即如何透过伪满复杂语境,解释他们作品的内涵。

东北沦陷时期的穆儒丐

铁峰这样评价穆儒丐在东北沦陷时期的思想与创作:"在政治上,儒丐既有反动的一面,也有进步的一面。从他的出身、所受的教育、做的官来看,他属于清朝遗少阶层。东北沦陷后,他拥护日本扶植溥仪建立的伪满洲国,是基于他对被推翻的清王朝的热爱和忠贞,这就决定了他在政治上既反动又进步的双重思想性格。"[1]铁峰也对穆儒丐在东北沦陷时期除部分媚日言论外,带有民族气节的一面给予了肯定,"东北沦陷以后,儒丐虽然站在清朝遗少的立场上,拥护伪满洲国,并主张写作对日伪带有'感谢情调'的粉饰文学。可是他既没有写过为日伪歌功颂德、粉饰太平的文学作品,也没有参与日伪的政治、文化统治。特别是在太平洋战争爆发后,当很多作家为日本的侵略战争大唱赞歌、呐喊助威时,儒丐既没参加日伪召开的'大东亚文学者大会''爱国誓师大会''圣战文学者大会',以及什么'恳谈会',也

---

[1]铁锋、郑丽秋:《东北现代文学的开拓者与建设者——满族作家儒丐》,《学习与探索》1993 年第 4 期。笔者注"铁锋"为"铁峰"。

没发表过支持日本进行侵略战争的言论和作品。基本保持了一个作家的民族气节和正义感"①。铁峰认为穆儒丐的政治立场是在中日两种政治立场外的清朝遗民立场。这种立场是既不同于为日本侵略张目,又不同于中国反抗日本侵略的立场,是寄希望于伪满真正"独立",恢复清朝统治的政治立场。2016 年,王晓恒发表《在文学与政治之间:〈盛京时报〉时期的穆儒丐》②,该文考察了穆儒丐在《盛京时报》的工作经历,长篇小说《福昭创业记》以及他的论说文、《新京七日记》等作品,认为穆儒丐是亲日的附逆文人。王晓恒在《〈盛京时报〉时期穆儒丐创作及思想论析》③中,认为穆儒丐在日伪统治时期,作为清朝遗民,对清王朝覆灭的不甘心化为强烈的民族意识体现于文学创作中。他与日系报纸及日伪政府之间密切而复杂的关系,使得文学史长期以来回避或有意忽视了他文学创作方面的成绩。

值得一提的是,穆儒丐在东北沦陷时期的文学创作已经从地域文学研究领域进入中国现代文学研究领域,杨义的《中国现代小说史》中提及了穆儒丐在东北沦陷时期创作的历史小说《福昭创业记》:"满族作家穆儒丐是东北沦陷区知名的章回小说家,他于 1938 年出版的《福昭创业记》则属于另一类型。清太祖努尔哈赤葬于福陵(沈阳东陵),清太宗皇太极葬于昭陵(沈阳北陵),这部三十四回的长篇实际上是博采典籍,辅以作家所熟悉的满人风俗,集中描绘满族在入关之前,由他们的杰出领袖努尔哈赤和皇太极率领,统一关东,南进叩关的叱咤风云的一幕。他把这些强悍的军事首领称赞为'对于人民,爱如赤子',看不到清兵南犯时给汉人造成的劫难。在客观上难免有投合'满洲国'之嫌,属于历史小说中的溢美之作。"④

综上可见,目前对穆儒丐东北沦陷时期文学创作的研究,倾向将其政治立场与文学成绩分开,否定他的政治立场,承认他文学上的创作成就。

(三)北京文化流变中的穆儒丐

最早涉及穆儒丐与北京文化关系的并非文学研究界,而是语言学界。1988 年日本汉语研究学者太田辰夫在他撰写的《汉语史通考》⑤以"社会小说《北京》的语法和词汇"为题,专节讨论穆儒丐的小说《北京》,讨论旗人语言与北京话的关系,

①铁锋、郑丽秋:《东北现代文学的开拓者与建设者:满族作家儒丐》,《学习与探索》1993 年第 4 期。

②王晓恒:《在文学与政治之间:〈盛京时报〉时期的穆儒丐》,《中国现代文学研究丛刊》2016 年第 3 期。

③王晓恒:《〈盛京时报〉时期穆儒丐创作及思想论析》,《东北师大学报》(哲学社会科学版)2016 年第 3 期 。

④杨义:《中国现代小说史》(第 3 卷),人民文学出版社,2001,第 684 - 685 页。

⑤太田辰夫:《汉语史通考》,江蓝生、白维国译,重庆出版社,1991,第 304 - 320 页。

这为后来穆儒丐研究提供了很多启发。

　　穆儒丐稔熟的北京白话创作和他作品中对老北京风俗的呈现,成为北京城市文化想象的一种资源。2003 年 10 月,在陈平原和王德威的主持下,北京大学"20世纪中国文化研究中心"和哥伦比亚大学东亚语言文学系在北京大学合作举办了"北京:都市想象与文化记忆"国际学术研讨会,会后出版了该会议的论文集《北京:都市想象与文化记忆》①。么书仪提交的《戏曲史叙述中的北京"堂子"》和张菊玲提交的《香山健锐营与京城八大胡同——穆儒丐笔下民国初年北京旗人的悲情》两篇论文,将穆儒丐的作品纳入北京京味文化这一话题。2004 年 8 月 23—25 日,在北京召开由北京社会科学院、北京文化发展研究院主办的"文化交流、民族融合及社会发展——满学与北京文化国际学术研讨会",关纪新提交了题为《京旗作家与北京》②的论文,将京旗满族作家三百六十年的文学创作与北京文化积淀进行联系,发掘北京文化中的满族因素。2005 年,雷晓彤发表《"京味":近代北京小说家的探索》③,该文认为晚清以来现代化冲击,给北京社会带来了思潮和文化机制上的变化。清末民初,近代包括穆儒丐在内的北京小说家开创了现代文学史上"京味"风格的源头,形成了现代北京文化关注世道人心、叙事态度从容练达和展现北京普通市民等特点。2013 年,刘云《早期北京话的新材料》④将穆儒丐的小说视为早期北京话的代表之一。

(四)近代以来旗人族群记忆书写

　　穆儒丐作为旗人,有着关注旗人族群命运、守护旗人族群历史的情结。因此一部分关注少数民族历史和文学的研究者,从旗人族群历史和京旗文学创作传统的角度,研究穆儒丐文学作品。

　　1999 年,孙玉石与张菊玲发表了《〈正红旗下〉悲剧心理探寻》,该文首次将穆儒丐的创作置于满族、旗人的创作传统中加以考察,认为穆儒丐等旗人作家在民初时期形成了京派旗人小说家群体,"这些小说,用地道的北京话撰写反映北京城普通旗人生活故事,虽算不上是好作品,却也难得地为清末民初旗人急剧变化的生活留下了一些真实的描写"⑤。2007 年,关纪新发表了《风雨如晦书旗族——也谈儒

---

①陈平原、王德威:《北京:都市想象与文化记忆》,北京大学出版社,2005。
②关纪新:《京旗作家与北京》,满学和北京文化国际学术研讨会会议论文,北京,2004,第9 页。
③雷晓彤:《"京味":近代北京小说家的探索》,《北京社会科学》2005 年第 2 期。
④刘云:《早期北京话的新材料》,《中国语文》2013 年第 2 期。
⑤孙玉石、张菊玲:《〈正红旗下〉悲剧心理探寻》,《北京大学学报(哲学社会科学版)》1999年第 5 期。

丐小说〈北京〉》，该文认为"儒丐的长篇小说《北京》，是迄今能读到的用中文书写的最为真切详备地收录有民国伊始京师旗族命运场景的纪实之作"①。从《北京》中可看到一个特殊群体在变革中的命运和一个时代的侧面。杨早《家国之痛与现代性话语——从〈北京〉到〈正红旗下〉》②，将穆儒丐的小说《北京》和老舍未完成的小说《正红旗下》，看作满族作家对本族群在清末民初遭逢丧失家国之痛的表现，提出这种族群"创伤记忆"的书写必须借助其他的"现代话语"表达的现象。

孙菊玲发表的《清末民初旗人的京话小说》，将穆儒丐等"旗族报人小说家"在民初的创作，放在旗人北京话创作小说的传统中考察。这些民初小报旗人作家连接起了《红楼梦》《儿女英雄传》到老舍的创作，一起构成了旗人北京话小说创作的传统。而穆儒丐就是这批文人的代表之一，"这些人中间以蔡友梅、王冷佛、穆儒丐成绩最为突出"③。并将穆儒丐的小说《北京》看作当时旗人生活的写照，"普通旗人在清朝亡国后的苦难生活，在社会小说《北京》最早得到了纪实的反映"④。2009年张菊玲发表了《"驱逐鞑虏"之后：谈谈民国文坛三大满族小说家》⑤，文中将穆儒丐、王度庐、老舍称为"民国文坛三大满族小说家"，并首次将包括穆儒丐在内的三位满族作家置于辛亥革命"驱逐鞑虏"的潮流下考察他们特殊的创作心理和作品内涵。

2011年，刘大先发表《制造英雄：民国旗人对于清初历史的一种想象——论穆儒丐小说〈福昭创业记〉》⑥，认为主流文学史对《福昭创业记》的评价因作者的旗人身份使小说的意义受到"遮蔽"。刘大先将穆儒丐创作《福昭创业记》的目的看作在当时社会"排满"的环境下，作为满人通过创造本民族的民族英雄，表达自己民族在中国历史上的合法性。

闫秋红在《论民国时期满族作家的民族意识》中认为穆儒丐作为满族作家虽然对晚清的社会形势有清醒的认识，但是出于民族自尊和自恋意识，而具有遗民情结，并认为"过激的偏执的民族情绪和民族意识也会产生强烈的排他意识，狭隘的和独尊的民族情感既影响民族之间的团结，也阻碍自身民族的正常发展；有时甚至

①关纪新：《风雨如晦书旗族：也谈儒丐小说〈北京〉》，《满族研究》2007年第2期。
②杨早：《家国之痛与现代性话语——从〈北京〉到〈正红旗下〉》，《芒种》2013年第7期。
③张菊玲：《清末民初旗人的京话小说》，《中国文化研究》1999年第1期。
④同上。
⑤张菊玲：《"驱逐鞑虏"之后：谈谈民国文坛三大满族小说家》，《中国现代文学研究丛刊》2009年第1期。
⑥刘大先：《制造英雄：民国旗人对于清初历史的一种想象——论穆儒丐小说〈福昭创业记〉》，《满族研究》2011年第2期。

会走向极端,打着所谓的民族主义的旗帜,蜕变成民族的和历史的罪人"。①

(五)穆儒丐戏曲类文章的研究

前文提到"北京:都市想象和文化记忆"国际学术研讨会上,么书仪发表《戏曲史叙述中的北京"堂子"》,文中提出在晚清中国戏曲史,尤其是戏曲演剧史、戏班史中,"堂子"是个重要的现象,不过由于时代、社会风尚变迁诸种原因,在20世纪的戏曲史中,对它的叙述越来越呈现不稳定的、含混的特征。2007年,张菊玲在其论文《穆儒丐的晚年及其它》②找到了穆儒丐在回到北京后与八角鼓同人创作岔曲、单弦等经历。

穆儒丐创作最多的文章就是戏曲类文章,包括戏曲史、戏曲演出评论、现代戏曲理论等等。但是目前对穆儒丐戏曲类文章的研究还比较少,仅仅将其作为史料用于完善戏曲发展历史。

(六)清末立宪派及留日学生创办《大同报》的研究

对包括穆儒丐在内的清末立宪派留日旗人学生创办的《大同报》的研究,目前集中在近代史学研究界。因为穆儒丐很少提及此事,尤其是在记述自己留日经历的自传小说《徐生自传》中没有提及这段经历,因此穆儒丐这段经历和在《大同报》上发表的翻译及政论文章,没有进入穆儒丐研究者的视野。在同盟会成立前,以梁启超为代表的改良派与以孙中山为代表的革命派,在日本各自以《新民丛报》和《民报》为阵地进行了著名的"中国何处去"大论战,穆儒丐参与创办的《大同报》属于立宪派的报纸之一。

史学界中最早提到这份《大同报》的是1981年赵金钰发表的《杨度与〈中国新报〉》③,文中提到了杨度在旗人留学生创办的《大同报》上发表的《国会与旗人》。1993年,张学继在《论留日学生在立宪运动中的作用》④一文中,发掘了以往被忽视的清末留日学生参与立宪运动的现象,探讨留日学生在立宪运动中的作用。1996年,陈宇翔发表《清末留日立宪派的理论贡献》⑤,梳理了清末留日学生立宪派的理论脉络,文中提及了《大同报》。2002年,马先彦在《清末民初民族融合思潮考略》⑥中提及旗人留日学生创办的《大同报》及北京《大同日报》,指出在革命派和立宪派

---

① 闫秋红:《论民国时期满族作家的民族意识》,《中央民族大学学报(哲学社会科学版)》2012年第4期。

② 张菊玲:《穆儒丐的晚年及其它》,《满族研究》2007年第3期。

③ 赵金钰:《杨度与〈中国新报〉》,《近代史研究》1981年第3期。

④ 张学继:《论留日学生在立宪运动中的作用》,《近代史研究》1993年第2期。

⑤ 陈宇翔:《清末留日立宪派的理论贡献》,《求索》1996年第4期。

⑥ 马先彦:《清末民初民族融合思潮考略》,《贵州民族研究》2002年第4期。

"东京大论战"的背景下,旗人留日学生构想的"五族大同"与民国"五族共和",以及之后各民族平等的观念之间的连续性。该文第一次提及穆都哩在《大同报》上发表的《论说四:蒙回藏与国会问题》①的论点"中国之人民,皆同民族异种族之国民也""准之历史之实例,则为同一之民族,准之列强之大势,则受同一之迫害,以此二端,则已足系定其国民的关系矣"。

穆儒丐留日期间参与创办的《大同报》1

穆儒丐留日期间参与创办的《大同报》2

(103)　　說　一　第　報　同　大

經濟與蒙古

譯述一

譯　者　識

穆　都哩

是篇譯自日本太平洋報爲鳥居龍藏氏所談氏爲蒙古喀拉沁學監故於蒙古一切情形觀察最切吾人讀此可以見外人謀我之一斑焉故譯之以貢獻於我國民

蒙古最開明之地爲喀拉沁以喀拉沁之殖產貿易上之經濟的方面紹介於我和民族使其海外發展上生一大禆益者余之責任也余又焉敢不爲之紹介哉故以余所見喀拉沁喀拉沁之概畧以爲蒙古諸部之先云

喀拉沁者爲蒙古中之東蒙古而所謂內蒙古二十四部之主者。喀拉沁其一也其位置在陰山山脈之東端遼河之上流故喀拉沁於內蒙古中。

經濟與蒙古

一〇五

穆儒丐留日期间参与创办的《大同报》3

纪念辛亥革命100周年期间，辛亥革命研究新成果集中出现，其中包括对《大同报》立宪派同人的关注，比如邓丽兰在《从〈大同报〉看满族留学生的政治认同》[①]中将《大同报》同人的"五族"观念，置于中华民族这一现代民族国家想象的源头处加以考察。

二、选题意义

鉴于目前对穆儒丐的研究分散在旗人作家、东北现代文学、伪满文学各领域，无法形成对穆儒丐思想和创作的一贯关注，因此本书以穆儒丐在清末、民初、军阀时代、东北沦陷时期的创作作为主要研究对象，研究他不同时期创作的变化和连续性。

穆儒丐一生经历了清末、民初、军阀时代、东北沦陷等历史时期，他参与过清末立宪派与革命派的论战；是民初北京小报的重要报人；创办东北地区第一个报纸文艺副刊《神皋杂俎》，成为东北现代文学的开拓者之一；是东北沦陷时期著名文人。在这四个时期，穆儒丐发表了大量政论文章、小说、翻译、戏剧、文艺理论等诸多体裁各异的作品。归结起来，穆儒丐这四个时期的创作主要围绕着满汉、中外、新旧三对矛盾展开，涉及现代民族国家共同体的想象、民族危亡下的中国对西方及日本思想文化的接受与反思、现代文学与传统文化的关系，这都是中国近代以来中国历史和文学中的重要问题。穆儒丐的特殊性在于，在满汉矛盾中，他一方面认同旗人身份、守护族群历史，另一方面也坚持民族高于种族的现代民族国家立场；在中外矛盾中，他一方面以社会进化论看待中国的落后现状，以自强的姿态强调"实力救国""与列强并驾齐驱"，另一方面反感抗议、游行式的激进反帝爱国；在新旧矛盾中，他既看到新文化的成绩，也坚持传统文化的传承，反对必须以打倒一个政权方能建立一个新政权的政治革命方式对待新文学与旧文学的关系。满汉、中外、新旧是穆儒丐对世界一贯而连续的独特关注，但是这四个时代的巨变，使穆儒丐对这三对矛盾的思考又因现实处境的差异，而产生新的情感，进而引发新的思考。

在满汉矛盾方面，清末穆儒丐作为旗人中的开明派，思考建构"满汉蒙回藏五大族"多元现代民族国家共同体。民初清朝灭亡，穆儒丐失去入仕机会，整个旗人阶层因为失去一直依附的清朝八旗制度，生活陷入困境。此时穆儒丐自觉守护旗人历史，言说族群伤痛。伪满傀儡政权的建立，盗用了旗人历史和旗人伤痛的话语资源。此时，作为民初以来一直守护旗人记忆与言说旗人伤痛的穆儒丐，在东北沦陷时期的活动轨迹和他作品中呈现的"潜话语"，都拉开了他与伪满主流话语的距

①朱书刚、孙进主编《辛亥革命与海峡两岸关系研究第三届海峡两岸关系史与台湾史学术研讨会论文集》，湖北人民出版社，2014，第283－296页。

离。考察穆儒丐在不同时期关于民族国家和族群关系的言说,对研究中国现代民族国家观念的形成过程、还原伪满统治下复杂的文化语境都有着极高的价值。

在中外方面,穆儒丐在世界想象上接受了清末严复等人关于现代世界的社会达尔文式想象,将现代世界想象成弱肉强食的时代。如果弱国无法自强就会亡国,并认为这是民族国家能否生存的"公理"。因此在面对强国侵略时,穆儒丐强调国家自强,"实力强国""成为列强""与列强并驾齐驱"。当然穆儒丐也并非完全认同这种社会进化论,他也会批判社会进化论,构想乌托邦式的大同世界。但是他认为,"强权公理"是世界各国发展无法逾越的阶段,如果不经过这个阶段就失去了未来进入大同世界的资格。这与马克思思想传入中国以后形成的反帝思潮有很大的不同,最明显的体现就是 1925 年五卅运动后,穆儒丐与《东三省民报》记者安怀音的关于五卅运动后东北学生抗议活动的论战。

在穆儒丐的文化观念中文化没有新旧之分,现代中国文化建设需要新旧各方的资源和努力才能建成。作为开眼见过世界的人,穆儒丐对新旧文化都十分熟悉,他能在一种文化平等的视角下看待新旧文化。穆儒丐认为旧文化经过现代眼光的拣选和修整可以焕发生机,而新的文化中也很可能裹挟着腐朽思想。这种不同于新文化除旧布新逻辑的文化观念,使得穆儒丐文章中呈现的文化图景与五四新文化运动视角下的文化图景不尽相同,他对新文化阵营的诸多评价都可以成为今天反思新文化的有效视角。同时穆儒丐所设想的无冲突、无矛盾的文化革新是不切实际的,如果仅仅作为精英阶层的同人交流或者某一种文化局部的完善是可以实现的。作为一个整体文化的重建,这种无冲突式的革新只是一种理想化的空中楼阁,将其作为一个视角,从穆儒丐的文学创作和对文化现实的态度上,看待不同历史时期文学观念和文学形式变化也是很有价值的。

现阶段对穆儒丐的研究主要集中在东北现代文学研究,尤其是伪满洲国时期穆儒丐的创作上,倾向将穆儒丐对旗人身份的认同、旗人历史的守护,与伪满洲国成立相联系,将穆儒丐与新文化思潮的矛盾以中日二元对立的方式加以处理。这种研究方式无法展示穆儒丐作为清末立宪派、北京早期报人、东北文学开拓者、东北沦陷时期知名文人的思想和文学创作轨迹。无法解释在历史变动中一直怀有旗人情结的穆儒丐,在新旧文化的冲撞、多种文化交融的现代中国历史时空中,构筑起独特的观察周遭的视角,和对民族、国家的思考等复杂的生命体验。

本书力争钩沉出穆儒丐亲历中国近代诸多重大变革形成的复杂思想和创作轨迹;呈现他对民族、国家基于自己立场的独特观点;厘清穆儒丐的作品和当时的伪满官方立场存在相互利用、拆解的复杂关系。梳理这些关系有助于加深对穆儒丐文学创作的意义的理解。以穆儒丐为切入点,展现中国现代文学在发生、发展过程中的复杂性与多元性。

第三节　研究方法和章节结构

一、研究方法

为达到上述研究目的,本书将采取以下研究方法:

(一)以穆儒丐为中心的史料考辨

穆儒丐在清末持立宪派的政治立场、在 20 世纪 20 年代持与新文化运动不同的文化观念、在东北沦陷时期的著名文人身份,以及新中国成立后北京文史馆馆员的边缘位置,使其一直未进入主流文学研究界的视野。与穆儒丐相关的文学史料整理一直处在较为初始的状态,这造成了对穆儒丐研究的局限性,一方面穆儒丐一些重要的活动轨迹没有出现在研究者视野中,比如留学时代穆儒丐参与创办《大同报》的经历,和他在《大同报》上发表的政论文章和翻译文章。1931 年"九一八"事变前到 1933 年,穆儒丐在《盛京时报》上没有发表任何作品,穆儒丐在"九一八"前后的经历成为穆儒丐研究中的空白。这些重要经历史料的不足影响对穆儒丐的研究。另一方面由于史料不足,仅仅根据穆儒丐的文章来判断他的现实政治立场,也会使穆儒丐与其所处的文化环境产生隔阂。比如 20 世纪 20 年代穆儒丐在《盛京时报》上发表了大量政论文章,其中很多是批评东北当局执政能力的文章。据此,一些学者以后设民族主义的立场,认为任职于日报的穆儒丐是为日本在东北地区扩张张目。笔者通过对这一时期穆儒丐相关史料的整理,发现《盛京时报》编辑仅仅是穆儒丐多种文化身份之一,穆儒丐在现实中也并非与东北当局有特别激烈的对峙,同时他还兼任东北政府的交涉司秘书,为东北政府的外交活动提供咨询。他还参与过张学良主持的民国时期东北地区最大的史料编纂工作——《奉天通志》的编纂,同时也负责《交涉卷》的编纂。他周边聚集了一批文化同人,其中不乏东北政要和文化名流,而政论文章只是出于一个知识分子和报人对现实的批判立场。

因此,以穆儒丐为中心的史料收集和整理,不仅是对研究对象资料搜集的基础工作,也是借史料还原穆儒丐所处时代和周边环境,尽可能在合理建构穆儒丐所处时代的感觉结构基础上,分析和解读穆儒丐的文学作品及其传达意义的具体语境。

(二)穆儒丐作品文本互文性梳理

穆儒丐是一位较为成熟的作家,虽然他也会随着时代的变化在创作主题和风格上有所调整,但是他的创作有着较为明晰的文本链,不同时期的文学作品文本间的互文性很强。如果单单从某一个历史时段出发,完全以某一时期特殊的历史语境来解读穆儒丐的作品,则无法全面揭示他文本的复杂性和多义性,因此需要找到穆儒丐不同时期、不同作品间的互文性,才能看清穆儒丐在具体历史时期的思想和创作主旨。比如穆儒丐在各时期中均有涉及八旗制度的作品。他认为八旗制度是明末满洲崛起的重要因素,满洲八旗制度可以为中国建立现代兵役制度提供参考。在明末依靠八旗制度崛起的满洲可以和西方尚武的罗马社会相比,其中透露着作为旗人的历史自豪感。穆儒丐认为清军入关后,八旗不再是整个社会的组织形式,而变成了一种兵制。这造成了满汉之间诸多矛盾,成为各族群不平等的根源之一。穆儒丐在不同时期关于八旗制度的言说侧重点不同:清末,穆儒丐强调八旗的兵制性质,希望改八旗制为现代兵役制度,实现各族群平等,化解由八旗制度造成旗民分治,进而引发革命派排满风潮;民初,穆儒丐强调清朝依靠八旗制度崛起,为拓展中国疆域做出贡献,疾呼民国"五族平等"的政治口号,希望旗人、汉人享受同样的权利,希望满洲历史文化和中原历史文化得到同样的尊重;东北沦陷时期,他创作历史小说《福昭创业记》,以旗人现实的屈辱感和历史的自豪感交织的叙述情感,讲述满洲崛起的历史。如果看不到穆儒丐对八旗制度的复杂看法,很容易将其在民国时期的八旗、旗人言说看作清朝遗民对清朝的留恋,将他在东北沦陷时期创作的《福昭创业记》看作他对伪满的攀附。而通过梳理不同时期穆儒丐政论文和文学创作,可以看到他关于八旗制度思考的文本链,在文本互文性中找到他关于八旗制的复杂思考,以及在讲述八旗制度时透露出对现实的真实态度。

（三）东北沦陷时期穆儒丐的潜话语发掘

在伪满洲国极权统治的威胁下,直接的文化抵抗不能长久持续,文化抵抗的常态是间接的、多样的、隐晦的,这已经成为沦陷区文化研究界的共识。但如何具体地描绘这种间接的、多样的、隐晦的抵抗方式,是沦陷区文化研究的一个重要命题。脱离历史语境,基于今天的后设民族主义考察东北沦陷时期的文学抵抗,那么这种抵抗与同时期的抗日文学相比,一定是充满妥协、软弱无力的。但是如果基于伪满高压封闭的话语系统,文化抵抗不能顺畅地进行,那么对抗异质文化侵略的力量转而在各个不同的文化形式和话语形式间穿行,使得原本与政治、反抗不相干的文学文化表现形式,在那个特定的文化语境中有了共同指向,进而打通不同文学表现形式的间隔,借助"合法"的途径,由文学和文化"夹带"着各种形式的反抗意义,在作者、读者甚至媒体之间创造一种心照不宣的意义传播流程。另外,这种反抗有时需要借助日伪"中日亲善""五族协和"等"合法"话语才能得以流出。这种"中日亲善""五族协和"更像一种保护色,让这些抵抗话语得以在公开出版物上出现。但仔细分析这些话语与日伪官方的意图,除了在字面上相似,作品自身的逻辑并没有改变,并没有按日伪"中日亲善""五族协和"的逻辑进行,甚至在消解其意义。笔者将这种文化现象称为潜话语,以潜话语来解读穆儒丐在这一时期含有文化抵抗意味的作品,以及这种潜话语被日伪文化殖民借用的现象,借以透视日伪文化殖民的策略。

二、本书章节结构

本书从结构上分为绪言、主体和结语三部分。主体部分分为四章,以穆儒丐在清末留日时期、民初北京时期、军阀统治时期、东北沦陷时期的创作为线索,以满汉、中外、新旧三对矛盾为主要关注点构建章节。绪言部分主要介绍穆儒丐生平经历和主要创作情况,梳理穆儒丐研究的现状,阐释本书的研究方法和章节结构。

第一章考察不同时期,尤其是清末民初和军阀统治时期,穆儒丐对民族国家的构想,梳理其间的一致性与差异性。依据新挖掘的穆儒丐留日期间的经历,他参与创办东京《大同报》以及在《大同报》上创作和翻译的文章,考察清末穆儒丐作为清朝统治阶层后备军的旗人留学生,在中国从封建帝国向现代民族国家过渡中,关于"满汉蒙回藏为一大国民"的构想方式,以及他处理各种族间历史冲突和伤痛的方法。民初穆儒丐面临君主立宪的政治主张失败、给予其庇护的王朝消亡、所处旗人群体陷入贫困的现实处境。而在民初的语境中,清朝结束统治既是朝代统治的结束,也是封建皇权专制统治的结束。旗人的族群伤痛,无论在以汉文化为主的中国传统中,还是在现代文明中都缺乏充分表达的空间。旗人的悲惨处境被社会结构性地忽视和遮蔽。这时穆儒丐开始言说自己族群的历史和伤痛,且带着浓郁的悲愤感情,因此穆儒丐形成了构想民族国家与守护族群历史、言说族群伤痛交织的复调叙述,这种复调叙述成为穆儒丐文学的一个重要特点。根据穆儒丐以自己真实经历为原型创作的自传小说《北京》及其他作品,分析他遗民心态与新民立场交织的创作特点。同时引证穆儒丐在军阀时代的政论文章来分析他的现代民族国家构想与超越民族国家的大同世界想象之间的关系。

第二章主要以穆儒丐在军阀时代的文学活动为研究重点,勾勒出穆儒丐在五四时期对东北现代文学的开拓性贡献。五四新文化运动开始后,穆儒丐与新文化积极对话,他主持的《神皋杂俎》积极介绍新文化运动的成果,同时穆儒丐也开始创作带有明显新文化色彩的现代短篇小说。梳理穆儒丐对五四新文化运动,诸如文学、政治一体化,中西、新旧断裂,科学意识形态化地反思。将穆儒丐关于个性解放尤其是女性解放的观点,放置在清末由日本引进的"贤妻良母"式现代女性想象与五四时期男女平等、个人独立基础上的现代女性想象的区别中予以考察。分析穆儒丐与新文化运动在文学观、现代个人观念方面的诸多不同,以穆儒丐的视角反思新文化运动的盲点,同时厘清新文化运动在产生现代独立个体、现代独立女性等方面无法取代的地位和作用。

第三章主要考察穆儒丐在现代戏曲、戏剧理论方面的成就。现代戏评萌芽于清末民初北京小报。报纸上的戏评文类的最初形态一般是戏单式的"菊讯",或与狎妓类文章"品花"相似的"品菊"文章。民国时期是戏评由菊讯、品菊发展成独立的文学批评种类的重要阶段。穆儒丐对戏曲抱有极高的热情,是一位有很深造诣的戏评家。他参与过民初北京小报的创办,既是现代戏评文体的最初建构者之一,也是戏评发展的引领者。在五四新文化运动中,新剧旧曲及旧剧改良成为批判旧剧的重要话题,穆儒丐在新剧旧戏及旧曲改革方面的理论探讨,以及对未来戏剧国家化的诸多思考,都在新中国成立后戏曲、戏剧发展制度上得到了印证,从中也可以看到被文学史遮蔽的文化力量在塑造文化中的作用。《神皋杂俎》上刊登的诸多戏评文章,展现了包括穆儒丐在内的沈阳戏评同人群,经常一起观赏戏曲演出、发表戏评文章,可以还原当时沈阳地区的戏曲特殊性,发掘穆儒丐参与组建票房性质的俱乐部、办游艺园等文化活动,丰富了穆儒丐及东北地区文学文化研究。

　　第四章主要考察穆儒丐在东北沦陷时期的经历和文学创作。族群与民族国家是两个层面的概念,但是由于近代以来满汉问题一直与革命、民族国家等话题缠绕在一起,因此在抗战背景下,旗人族群言说既容易被伪满傀儡政权借用,又容易被抗战军民将两者混为一谈。本章挖掘出穆儒丐在"九一八"事变前后被淹没的经历,1931年在中日关系紧张的形势下,他离开东北跟随时任北平市长的周大文返回故乡北平。1933年周大文卸任北平市长,穆儒丐返回《盛京时报》,但是不再担任编辑。通过对《财色婚姻》《新京七日记》等穆儒丐在东北沦陷时期作品的分析,呈现出穆儒丐潜话语的表达方式:优秀的年轻旗人金珠(《财色婚姻》的主角)在伪满首都"新京"染病死去;《新京七日记》一面说"新京"建设成就,一面抱怨这是一次苦差。利用诸多潜话语形成了曲折而真实的文化抵抗。同时利用史料的挖掘和文本互文性来梳理东北沦陷时期穆儒丐继续言说族群历史,仍以伤痛的方式哀悼自己族群文化日渐消亡,其中蕴含多层意味。这种源自民族与地方的"本真性"有着不可化约、不可被伪满政权收编的性质。穆儒丐守护旗人历史、赞美东北是自己先祖之地是其民族自豪感的体现,因此即使是在当时的历史情境下,穆儒丐仍可以在旗人历史中寻找资源,以"潜话语"方式抵抗伪满政权。

第一章　旗人身份与民族国家想象

清末民初是中国从封建帝国转变为现代国家的转型期,满汉关系裹挟其中。旗人从清末到民初,社会地位、现实处境发生了巨大的变化。本章研究作为旗人的穆儒丐在这个巨变时代,对满汉关系及民族国家思考的连续性和差异性,以及这种连续性和差异性在其文学作品中的体现。

第一节　《大同报》:清末旗人立宪派 与民族国家想象

1907 年包括穆儒丐在内的旗人留学生,在日本东京创办《大同报》①,1908 年在清末北京报界有一份《大同日报》,这两份报纸都少有人研究。白润生主编《中国少数民族新闻传播通史》②将其视为两份截然不同的报纸。《大辞海·中国近现代史卷》记述,"《大同报》1908 年停刊,共出 7 期"③。还有一些学者记录了东京《大同报》与北京《大同日报》的关系,但是未进行细致梳理。比如记工编《历史年鉴·1907 年》载:"《大同报》创刊。本刊为月刊,编辑兼发行人为叔达、恒钧、乌泽生、穆都哩等旗人宗室留日学生为主要撰稿人。次年 3 月改名为《大同日报》。"④齐钟久主编《近代中国报道 1839—1919》(插图本)记述《大同报》,"本月(1907 年 6 月),《大同报》在北京创刊发行。《大同报》的创办人是旗人宗室留学生改良派恒钧、乌泽生、穆都哩、佩华、隆福、荣升等。编辑所和事务所在日本东京,总发行所设在北

---

①清末民初时期以《大同报》为名的报刊有多种,除本书提到东京旗人宗室《大同报》,还有欧榘甲 1901 年、1902 年之交在旧金山主办的《大同报》,1904 年广学会在上海创办的《大同报》,1912 年底由内蒙古喀拉沁旗的巴达尔胡倡导,在北京创办的《蒙文大同报》。可见"大同"是当时一种社会构想中国未来的关键词。

②白润生主编《中国少数民族新闻传播通史(上)》,中央民族大学出版社,2008,第 71 - 72 页。

③夏征农、陈至立、熊月之、等:《大辞海(中国近现代史卷)》,上海辞书出版社,2013,第 97 页。

④记工:《历史年鉴·1907》,吉林音像出版社,2006,第 134 页。

京,经销处遍布全国的很多书店。该报的宗旨是:主张建立君主立宪政体;主张召开国会以建立责任政府;主张满汉人民平等;主张统一汉、蒙、回、藏为一大国民。它坚决支持《新民丛报》和《中国新报》,同革命派展开论战。本报出至第七期停刊,创办人回国,在北京《大同日报》,继续宣传其主张"[①]。

鉴于一些学者将《大同报》和《大同日报》视为两份不相干的报纸,或对东京《大同报》与北京《大同日报》间的关系梳理不清的情况,本节将《大同报》与《大同日报》历史渊源作以整理,以此丰富穆儒丐生活和创作的历史语境。同时本节根据穆儒丐在《大同报》上发表的文章,分析他于20世纪初在中国从封建帝国向现代主权国家转变中,对中华民族现代民族国家形成的构想和努力,以及这些构想与以"五族共和"形式建国的中华民国在民族国家认同方面的关系。

一、旗人报纸《大同报》与《大同日报》

《大同报》创办于1907年6月29日(清光绪三十三年五月十五日),月刊,实际未按月出版。社址设在东京早稻田鹤卷町493号,由恒钧[②]及乌泽声[③]等人主办。报纸封面右上印"大清邮政局特准认为挂号新闻类纸业",出版后运回国内发行,共

[①]中国革命博物馆:《近代中国报道:插图本》,首都师范大学出版社,2000,第625页。

[②]恂王府恒钧,字诗峰。其高祖父为伊犁将军奕山,曾祖父为侍郎载鸳,祖父为头等侍卫溥翰,父亲为郎中毓照。据说恒钧结婚仅三日便东渡日本求学。在日留学期间创办了《大同报》。回京后,又在北京创办了性质相同的《大同日报》,专门以提倡"满汉人民平等,统合满汉蒙回藏为一大国民",尤其注重以"满汉融合"为宗旨,并将民族问题与立宪紧密相连。1907年秋,恒钧、熊范舆、沈君儒、雷光宇等人,给清廷上奏了第一份要求速开国会的请愿书。中华民国成立后,时任议员的恒钧又参与了首善工厂的创办,其目的在于救济爱新觉罗氏的家族子弟,使其衣食有靠。此外作为京剧爱好者的恒钧,于中华民国七年(1918年)与票界名宿红豆馆主溥侗一起组织了言乐会,是具有研究性质的知名票房之一。同时,他又撰写了《明清以来的戏剧变迁说略》,也是国剧运动的重要文献之一。后因参与袁世凯复辟活动逃至上海,《大同日报》随之停刊。1932年4月,恒钧在汪精卫主持的洛阳国难会议上提案"为欲抵抗外侮,必先团结内部,应使满蒙藏在政治、经济、教育上,一切平等案",指出"民族不能协调"是边疆危机的一大根源。恒钧以满族代表的身份建议,国民会议宜仿苏维埃之例,让各民族在国会中都有自己的代表。

[③]乌泽生,旗人宗室,日本留学回国后参与袁世凯复辟。作为吉林省代表参与国会请愿。创办北京《国华报》,即安福系的机关报。穆儒丐的小说《北京》中《大华日报》的经理白敫仁,《笑里啼痕录》中的墨卿都是以乌泽生为原型。安福系失败后,乌泽生转投奉系,1930年作为东铁督办公署秘书,参加中国赴俄代表团。1937年成为伪满兴业银行首任的四位理事之一。1941年汪伪政权成立"华北劳工协会",乌泽生担任辅导员(又名动员部)部长,后成为该会理事长。根据北京档案馆馆藏北平市警察局《呈报市政府拘捕汉奸及日人登记表》(J1-1-460)显示,乌泽生居住在辟才二条四号,未捕(外出)。

发行 7 期。当年的《盛京时报》和《顺天时报》分别对这份报纸进行了报道。

《盛京时报》刊登了题为《大同报之势力澎湃》的文章，"东京留学八旗组织之大同报已出两期，销路甚畅。各省由提学司札派，无论大中小学堂概须购置一分。本馆昨得陕山两省访员报告，该处均已寄到。其势力可谓澎湃"。《顺天时报》刊登《批允大同报出版》的消息，"日本留学生宗室存忠，创立大同报，以提倡融化满汉界限，禀请民政部立案，现经肃邸与各宪□①议批准"。并将民政部的批文刊登，"关怀时事，在莒不忘"。《顺天时报》还刊登了《大同报之募股》的消息，记载了《大同报》得到醇亲王 1 000 元、肃亲王和那桐各 500 元的支持。刊登在《大同报》第 2~5 号"本报名誉赞成员姓名"的捐款目录中，可以看到土尔扈特郡王、杨度、汪康年等人的捐款。第 7 号附录刊登了丹徒马相伯、《大公报》馆主英敛之、黄可权、康甲臣、盐山贾恩绂、《牖报》主人李庆芳、郭心培、山东王丕煦、牖报社同人为《大同报》刊发祝。

杨度在《大同报》创刊号上发表题词，这份题词同时也刊发在 1907 年 6 月 25 日《中国新报》第 1 年第 6 号上。文中提到恒诗峰找杨度为其新创的《大同报》题词。杨度认为他们"立宪开国会，满汉平等，同化蒙回"的宗旨和自己的主张相符，便同意为其题词。杨度在《国会与旗人》里认为，旗人是阻碍国内改革最顽固的力量，而恒钧等旗人有这样的举动很难得。"其内最沉痼者莫如八旗之人。此其原因虽甚复杂，而其所以救之之方法，亦颇繁难。予有《国会与旗人》一文，曾详论之，当即以公于世。其中所言者不能于此述之也。今惟因恒君等皆旗人中同志者，且组织杂志，主张政见，以为国民之先导，尤为自旗人以来所无有之事。今恒君等首为之，岂非中国之大幸？"随后杨度在《大同报》上连载《国会与旗人》（一曰撤旗私案）。可见这份报纸在当时有一定影响力。

1907 年《顺天时报》刊登的一则《大同日报》预计第二年春天出版的广告，"本社原在东京出刊大同月报一份，今复在北京纠集资本创办日报。一切均照股份有限公司办法，招集股份二千五百股，每股二十圆。有愿入股者祈通函本社，即将开办章程寄上，或移玉本社面商可也。再本社发行所原附在公益报馆内，今已移至前门外琉璃厂土地祠西院大同报社。凡与本社通函订报均祈寄至本社。大同报第 3 号亦经寄到请即至本社来购为荷。北京前门外琉璃厂土地祠西院大同日报社事务所谨白"。1908 年初《顺天时报》记载，"留学生在日本开办之大同月报，现在北京又组织一种大同日报，以提倡立宪融洽满汉为宗旨，定于二月二十六日出版"。同为清末北京报人的管翼贤在《新闻学集成》中记载了《大同日报》在北京的办报情

---

① 原文不清。后文中原文不清处都以□替代，不再做注释。

况，"大同报，设于琉璃厂土地祠。社长恒诗峰，编辑荣华卿、林质生、王藻轩、恒叔达（大同）。体裁文言，日出一大张。以变通旗制、促成宪政为宗旨。与杨度在日本东京所刊之大同杂志相呼应"。可以确定，东京《大同报》出满 7 期后，改名为《大同日报》在北京出版发行。《大同日报》创刊时间为 1908 年 2 月 26 日，报社地址为北京前门外琉璃厂土地祠西院。

《中国近代印刷工业史》记载，"《大同日报》文言文报，光绪三十四年（1908）发刊，恒诗峰创办。馆址设北京琉璃厂土地祠。琉璃厂广益印字局承印，铅字不齐，有头号字，无二号字。该报设论说、时评、杂俎等栏目，并刊有小说，皆用四号字排印，销路尚佳。同年秋，附出《大同白话报》"①。

1908 年 11 月《顺天时报》刊登《中央大同两报之合并》，"顷闻中央日报、北京大同日报两报之总经理，会商两报所出之版合为一报，曰：中央大同报。于昨日初四日两总经理商议妥协，曰一二日即合并出报矣"。袁世凯复辟期间，《大同日报》与《帝国日报》合并为《帝国大同报》，"缘帝国日报社长陆鸿逵，尝于田桐等往来。袁氏搜索党人，陆氏不安。因与大同报社长恒诗峰交甚笃，恒氏系清室宗人。陆氏欲表示拥护皇室，故与大同报合并，遂易名为帝国大同报。帝国而加大同，被引为笑谈"②。可以看到北京《大同日报》在北京的活动，以及这份报纸从最初主张立宪开国会、消除满汉畛域，逐渐成为袁世凯复辟造势工具的轨迹。

根据当时的资料，该报社长恒钧，以及参与创办东京时期《大同报》、后为北京《国华报》经理的乌泽生，都参与了袁世凯称帝，成为国会请愿代表。恒钧为满洲八旗代表，乌泽生为吉林省代表。③ 而从当时的活动和穆儒丐事后记述看，穆儒丐并没有参与复辟活动。在袁世凯复辟帝制失败后，恒钧潜逃到上海，④这份报纸就消失了。穆儒丐《说戏评》中提到，"报纸上有戏评，是在前清末叶。那时我与同学朋友共同办了一个《大同日报》。因为同人里面戏迷很多，闲时作几篇戏评，登在报上很受欢迎。这是报纸上有戏评的一段小历史。后来各报仿行，遂至今日，报纸若真没戏评，真算缺点了。可是我们《大同日报》，早被不成器的兄弟弄没了"⑤。本文将《大同报》与《大同日报》历史渊源作以梳理，也以此丰富穆儒丐生活和创作的历

①万启盈主编《中国近代印刷工业史》，上海人民出版，2012，第 480 页。

②同上书，第 303－304 页。

③《盛京时报》1915 年 9 月 17 日第 7 版，刊登了各省请开国会的请愿书，乌泽生为吉林省代表，恒钧为满洲八旗代表。

④《顺天时报》1916 年 7 月 23 日第 2 版，刊登《弃官逃跑之恒钧》，该文报道了作为蒙藏院编纂的恒钧突然不知去向，经调查因参与变更国体请愿团，恐被波及逃往上海。

⑤穆儒丐：《说戏评》，《神皋杂俎》，1926 年 4 月 4 日。

史语境。

留日旗人学生在东京创办的《大同报》,一直仅在史学界提及,用来考察中国新闻报业历史,以及 20 世纪初革命派和立宪派的论战。近年来,随着辛亥革命研究的深入,这份报纸被纳入中华民族共同体形成的历史过程中加以考察,比如黄兴涛的《现代"中华民族"观念形成的历史考察——兼论辛亥革命与中华民族认同之关系》①。而文学研究界对穆儒丐的研究鲜少将这份报纸纳入研究视野。

东京出版的《大同报》上,穆儒丐以穆都哩署名了 4 篇文章,分别发表在该报 1~5 号上:翻译鸟居龙藏②《经济与蒙古》③和浅龙虎夫的《中国纸币起源考》④,发表《世界列国现今之状势》⑤和《论说四:蒙回藏与国会问题》⑥(未完)。

而有趣的是,穆儒丐有意忽略自己在日本期间参与创办《大同报》并发表文章的历史。在其 1922 年连载于《盛京时报》的长篇自传小说《徐生自传》⑦中,详细地记录了自己在日本留学期间的经历,却没有提到自己和旗人留学生创办这份报纸的经历。本节重点研究穆儒丐作为旗人在 20 世纪初立宪派与革命派论战中,他如何处理自己的民族身份,如何加入这场论战,以及穆儒丐在民族国家发轫期的思考和构想。

二、东京《大同报》创刊的历史语境与理念

20 世纪初,以梁启超、杨度为首的立宪派以《新民丛报》为阵地,而以孙中山为首的革命派以《民报》为阵地,双方在日本东京开展了关于中国向何处去的论战。回看这段历史会发现一件有趣的事情,论战双方并没有就君权、立宪、民主等方面

①黄兴涛:《现代"中华民族"观念形成的历史考察——兼论辛亥革命与中华民族认同之关系》,《浙江社会科学》2002 年第 1 期。

②鸟居龙藏(1870—1953),日本人类学家。日俄战争后,受日本东京大学派遣,到中国东北做调查。1921 年获东京帝国大学文学博士学位,次年任该校人类学研究室主任。1939—1951 年来华,任燕京大学客座研究教授。除了在日本国内进行考古外,还在西伯利亚东部、千岛群岛、库页岛、朝鲜及中国内蒙古、东北、云贵、台湾等地进行考古调查和发掘。晚年致力于中国辽代文化的研究,著有《从考古学上看辽的文化》等。全部论著收入十二卷本《鸟居龙藏全集》。

③根据穆儒丐在译文中的介绍,《经济与蒙古》原文发表在日本《太平洋报》上,穆儒丐的译文发表在《大同报》1 号,第 103 - 123 页。

④根据穆儒丐在译文中的介绍,《中国纸币起源考》原文发表在《日本京都法学会杂志》第 2 卷第 1 号上。穆儒丐的译文发表在《大同报》2 号,1907 年,第 101 - 110 页。

⑤《大同报》3 号,1907 年,第 51 - 74 页;4 号 1907 年,第 87 - 107 页。

⑥《大同报》5 号,1907 年,第 47 - 62 页。

⑦穆儒丐:《徐生日记》,《神皋杂俎》,1922 年 6 月 27 日—12 月 12 日。

进行过深的争论,而民族问题却成为双方争论不休的话题。对此不应该将其视作一笔历史的糊涂账。应看到在立宪和革命之外,一个对当时和后世影响更为深远的话题:中国从一个封建帝国向现代国家过渡的过程中,知识分子如何从族类和王朝认同,转而建构一种新的民族国家认同。从中能够看到今天关于"中华民族"的现代民族国家观念,在其发轫期想象的多样性和冲突性。

在存亡危机下,建立一个现代民族国家、争取中华民族平等的国际地位,对革命派和立宪派来说都是不言自明、无须争辩的。区别在于这个新的民族认同共同体的边界在何处,该采取何种实现方式和手段。也正是这一共同的目标使得双方的论战成为可能,成为引起国内外华人关注此论战的原因。也是这一共同目标使双方能在辛亥年共同达成清帝逊位,建立"五族共和"的中华民国,而不是按文化、民族不同而各自独立。

旗人宗室留学生群体在这场论争中,基本站在支持立宪派的立场,《大同报》正是在这一背景下产生的。乌泽生在《大同报》序中提出了该报办报的政治宗旨:"一、主张建立君主立宪政体;二、主张开国会以建设责任政府;三、主张满汉人民平等;四、主张统合满汉蒙回藏为一大国民。"裕端在《大同义解》中对该报"大同"予以解释:"大同之本意有二,一曰:欢迎其本不以为异者而同之;一曰:利导其自以为异者而同之。二者缺一不为大同。"①针对的就是当时排满风潮,主张满汉融合,不要内乱,使列强趁机入侵。恒钧在《中国之前途》②一文中,以欧洲殖民侵略非欧地区,非欧地区纷纷灭国成为殖民地。所剩者仅中日两国。日本率先改革成为强国,中国要以日本为学习对象。引松春介石③之言以为"主义","专制国必亡,立宪国必不亡;国小民少者必亡,国大民众者必不亡;逆世界大势者必亡,顺世界大势者必不亡"。并举日耳曼民族统一,意大利民族统一。以进化逻辑来解释现代民族国家的形成,并以此来看待中国的历史和现实。认为中国的"进化"较欧洲各国更早,满汉蒙回藏早就同处在一个政府之下,是世界"进化"的趋势。而现实中"满汉问题发生之由来,全由于内治败坏日甚一日,外纷压迫十倍于前,政治问题牵入种族问题,惟其然也,故双方之感情愈疏愈远,势不得不抛却政治问题而专言种族,又不得不抛却国家而反对立宪,更不得不抛却外患而专言满汉,尤不得不抛却蒙回藏而言

---

① 裕端:《大同义解》,《大同报》2 号,1907 年,第 71 页。

② 恒钧:《中国之前途》,连载于《大同报》1 号,1907 年,第 23－51 页;2 号,1907 年,第 1－32 页;5 号,1908 年,第 1－11 页。

③ 松春介石(1859—1939),日本基督教新教的领导者。恒钧与穆儒丐在日本期间加入过日本的基督青年教会。

内部"。所以反对排满排汉的种族主义,主张中国各族群"有国界可言而无种族可分",主张在中华民族新的民族共同体下,解决民族间的问题和矛盾,"须知使中国存在于二十世纪之宇内,非满人之利,亦非汉人之利,中国之利也。使其遭踬于亡,非满人之害,亦非汉人之害,中国之害也。满汉人固不能跳出中国之外单言利害。"

乌泽生在《满汉问题》中以日本早稻田大学法学博士高田早苗的理论,区分种族与民族概念,认为满汉并非两个民族,实际为一个民族。"满汉两种人之关系,只问民族不必问种族。民族既同斯无种族问题发生也。"①

在当时革命、立宪的争论中,《大同报》诸君站在立宪派的立场,他们作为受过现代文明洗礼的开明旗人,感受到在新的历史情境下,国内各民族因清朝对不同民族分治的统治策略所造成的民族间的隔阂矛盾,会成为中国分崩离析的导火索。试图从理论层面应对各种排满、排汉的言论,为朝廷贡献关于建立一个新的民族共同体的方略。当时的报纸介绍《大同报》,也强调它"消除满汉畛域"的主题。因此这份穆儒丐参与创办的《大同报》,是清末较早开始在一个多元文化,甚至彼此冲突的情况下,想象和建构民族国家共同体的刊物。他们借助中国传统中已有的种族一词与经日本翻译西方 nation 而来的民族一词,作为两个相互区别的概念,将中国内部的满汉矛盾归为种族矛盾,用民族概念来构建一个现代的中华民族共同体。

三、穆儒丐处理满汉隔阂构建新的民族共同体

穆儒丐在《大同报》上发表了四篇文章,以翻译鸟居龙藏的《经济与蒙古》的译前、译后文章和自己创作的《论说四:蒙回藏与国会问题》两篇文章较为明显地表露了他对现代民族国家的思考。

在《大同报》创刊号上,穆儒丐翻译了日本人类学家鸟居龙藏在日本《太平洋报》上发表的《经济与蒙古》。鸟居龙藏系统地介绍了处在阴山山脉东端、多树木森林、蒙古"最开明"、为通满之要道的喀拉沁②在政治、经济、财政、人情风俗等方面的情况。鸟居龙藏在文中将喀拉沁视为"王国",将其"绍介于我大和民族,使其海外发展上,生一大神益者"。

清朝在不同地方行政区域采取不同的治理方式。边境与内部行省制不同,蒙古地区由蒙古王公实行自治,归理藩部管理。清末边境问题凸显,蒙古地区在政治体制上的特殊性成为帝国主义国家渗透、侵略该地区的借口。穆儒丐在译前介绍自己翻译这篇文章的目的是"篇译自日本太平洋报为鸟居龙藏氏所谈,氏为蒙古喀

①乌泽生:《满汉问题》,《大同报》1 号,1907 年,第 53 – 102 页。
②即喀喇沁,现为内蒙古赤峰市喀喇沁旗。

拉沁学监,故于蒙古一切情形最切吾人。读此可见外人谋我之一斑,故译之以贡献于我国民"。译后穆儒丐撰写了长文,驳斥鸟居龙藏观点,"吾人读此论文有着眼处三:其目喀拉沁为王国一也;谓蒙古与我国无何等直接关系二也;促其国民研究蒙古语三也"。可见穆儒丐翻译《经济与蒙古》的目的,就是提醒清政府和国人重视日本在该地区的渗透行为。文中以朝鲜亡国为例,指出鸟居龙藏视蒙古为王国的意图,"此特其灭人国之惯用计,用以愚我国民耳,彼目喀拉沁为王国者,明明怂恿其谋独立也"。提醒政府和国民,重视外藩问题的重要性,并提出了废藩改省的建议,"以我国今日之力,固不足以息外人之侵略,而改藩为省之力尚游刃而有余,政府又何惮而不为乎? 既改为行省矣,则其一切官制必仿内地各行省,而于边防必备、于交通必灵、于外交必易,而不难此必然之势也而置之不顾,听外人傀儡之,今日尊之为王国,明日即可谓其为帝国,必使其与我畔离而独立,而后已此平和的瓜分手段也"。

在译后的长文中,穆儒丐还注意到语言在处理"外藩"问题以及维护国家主权上的重要性,"英之灭印度也,先研究印度语。俄之欲谋事业于极东也,先研究满蒙之语。他如法之于越南,日之于朝鲜,英之于西藏、缅甸,列强之于中国无不孜孜然研究其语言文字,以为国势力发展之计。诚以言语者一国之命脉所开,而风俗、人情、政事之所系也,故国强而言语亦强。凡研究我言语者皆为我势力所左右者也。国弱语言亦弱,凡研究我之语言者皆左右我之势力者也"。他主张,在当时中国各地语言不通、边疆短时间不能与内地言使用同一种语言的情况下,可以南北互通,在译学馆设立少数民族语言专业。"以我边疆之民若斯之众,使其尽语内地之语,固非一日所能企及,故蒙藏之居民既不能尽语内地之语,毋宁择内地有志子弟使习蒙藏之语,以为经营蒙古、西藏之用,诚如是数年以后,可以言经营边疆而与外人侵略之野心相抗矣。"穆儒丐主张融合语言及由语言承载的风俗人情,畅通行政体系,以此促进不同文化区域之间融为一体,进而对抗外人的侵略。

从《论说四:蒙回藏与国会问题》[①]一文的目录可见,该文分为"绪论""第一论蒙回藏与内地亲密之关系以及其居势之危殆""第二论蒙回藏经营之方法""第三论蒙回藏与国会之关系",不过穆儒丐这篇文章未完成,只刊出"绪论""第一论蒙回藏与内地亲密之关系以及其居势之危殆"。

开篇穆儒丐就提出"今日中国有不治之病二:(一)政治之不统一,(二)社会舆论之偏颇是也"。"政治不统一"指的是清朝在不同的民族聚集区,实行不同的统治方式,"其立法施政及于此,而不及于彼,能行于近,而不能行于远,甚至一部一地

---

①《大同报》第 5 号,1908 年 1 月,第 47 - 62 页。

之人民"。"社会舆论之偏颇"源自"政治不统一",造成"国民无有团结的气象,甲地之人民所造之舆论,绝不与乙地人民之舆论合,偏于一方,不及全体。故其论之得者,只足为一地福,而其失者,则灾及全局焉"。并造成"只有民族的思想,而无国家之观念",最终会酿成国家内乱。并论述了蒙古、新疆、西藏存在的危机和对中国的意义,以及应该通过立宪、废藩改省使各地各族人民平等成为国民,形成一个有国家意识的民族。针对列强提出蒙古等地人种、风俗与内地不同进而分裂中国的用意。穆儒丐反驳"盖民族之成,国民之合,其绝大之原因,全由于外部之压迫,及利害之均等。而他种之原,则一缘于居于同一之土地,一缘于相安于一政治之下。至于言语、风俗、习惯,虽为成立民族及国民之要素,然有时不以此而亦能判定其为某国之国民"。

穆儒丐在《论说四:蒙回藏与国会问题》一文中,重点论述了"蒙回藏与内地的关系",用人种学和考古学的知识,先说明"此时代远在有史以前,即中国人种未入中国以前之时代也。盖中国人种之非中国土著民族,学者已有明证"。也就是无论满汉,谁都不是中国这块土地上的"原住民"。接着从人种学上说明中国人是"同种"的,"据人类学家之言,则谓中国人类为都兰(Turan)人种。都兰者,亚细亚最古之历史的民族也。其根据地在亚细亚之西方,其迁徙之范围为他族所不及。今之中国人种(含全体而言),即都兰自北路迁徙之民族也"。反驳了排满排汉言论中的"满汉不同种"的观点。

穆儒丐在论述蒙回藏与内地关系时,对历史进行了分期,"此关系(蒙回藏与内地,笔者注)更细别之三种:民族迁徙时代、部族竞争时代、国民共同生活时代"。"从都兰人种到黄帝时代为民族迁徙时代,黄帝之后到近代为部族竞争时代,此时代自黄帝时至于近代,中国历史下所有之事实也。盖中国人种自迁徙以来,但有程度的问题,而无国际的问题。故其相战争,亦不过文野的战争而已,强弱的战争而已。至于国际的竞争,则敢断其必无也。故中国四千年之历史,强半殆为战史,然其所与战争者,皆部族与部族之纷争,而绝非国与国之战争。特其部族所居之地有不同,故有文野程度之差,因而虽有中华外夷之误想,实则皆同一之民族也。春秋之荆楚,战国之强秦,其祖先皆夷种,而当时目为外国者也,而今则为畿辅之近疆,胡越并称之国耳,今究安在?况彼时所谓戎狄者,大半与列国为同姓。或为周之宗室,如姜戎则与齐同姓,骊戎姬姓,则周之宗族也。准是以言,则当时所有居于中国之人,必皆为迁来之都兰民族无疑矣。特其时法制不甚完备,人民本团结者也。而析之以封建,民族本相同者也,而别之以华夷。至相因已久,忘其本真,同种相残,至于无可底止。人谓中国非法制国,或者其不诬欤"。

穆儒丐将清初满汉之间的战争,视为部族时代中国的内部矛盾,与春秋战国时代各国之间的战争性质是一样的。这些战争都是因为"法制不甚完备"。人民本来是团结的,民族本来是相同的,但是封建制的隔离,加之华夷之别,使得"忘其本真"而至"同种相残"。而在这个划时代的时刻,中国进入了"国民共同生活时代","此时代,即中国现在及将来之时代也。人民生活于一政治之下,有利害相同之关系,且强邻环处,兄弟之阋不克复行,自兹以往,惟期权利义务之平允,协力以维持此危亡之国家,共享国民之责任,是此时代中自然之现象也"。

划分时代是为了给"过去时代"贴上野蛮、落后标签,处理历史伤痛承受者的创伤。用此刻与以往截然不同来减轻过去时代的伤痛感,让创伤的承受者看到共同的外部威胁而团结一致,进而共同找到通往光明未来的历史述说方式,成为以后中国每次发生危机时的历史言说"法宝"。此时构想"国民共同生活的时代"的穆儒丐处在庚子之乱后清朝开始着手变法的改革时期。作为清朝派到日本的旗人宗室留学生,是旗人中的开明派,未来将是治国的栋梁。此时的穆儒丐生发出关于"五族大同"的共同体想象。

而清朝覆灭后,穆儒丐失去入仕的机会,旗人生活一度陷入窘境,穆儒丐处理自己族群伤痛与民族国家共同体的关系是另一个重要的话题。

四、军国制的现代民族国家理想

除了行政上的改革,针对当时革命派提出的排满言论,穆儒丐在《论说四:蒙回藏与国会问题》中提出建立一个新的融合不同种族的军国制共同体,"所谓政治统一者,即完成一良美之宪法。而造成一大军国制是已"。

文中穆儒丐未对军国制进行过多阐释,在借鉴日本经验时提到,"然则,欲救中国,将出何策? 则应之曰,以今日中国之所处,内治外交均为不可缓之要务,然补救之手续,则宜首内治,而次外交。何则? 盖外交者,常视内治之如何,而异其手段。征诸日本,有足信者矣。日本初与五国所结之条的,皆片方的条约也。然其欲改定之也,必先着力于内治,编纂法典,改良地方行政,定通商条例,改良民法,定外人内地杂居之制,迨至内治完善而无缺,始能与外国改正条约。而外国亦因其内治之成效,始得允其条约改正之请。中国今日之所居,虽与日本异,其为治之手段,则不可不取同一之原理,以为今日救亡之策。虽然,吾所谓治内以抗外者,非地方的,乃全体的,何谓全体的? 即合中国地盘上所有之人民,为一完美之宪法,造一大军国制度。消灭其民族的思想,而确立国家之基础。所谓国民的是也,完成秩序的结合是也。盖不如是,则不足以抗外而自存"。

可见穆儒丐所谓的军国制是为了应对列强入侵、国家危亡的局面。它涵盖了生活在清王朝版图上的各个民族,文中引《拿破仑法典》中"生于法国者为法民"的条款,认为"生于中国之土者得不谓之为中国之民乎?"将革命派的"排满"主张看作秦始皇筑长城,造成了现在南北、华夷隔阂的延续,是宗法时代的产物,会给列强侵蚀中国提供口实。在清朝的传统兵制中,旗人是国家武备的正当来源,而在穆儒丐的"军国社会"中,身为中国人、各个民族人民都有义务保卫国家。因此要废除八旗制度,使得保卫国家成为每一个民族、每一个国民的义务。在此基础上建立一种各民族间平等的社会制度。

穆儒丐对中国"军国制社会"的设想,明显受到梁启超等人尚武思想的影响。1897年梁启超《记东侠》写道:"日本自劫盟事起,一二侠者,激于国耻,倡大义以号召天下。"①梁启超到日本后,受到日本军队"祈战死"和"常陆丸事件"②刺激,认为"尚武"是救治中国的良药。在1904年《中国之武士道》自序里,梁启超认为"武士道"虽是日本名词,但他却愿意借用它来宣扬中国的武士道。③

穆儒丐的独特之处在于,作为旗人在这种"尚武""武士道"的风潮中,从自己民族崛起中寻找资源。他回顾明末满洲崛起的历史,试图汲取八旗制度曾在历史上成功的要素,用以建立一个以"中华民族"作为所有"平等"个体全部认同的现代民族国家。而这种关于军国社会的想象一直成为穆儒丐在构想理想社会时的一个重要因素,在其以后的漫长创作中不断清晰。1933年,穆儒丐翻译日本江户时代的《赤穗义人录》④,在《盛京时报》副刊《神皋杂俎》上连载35期。在译前穆儒丐说明了自己的翻译意图,"日本明治维新以前,其士大夫多邃于汉学,类通古文精诗律,若在三百年前,江户幕府时代,其风尤盛,士大夫著者,多以汉文,有班马气息者,不一而足。赖山阳之《日本外史》,室鸠巢之《赤穗义人录》,其最著者也……《赤穗义人录》篇幅较短,兹为录之,以饷青年,使知日本之强,固有赖于维新,而其'武士道'之精神,根于往古,至今不衰,则强国之要素,与物质文化,以俱进者也。故其国民,有为有守,精进而不滥……世之误解日本者,多以为是维新之厚赍,殊不知日本之维新,无非是一种手段。六十年以来,其国固有之旧精神,并不因之而少

---

① 梁启超:《梁启超全集第一册》,北京出版社,1999,第111页。

② 1904年的日俄海战中,日本军舰"常陆丸"号被俄军击沉,但全舰官军拒绝投降,自沉海底。此事成为当时日本杂志讨论的一个热点。

③ 关于梁启超对日本"尚武""武士道"的论述见吉田薫:《梁启超对日本近代志士精神的探究与消化》,《中国现代文学研究丛刊》2008年第2期。

④ 穆儒丐译文《赤穗义人录》,连载于《神皋杂俎》1933年8月24日—10月6日。

损"。在他的历史小说《福昭创业记》①中，可以看到穆儒丐心中的军国制较为完整呈现，"再说八旗兵制，在当时不亚是个大家族，上下痛痒相关，毫无隐蔽，到了最后关头人自为战"②。"太祖太宗崛起东土，似乎已然恍然于近代国家的意义。无奈固有文化不足，自然也受了二帝三王的古书说的洗礼，直到入关以后，可以接受的倒不曾接受，不可以接受而须大加斟酌的，倒接受了。所以后来和以往的国家，一点分别没有了，除了大帝国的虚荣，实际上得了什么？"③1942年，穆儒丐创作小说《新婚别》④，在第七章记述了原禁卫军士兵赵文英，请假回家与琴姑娘结婚。因假期太短，婚后第二天就离家回部队，穆儒丐这样评价赵文英的行为，"文英可以不走吗？这个问题，若在当时一般当兵的看来，满可以不必管它，不走有利就不走，走了有便宜，便可以赶快回去。尤其中国在民国以后，没有国军，而一律变为个人私兵的时代，得便逃跑，那简直是当见的事。但在文英所属的第十六师，本来是帝国时代禁卫军，兵员的素质，在当时是模范，现在因为军阀割据，虽然一样也变为私兵，但是兵员以及下级官长，依然一仍其旧。虽然有人主张澈（彻）底更换，不要这群人，但是一时尚难实现，同时兵员以及下级官长，又都竭力团结，打算保存这一师人，好替北京同乡仗仗腰眼，大小是一部分实力。虽然他们可以也照个人私兵的蛮不讲理，犯了罪或抢着钱，未尝不可任意给它一个逃之夭夭，可是他们一想起国家，一想起同乡，他们不知不觉就得讲团结，重义气了。何况他们的素质，自祖先以来，就是他当兵一事看得极重，兵就是武士，不但违法不义的事，不忍去做，就算是不犯法，假如不理于众口的事，他们也是不会做的"⑤。同时将八旗制度与罗马文明相比较，"如果曾经读过西洋史，再拿太宗此举，和希拉（腊）、罗马的往事一行比较，必然发见（现）好多相同之点。罗马人是武力有余，而文化不足的民族。自从征服了希拉（腊），形势一变，希拉（腊）人虽有不幸沦为奴隶者，但是希拉（腊）的文明，却由这些被俘的学人，直接传给罗马的贵族。久而久之，希拉（腊）的文化，全被罗马所吸收。旧的文化，新的民族，后来便孕成欧洲最放异彩的新文化"⑥。

①《福昭创业记》，1937年7月22日—1938年8月11日连载于《神皋杂俎》；1939年6月30日由满日文化协会作为"东方文库"丛书之一发行；1986年7月由吉林文史出版社删节后再版。文中引用采用1939年满日文化协会版。
②儒丐：《福昭创业记》，满日文化协会，1939，第98页。
③同上书，第540—541页。
④穆儒丐：《新婚别》，《麒麟》，1942年1—8月号。
⑤穆儒丐：《新婚别》，《麒麟》，1942年5月号。
⑥儒丐：《福昭创业记》，满日文化协会，1939，第268—269页。

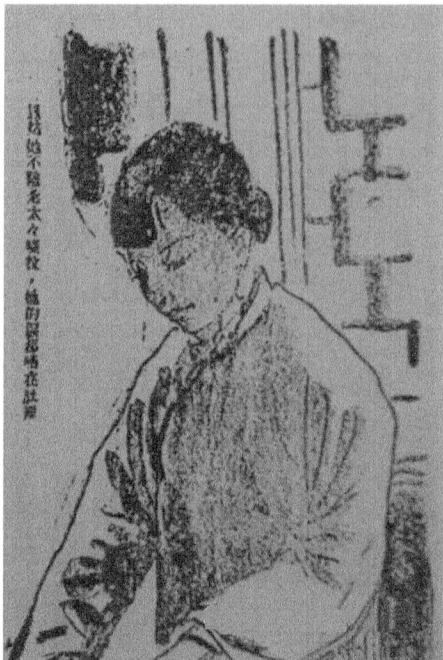

《新婚别》中的凤姑画像

在穆儒丐看来,努尔哈赤以十三副遗甲起家,带领满洲统一中国,八旗制度是制胜的法宝之一。穆儒丐认为八旗制度在入关前是理想的社会制度,与"尚武""武士道""罗马精神"契合,入关后八旗制度从社会组织形态变成兵制,才是八旗制度衰落的原因。而这种武士、尚武的精神是可贵的,是陶铸新文化和民族国家共同体的重要资源。1933 年,穆儒丐在其《过去的满洲民族之教育》中言道:"记者所闻见,且不才生于健锐营,满洲式之教育,尝所身经。今日思之,斯巴教育,不过如此。"[1]"满洲之兴,颇有类于罗马。始于弹丸之地,扩而为一大帝国。而征服者之文化,转不如被征服者。故希拉之文明,罗马不得不采用之。既习文侈,便是衰微,往古历史,无逃此例。"[2]而以我们今天已经走过 20 世纪的眼光来看,这种军国制乌托邦社会无疑具有重重的问题,但是它折射了一个作家,甚至是一个时代的症结。

梳理由穆儒丐等留日旗人留学生创办的报纸,可以看到青年时期的穆儒丐及其同人对雏形期的现代中华民族观念的诸多构想,以及这些构想最终成为现代中国民族意义的一部分。清帝退位、辛亥革命成功,1912 年 1 月中华民国南京临时政

---

[1] 穆儒丐:《过去的满洲民族之教育》(1),《神皋杂俎》,1933 年 10 月 19 日。
[2] 穆儒丐:《过去的满洲民族之教育》(4),《神皋杂俎》,1933 年 10 月 26 日。

府成立,这些关于民族国家共同体的观念成为中华民国的重要治国思想资源。1912 年 1 月 1 日,作为中华民国临时大总统的孙中山在南京发布《中华民国临时大总统宣言书》,宣言书这样表述:"国家之本在于人民,合汉、满、蒙、回、藏诸地为一国,即合汉、满、蒙、回、藏诸族为一人,是曰民族之统一。"实行汉、满、蒙、回、藏五族共和政体,在《对外宣言书》上首次使用了"中华民族"的称谓。所以辛亥革命是革命派发起的,但"中华民族"这个新的民族国家共同体,并非完全来自革命派的主张,它有它自己的历史延续性。"中华民族"成为新的国家执政者在处理国家边界和民族间差异、矛盾的理论资源之一,在现代中华民族的形成中走了关键的一步。

第二节　《北京》:遗民心态与新民立场

　　辛亥革命后,中国并未如期摆脱内忧外患进入民主共和时代。经过袁世凯复辟、频繁更换内阁、张勋复辟等闹剧后,国内陷入军阀割据混战的局面。这使在清末持君主立宪主张、不赞成革命的穆儒丐,对中国现实陷入强烈的不满。同时作为旗人的穆儒丐目睹清朝结束统治,旗人族群骤然陷入贫困的现实。而在当时的语境中,清朝结束统治不仅是一个朝代统治的结束,也是封建皇权专制统治的结束。旗人的族群伤痛,无论是在以汉文化为主的中国传统中,还是在现代文明中,都缺乏充分表达的空间。旗人的悲惨处境被社会结构性地忽视和遮蔽,这使穆儒丐言说自己族群的历史和伤痛时,带着浓郁的悲愤感情,并将其作为文学创作的重要的内驱力和使命。对旗人历史和伤痛的言说可以说是穆儒丐文学的一个重要特点,据此张菊玲[1]等学者将穆儒丐文学创作中的这种特点,看作遗民心态的表达。而笔者认为穆儒丐关于旗人伤痛的表达,除了对故主和故国怀念的因素,还有更深层的寓意。他试图从自己族群的历史传统和现实处境中,为新的民族国家摆脱困境寻找理论资源。遗民心态不能准确概括穆儒丐以自己族群为题材的文学创作。因其遗民心态混合着新民身份,形成一种悲愤、压抑、隐忍、图强的复调叙事,方构成穆儒丐言说旗人历史的动人之处。穆儒丐是经过现代民族国家观念洗礼的现代知识分子。他在日留学期间,参与过关于现代民族国家的讨论,他的民族国家概念是在种族概念之上的。[2] 穆儒丐言说旗人的现实处境,不仅出于旗人族群的遗民情感,

---

①张菊玲:《"驱逐鞑虏"之后——谈民国文坛三大满族小说家》,《中国现代文学研究丛刊》2009 年第 1 期。

②参见 1907 年创办于日本的《大同报》5 号,穆儒丐发表的《蒙回藏与国会问题》。

更是出于批判社会乱象的新民立场。穆儒丐言说旗人之痛的同时，也在以新民身份参与到现代民族国家的建构中。厘清穆儒丐交织着遗民心态和新民身份的叙事基调，不仅能够更全面地展示穆儒丐作为旗人表达族群命运的创作心理，也能看到被压抑的族群融入中华民族这个现代共同体的曲折过程。

社會小說 北京

第一章

北京 穆辰公儒丐 著

民國元年三月。在由西山向青龍橋的道上。有一個青年。騎著一頭驢。年紀約有二十八九歲。但在驢背上。態度至為閑雅。不住的向北山看那仲春的景色。在他所騎的驢前面。另有一頭驢。馱著他的行李。驢後而跟著兩個村童。手內替他提著小皮包。一邊吆著驢。一邊玩耍。青年也不管他們。只顧著他的山景。這時約有午前十點餘鐘。前兩天的春雨。把道路洒的十分溼潤。一點塵土也揚不起。那山上草木。被雨沾潤。都發了向榮的精神。一陣陣放來清香。使人加倍的爽快。那道路兩旁的田間。麥苗已然長起來了。碧生生的一望無邊。好似鋪了極大的綠色地衣。把田地都掩蓋住。驢子所經過的地方。陳時有成變

北京
1

《北京》

一、言说族群伤痛的遗民心态

在民初的社会语境中,清统治和八旗制度是中国进入现代社会的阻碍,因此作为旗人的穆儒丐,在为自己族群发声时较为曲折并习惯用典。从文体上看,遗民心态在其旧体诗、戏评、小说中表达较为充分,而很少在时评中出现。

1917 年,穆儒丐在北京创作了《伶史》①,于"自序"中这样指称自己:"燕市悲歌之地,长安卖浆之家,有废人焉。"化用魏晋时期文人阮籍《咏怀·杨朱泣歧路》和鲍照《芜城赋》中对比广陵城今昔的典故,比附北京城昔日的繁华和今日的破败,"身遭世变,目睹沧桑;临歧路以伤心,过芜城而殒心"。抒发自己遭遇家国巨变的内心情感和对北京城昨盛今衰的痛心。通过怀念清太祖、太宗陵墓和满洲黑水白山的方式来寄托悲思,"若夫,长杨秋露,望二陵而云霾;黑水白山瞻故国而天远。则又不禁涕泪交挥,目眦欲裂,心乎绵藐,志于湘波者矣"。这篇自序的署名"曼珠穆辰公","曼珠""曼殊"在清朝是满洲的别称,根据穆儒丐 1925 年发表的《青年画家韩乐然》②,介绍画家韩乐然时,说自己和韩乐然是同乡,也是吉林人(在京旗人多是自东北随满洲入关迁到北京),以籍贯来署名,也属文人为文的惯例。但是在旗人文化中,以"长白""曼珠""曼殊"为署名都不是地望的意义所能涵盖的,用关纪新的话说:"有清一代,原是只有本系女真后人的满人,才会以此来表达自己固有的民族地位与民族意识;也可换句话说,只有本系女真后裔的满人,才有资格这么自况。"③结合序文中的"二陵""黑水白山瞻故国"就别有用意。《伶史》自序中借用典、行文和署名表达亡国之悲,使得穆儒丐的遗民心态充溢着文本。

穆儒丐的七言绝句《书感》:"罗雀居然到帝都,炎凉世态岂堪论。先朝雨露知多少,毕竟书生解报恩。"④诗中的亡国之感和对故主的眷恋之情跃然纸上。1923 年 4 月 4 日晚,穆儒丐在奉天大观茶园看戏,后于 4 月 6 日在《神皋杂俎》戏评栏目发表《大观园两出》:"昨夕由青莲阁出来,见大观茶园弦鼓正酣。苗鑫如之《哭祖庙》方上场也。此剧为吾友汪伶隐感念故国而作。讥清之宗室,无一人能如北地王刘堪,故不惜笔墨,有此慷慨激昂之作。犹之受禅台,暗骂袁世凯父子,欺人孤儿寡妇,以盗人国家也。"⑤文中通过品评旗人戏曲家汪笑侬的作品,向世人传达旗人对

---

① 穆儒丐于 1917 年在汉英图书馆出版的《伶史》,署名北平穆辰公。
② 穆儒丐:《青年画家韩乐然》,《神皋杂俎》,1925 年 6 月 24—28 日。
③ 关纪新:《满族书面文学流变》,中国社会科学出版社,2015,第 146 页。
④ 穆儒丐:《书感》,《神皋杂俎》,1922 年 10 月 18 日。
⑤ 穆儒丐:《大观园两出》,《神皋杂俎》,1923 年 4 月 6 日。

这场变革的评价,以此提醒读者隐伏在这部历史题材的戏曲中的主旨,饱含着感念故国的情思。

清末君主立宪的政治主张虽然在现实中失败了,但民初的乱象使穆儒丐一直深深怀念清末的改革给国家带来的清新气象。这也构成了穆儒丐言说旗人历史、表达遗民心态的另一个面向。在其自传体小说《徐生自传》中,穆儒丐记述了他当时的心态,"辛亥那年革命,真是很奇怪的事。在那年八月以前,任何明眼人也看不出有革命的事业""因为那时君主立宪说很占势力"。① 1919 年,《神皋杂俎》戏评栏目刊登了署名翠微居士的一篇文章《日下梨园百咏》,作者记述友人赠送一本光绪庚寅年(1890 年)以试帖诗体写成、由馆阁体抄写的《日下梨园百咏》。咏当时盛行的京剧百出,每题下注演者姓名。作者由此回忆光绪年间的升平气象,"庚寅前甲午五年,时海内晏安。士大夫歌舞升平,韵事极盛。而落拓才子,诗酒文会,选色征歌,视今为雅,如《京尘杂录》《明(僮)合录》《都门烟雨》诸书,品花评伶,文多雅驯……且知乃时文人,虽于游戏文字,亦不苟也。然而抚今追昔,风尚转烈,而国几不国。欲获当时承平景象,距可得哉"②。文末有"儒丐附识"四个字,这在穆儒丐主持的戏评栏目中并不常见,可见儒丐很认同文章中描写的清末承平晏安的社会图景,并将这本《日下梨园百咏》连载于 1920 年 1 月 8 日至 3 月 11 日的《神皋杂俎》上。

怀念光宣时代贯穿在穆儒丐思想和创作的始终,在其 1937 年创作的历史小说《福昭创业记》中,屡次出现对光宣时代的怀念,"我记得光绪时代的王公大臣,平日着布衣的很多,只不过领衣、坎肩、马褂用绸缎。一般人民不遇,穿绸缎的也很少。风俗之奢靡,实为晚近之事呢","前清末叶,因为迭受外侮,德宗景皇帝锐意新政,打算在极短时间把国家置于强国地位,不再受外侮。所以召开会议,派遣大臣,考察宪政。一方面勃兴教育,一方面又创练陆军","宣统时代,后党失势,虽亲贵当权,而锐意维新,绝不后于德宗","回想光宣之际,恍犹唐虞盛世。今后但有梦想,实现何年?"③

---

①穆儒丐:《徐生自传》,《神皋杂俎》,1922 年 6 月 27 日—12 月 12 日。

②翠微居士:《日下梨园百咏》,《神皋杂俎》,1920 年 1 月 7 日。

③儒丐:《福昭创业记》,1937 年 7 月 22 日—1938 年 8 月 11 日连载于《神皋杂俎》;1939 年 6 月 30 日由满日文化协会作为《东方文库》丛书之一发行;1986 年 7 月由吉林文书出版社删节后再版。

《福昭创业记》绣像

　　与言说亡国之痛和怀念光宣时代的情绪相通，穆儒丐一直守护族群的记忆和感受，经常据此批评民初混乱的社会现实。1918 年，穆儒丐经常用"晚近世衰道微"来评价时事。他批评北洋军阀徐树铮①的文章《毙陆之反动》："徐又铮以徐州之落魄儿，侥幸受袁项城之知，得籍北洋派。晚近世衰道微，天不生才。"②又如，借绍兴陈姓女子殉夫来抨击民元以来社会道德风纪日下的文章《陈烈女殉夫》："晚近世衰道微，廉耻掉丧。分明贿赂公行，美其名曰运动；分明趋炎附势，美其名曰联络；分明淫奔私会，美其名曰自由；分明夫妇失序，美其名曰平等；行者不之羞，言者不之耻，闻者不之怪，见者不之奇。此举国上下所以秩序紊然，终至无法收拾也。"③

　　1925 年在"五卅惨案"发生后，穆儒丐在《神皋杂俎》上连载《财政次长的兄弟》④，讲述在自己的家乡北京西郊旗营，一个财政次长的兄弟侵占北京西山的土地，霸占泉水不准旗人汲水，凌辱旗人、作威作福的事情。虽然这篇作品刊登在《神

①徐树铮（1880—1925），字又铮。北洋军阀皖系名将。

②穆儒丐：《毙陆之反动》，《盛京时报》第 1 版，1918 年 6 月 22 日。

③穆儒丐：《陈烈女殉夫》，《盛京时报》第 1 版，1918 年 6 月 27 日。

④穆儒丐：《财政次长的兄弟》，《神皋杂俎》，1925 年 6 月 12—14 日。

皋杂俎》文学副刊上,但穆儒丐却一再地强调它的真实性,"作者附志:此篇纯粹写实,不加伪饰,至于行文,是用我自己描写方法,如有半点私心,甘当天谴"①。穆儒丐袒露自己创作这篇小说的心态,"我这篇小说,所欲不得不作,亦正因为受的刺激太大"②。并刻意将此事与"五卅惨案"并置,"他(为儒丐讲述此事的友人)由奉至京,由京至奉。往返不满一星期。当他由奉起身时,上海的不祥事,已然发生一礼拜多日,北京已有同样的运动。而他在西山所见财政次长的兄弟之行为,即在全国大呼正谊人道继续流血的时代"③。

文中回荡着的两种伤痛:作为中国人的"五卅"之痛和作为旗人的被辱之痛。"五卅惨案"是中国民族国家共同体的伤痛,而北京西郊被凌辱的旗人是一种地方性的族群伤痛。儒丐文章中着重强调的是旗人伤痛。当时全国民众关注"五卅惨案",作为受害者呼唤国际社会的人道正义。而穆儒丐用自己族群的伤痛来提醒国人,反思用以反抗帝国主义而使用的"人道正义(文中有时也作人道正谊或正谊人道)"的正当性,"这两件事,有相提并论的价值没有呢? 我的心,几几昏醉了。业已寻不到正谊人道究竟在那里。究竟不知道正谊人道在那一种民族,才肩当得起来。究竟不知道什么样的民族,才配大声疾呼,才叫正谊人道。而终不能不使我怀疑"④。

整篇文章充斥着穆儒丐对自己族群遭受凌辱的愤慨,然而他并没有简单地通过两件事的对比,来宣泄旗人的伤痛。而是利用旗人族群的经历观察五卅运动中民众的反抗逻辑。

"生存竞争的学说,现在虽有人反对,也无非是反对帝国。至于旗民,一般人又以为很适用这个学说了。人类的动物性,是平等的。弱者对强者所绝叫的不合理的原则,到了对待较自己更弱的,那不合的原则,又很合适了。"⑤从中可以看到,即使穆儒丐带着强烈的情感来讲述这个欺凌旗人的故事,最终他还是立足于国民的身份来劝谏民众,要求列强做到的"人道正义",首先要统治者和文化中的多数对本国底层民众和少数民众先做到。一个向强国要求国家间平等的弱国,对待本国的民众也要实现平等。

穆儒丐据此事又创作了短剧《两个讲公理的》。该剧分两幕,第一幕发生在陆

①穆儒丐:《财政次长的兄弟》(3),《神皋杂俎》,1925 年 6 月 14 日。

②同上。

③同上。

④同上。

⑤穆儒丐:《财政次长的兄弟》(1),《神皋杂俎》,1925 年 6 月 12 日。

军部室内,陆军总长要拍卖外三旗的官产,旗民代表与陆军总长谈判,希望不要拍卖旗产。旗民代表提出外三旗是二百年前建造的,建造后旗人自行修缮维护,虽名为官产实为私产,况且中华民国并未履行清帝退位时签订的优待条约,旗人生计已经十分困苦,若再将旗营作为官产拍卖,外三旗十万旗人连住的地方都没有了。旗人是五族共和的一员,应该享有国民待遇。陆军总长回答:"你们还想着优待条件?我们不杀你们,不剐你们,也就算天高地厚之恩了。"旗民代表质问陆军总长恃强权不讲公理。陆军总长回答:"什么叫公理? 有权有势的人,鼻子里哼一声,就叫公理!"旗民代表高呼"五族共和万岁",随之被陆军总长打出门去。第二幕发生在英国公使馆的接待室,中国外交总长抗议英国在"五卅惨案"上无视公理一味强权的行为。穆儒丐借英国公使之口表达了他在公理和强权上的看法,"公理在政治上、在国际上,是不能自己独立的,须得有国家的良美政治帮助他,才能有效。敝国要是照贵国一样,用着公理时,便找公理,用不着公理时,便把公理放在脑后,敝国小小三岛,便早完了。假如世界任一国家,开口一讲公理,便能得到许多便宜,那些励精图治,平日很讲公理人道的国民,究竟还有什么可贵呢"[1]。

　　剧中"两个讲公理的"指向陆军总长要求五族共和的旗人代表和向英国公使要求国际公理的外交总长。将两者并置于相同的位置意指两者地位是一样的,但情感却不同,对旗人代表是哀痛的,对外交总长有嘲讽的成分。这种并置旗人与民国却用不同的情感来叙述,反映了穆儒丐在叙述两个事件时的两种思维向度:一是弱小国家和弱小民族一样在强者面前得不到公理,借此向国人传达弱者唯有自强才能改变现实处境,游行、抗议是无用的;二是抒发旗人在五族共和的中华民国却得不到国民待遇的悲愤,期待旗人能成为五族共和中的真正一员。前者是一种国家间的逻辑,后者是一种关于共同体的逻辑。尽管《两个讲公理的》从选材到表达都表现出强烈地为旗人鸣不平的情感,但其内部的逻辑和标准仍是基于民族国家共同体的新民逻辑。

　　在穆儒丐言说旗人族群伤痛的文章中,确实有感念旧主、怀念光宣时代和诉说旗人不公境遇的表达,但是不能将这种情绪完全归于遗民心态,或者说遗民心态并不能有效地说明他的创作心理,也不能有效地阐释他的文学作品。因为即使怀着这样一种情绪,他仍然是站在现代民族国家的立场批判现实乱象。遗民心态与新民身份交织在一起,形成一种复调叙事。这种复调叙事使穆儒丐在文本中表达的图景是旗人伤痛,而立足点却是新民立场。

---

①穆儒丐:《两个讲公理的》,《神皋杂俎》,1925 年 8 月 17—20 日。

二、建构现代民族国家的新民立场

民初,军阀割据,国家统一迟迟无法实现。穆儒丐这一时期发表了大量时评文章。在这些时评文字中,穆儒丐以国家立场看待世界、评价时事,从国外和传统两个方向寻找资源,力主国家统一。

1918 年苏俄内战出现复辟活动。穆儒丐发表论说文章《闻俄复辟运动感言》,认为此次俄国复辟运动对中国该是一种警醒。"虽然因俄人之复辟,吾人益为中国民主政治危矣。欲弥此等反民主运动之导火索,而使不燃,须确立民主政治之基。"提及之前的张勋复辟的原因,穆儒丐将其归于中华民国以来并没有建立一个有效的民主制。"复辟之乱,吾不罪张勋,罪执民国之政柄者。"[①]1919 年,南北和谈开始,进展不顺利,传言有势力企图二次复辟。穆儒丐发表论说文章《不祥之消息》,"今无端又生此不祥之消息,是不仅为民国之灾,亦清室之不幸也"。"夫国内之所以久不统一,非中国之难于统一也,其病根在于视国家太轻,利害冲突,久而弥深,此国家所以终在轨道之外也。当局果真欲免将来之祸患,为术孔多,何必定出复辟一途。且复辟果由良心上认为必要,我人初亦赞成,特仍不外权谋欺诈,以对付敌党,则其结果之不良,已可想见,故吾顾此等不祥消息,宁不实现,仍以南北谋和为第一要义。"[②]

穆儒丐早年在留学日本期间,翻译日本人类学家鸟居龙藏的文章《经济与蒙古》[③],并在"译前"指出鸟居龙藏指称蒙古是独立的,乃是为分裂中国的行为提供理论前提。在这篇文章中,穆儒丐将"满汉蒙回藏"的划分视作前现代社会的种族称谓,用民族概念来指称在种族之上的现代中国。随着民族这一词语在中国语境中的变化,这一时期民族含义与《经济与蒙古》中的种族含义趋同,国家与《经济与蒙古》中的民族含义相当。第一次世界大战后民族独立成为一股世界潮流,穆儒丐反对在中国实行民族独立,主张在中国统一的前提下,实现各民族的平等。这一时期他发表了《民族问题私议》《实力救国论》等一系列文章表达自己的看法。

1919 年,在《民族问题私议》一文中,穆儒丐评论第一次世界大战的起因,即巴尔干冲突,认为这一冲突的根本是民族问题,引出美国总统威尔逊提出民族自决的口号。穆儒丐认为威尔逊的出发点是"鉴于弱小民族,足为战争之媒介。出于纯正之理想,而提倡民族自决主义,冀奠世界永久之平和"。但是穆儒丐认为这种想法

---

① 穆儒丐:《闻俄复辟运动感言》,《盛京时报》第 1 版,1918 年 5 月 2 日。
② 穆儒丐:《不祥之消息》,《盛京时报》第 1 版,1919 年 5 月 24 日。
③ 鸟居龙藏:《经济与蒙古》,原刊于日本《太平洋报》,穆儒丐译刊于《大同报》第 1 号。

是不可能实现的,"只就世界民族言之,其系统之多,殆不可胜计,其间固有文野之分、程度之别,遽言自决,使其为一独立国家,实有不知国家为何义者"[1]。巴黎和会和华盛顿会议后,穆儒丐对民族自决更加反感。1925 年发表《实力救国论》:"概自欧战以后,华府会议之时,美总统威尔逊,所持之民族自决、国际联盟等主张,无非是威尔逊历来所抱之理想,一旦欲现之于实际,未必即能如愿以偿。且威尔逊所主持之民族自决,安知非排斥外族之反面乎? 不然,以美国近日之排斥东方人而论,殆利用民族自决之说,而不许他民族之登其陆也。"[2]

穆儒丐已经敏锐地看到,所谓民族独立与建立平等的国际关系并无必然的联系,以此来强化其国家主义立场。在穆儒丐看来,民族自决不仅不能解决国际间的不平等,更不适合中国国内现状,而真正能够解决民族间冲突的原则,不是弱小民族有权独立,而是各民族间不论强弱和人种都能获得平等和尊重,"故今后列国,对于宜可以尊重之民族,须一变其历来之方针。由积极的政策,谋世界之平和。不可仍持削灭弱小主义,以蹈巴尔干半岛之覆辙。吾人须知,世界真正独立国家多,然后可以相安于无事"[3]。穆儒丐强调"不可仍持削灭弱小主义""真正独立国家"是建构和平国际社会的基础,更是中国建构民族国家共同体的基本原则。在穆儒丐看来,民族独立不是建构现代国家的必要条件,不是所有民族都该独立,只要国际间强国能尊重弱国,多民族国家内部强大民族能尊重弱小民族,就能奠定世界永久和平的基础。为此他反对这一时期中国盛行的"联省自治"。

从穆儒丐这一时期的一系列文章可以看出,他反对清朝复辟,反思辛亥革命没有建成一个全体国民认可的章程;反对民族自决,主张建立一个无论强弱各民族都能平等的共同体。可见即使怀着旗人深刻的伤痛记忆,他仍然还是一个现代意义上的民族国家主义者,只不过他不认同革命的建国方式,新民仍是他思想的主要成分。

三、宁伯雍——是遗民也是新民

《北京》[4]是这一时期穆儒丐小说的代表作。遗民和新民两种身份交织在一

---

[1]穆儒丐:《民族问题私议》,《盛京时报》第 1 版,1919 年 2 月 25 日。

[2]穆儒丐:《实力救国论》,《盛京时报》第 1 版,1925 年 6 月 7 日。

[3]穆儒丐:《民族问题私议》,《盛京时报》第 1 版,1919 年 2 月 25 日。

[4]穆儒丐:《北京》,该小说现在有四个版本:1. 1923 年 2 月 28 日—9 月 20 日,《神皋杂俎》;2. 中华民国十三年(1924 年),盛京时报社发行的单行本;3. 康德六年(1939 年)由满日文化协会再版(此版笔者未见,根据 1939 年 11 月 29 日《神皋杂俎》刊登穆儒丐《不信义》的文章中提到"《哀史》《北京》最近由满日文化协会出版了")4. 陈均编订的《北京,1912》,北京联合出版公司,2015 年。

起,在这部小说中表达得尤为突出。遗民心态与新民身份的复调结构成为解读穆儒丐小说《北京》的两条线索。缺少任何一个维度,都不能准确把握穆儒丐作品中的思想和情感。

小说主人公是旗人青年宁伯雍。小说以宁伯雍在北京前门《大华日报》任编辑期间的活动为线索,记述了中华民国初期北京的社会百态:国会议员捧角、养姨太太,堕入娼门的各色旗人女子,被服厂女工辛苦劳作,教养院的贫儿可怜无助,等等。小说情节都是穆儒丐亲历,"此书为儒丐君最近铭心之作,以北京为布景,写社会之状况,用笔犀利,可歌可泣。内容有女士、有青年、有游侠,社会各级人物,莫不关联。而其事迹,皆十一年来丐君所目观。冶入一炉,用稗官家言渲染之,故加倍生色,与其他空中楼阁,及无聊杜撰者,不可同日而语"。①

穆儒丐虽然没有明确说明主人公宁伯雍就是他本人,但是从小说的细节中可以看出宁伯雍的经历与穆儒丐的经历相同。宁伯雍"世居西山麓下""因为公家有考送留学生之举,他却考中,便送到东洋学了几年法政。如今他才卒业归国,没半年工夫,便赶上革命的动乱"②。1911年末,"伯雍因为在家白闲着,终归是闲不起,没法子只得受了人家聘书……到军营里给人家当书记去了。辞去军营书记,在1912年3月到自己留日期间的同学白歆仁的《大华日报》做编辑"③。比对穆儒丐的经历,他生于北京西郊,1905年到日本早稻田大学留学。1911年前半年毕业回国,并通过清政府考验游学毕业生考试,被授予法政举人。因辛亥革命爆发,失去入仕的机会,赋闲在家。根据穆儒丐的《小说话》④里记载,"记得是民国元年,我便把禁卫军的书记长辞了,加入报界"⑤。小说中的主人公宁伯雍与穆儒丐的经历一致。

1935年,穆儒丐在《神皋杂俎》上发表《运命质疑》,透露了《北京》就是他自己的自传,"我记得是在丙辰丁巳两年之间,那时我的事由很不随心。先君便是那年见背的。据说人在丁忧的时候运气当然不好。诚然那时第一届县知事考试,我已然及第了,不想我自己犯脾气,竟然弃权了(详细参阅拙著小说《北京》)"⑥。

(一)族群伤痛的压抑表现

小说开篇为谋生计的宁伯雍进城到《大华日报》任编辑,途中雇人力车有这样

---

①1923年2月13日,《神皋杂俎》上刊登的。

②穆儒丐:《北京》,盛京时报社发行,1924,第3页。(注:应为第2页,疑为错印)

③同上。

④穆儒丐:《小说话》,《神皋杂俎》,1922年5月12—19日。

⑤穆儒丐:《小说话》(1),《神皋杂俎》,1922年5月12日。

⑥穆儒丐:《运命质疑》(2),《神皋杂俎》,1935年11月8日。

一段描写：

伯雍说："你倒不必快跑，我最不喜欢拉车的赌气赛跑，你只管自由着走便了。"车夫见说果然把脚步放慢了些。此时伯雍在车上问那车夫道："你姓什么？"车夫道："我姓德。"伯雍道："你大概是个固赛呢亚拉玛[①]。"车夫说："可不是，现在咱们不行了。我叫德三，当初在善扑营里吃一份饷，摔了几年跤，新街口一带，谁不知跛脚德三！"伯雍说："原先西城有个攀腿禄，你认识么？"德三说："怎不认得！我们都在当街庙摔过跤，如今只落得拉车了，惭愧得很。"伯雍说："你家里都有什么人？"德三说："有母亲，有妻子，孩子都小，不能挣钱。我今年四十多岁，卖苦力气养活他们。"伯雍说："以汗赚钱，是世界头等好汉，有什么可耻！挣钱孝母，养活妻子，自要不辱家门，什么职业都可以做。从前的事，也就不必想了。"德三说："还敢想从前！想起从前，教人一日也不得活！好在我们一个当小兵儿的，无责可负，连庆王爷还觍着脸活着呢。"[②]

在这段描述中，可以看到宁伯雍与车夫之间隐秘的"互识"过程。宁伯雍问"你姓什么？"并非无关紧要的闲聊，是在试探车夫是否与自己一样是旗人，而车夫说自己姓德，宁伯庸就确认他是一个旗人，车夫也是在谈话中确认了宁伯雍的身份。二人才有了一段同为没落旗人相互勉励的对话。

这种旗人处境的隐秘表达，不仅是穆儒丐文学创作的特点，也是经历了那段历史，并在创作中守护旗人伤痛的作家们的一种共同倾向。老舍的作品中也有这种伤痛的隐秘表达，老舍的一篇回忆文章《抬头见喜》：

中学的时期是最忧郁的，四五个新年中只记得一个，最凄凉的一个。那是头一次改用阳历，旧历的除夕必须回学校去，不准请假。姑母刚死两个多月，她和我们同住了三十年的样子。她有时候很厉害，但大体上说，她很爱我。哥哥当差，不能回来。家中只剩母亲一人。我在四点多钟回到家中，母亲并没有把"王羲之"找出来。吃过晚饭，我不能不告诉母亲了——我还得回校。她愣了半天，没说什么。我慢慢地走出去，她跟我走到街门。摸着袋中的几个铜子，我不知道走了多少时候，才走到学校。路上必是很热闹，可是我并没看见，我似乎失去了感觉。到了学校，学监先生正在学监室门口站着。他先问的我，"回来了？"我行了个礼。他点了点头，笑着叫了我一声："你还回去吧。"这一笑，永远印在我心中。假如我将来死后能入天堂，我必会把这一笑带给上帝去看。[③]

---

①固赛呢亚拉玛：陈均编订版注，此语为旗人的满语汉译。

②穆儒丐：《北京》，盛京时报社发行，1924，第5-6页。

③老舍：《抬头见喜》，《良友画报》1934年第84期。

这是一段耐人寻味的文字,叙述了老舍"忧郁"的中学时代,重点写了"改用公历的头一年"的旧历春节光景。旧历新年不放假,老舍迟迟不忍说出口,母亲知道旧历年不能放假,"愣了半天"。在文本层面是因为姑母刚刚过世,家里只剩寡母一人过年很凄凉。可是难免会让人觉得这种情绪有些夸张,而体贴的学监在他返校后让他回家,老舍内心的感激更是不合常理。如果考虑到老舍的旗人身份,以及用"头一次改用阳历"替代民国建元,就能发现其中旗人伤痛的隐秘表达。老舍将这种情感发生的根本原因——旗人失去清朝的庇护,整个族群陷入贫困在文本中隐藏了起来,而细致地描写了这个情感发生的过程,以及在自己心里留下的深深痕迹,造成文本中一种压抑而又温暖的情感,成为文本中最突出的表达。这些对同一族群的旗人来说,其中的线索和信息足够辨认。就像穆儒丐小说《北京》中宁伯雍那句"你姓什么?""我姓德"就足够确定彼此的身份。这是被压抑的族群在主流语言环境中寻找同类并表达自我的一种独特方式。在文本中这种旗人伤痛的表达被作者刻意打散,去除其中一些醒目的词汇,放置在文本边缘和缝隙处,但是依然可以依照线索拼凑出被主流文化结构性地遗忘而又深植作家内心的切己生命感受。理解穆儒丐创作中旗人族群伤痛的表达,是理解其思想复杂性和创作多义性的关键,也能借此还原多元的历史和文化图景。

(二)道德化的遗民身份

小说中宁伯雍为了生计,到同学白歆仁[①]办的《大华日报》谋生。文中用工笔详尽地记叙了白歆仁和宁伯雍在辛亥革命后第一次见面:

伯雍进屋一看,只见歆仁在一张钢丝床上仰卧着呢。见伯雍进来了,他才挣扎着起来,直咬牙皱眉的。他二人见了面,彼此对鞠一躬,然后伯雍坐在一把软椅上,他却坐在他那把办公室用的转心椅子上。差役献上茶,自出外屋去了。歆仁因向伯雍说:"老同学,咱们有些日子没见了,怎么有些日子,简直又换了一个朝代。革命以前,你往哪里去了?我们也不知你的地址,大家都念叨你。我们去年八九月里,很替皇室奔走了许多日,打算仍然贯彻我们君主立宪的主张,无奈大势已去,我

---

①根据参与过民初北京小报编辑活动的管翼贤著《新闻学集成》第六辑(中华新闻学院,1932,第290页),介绍了有关民初北京小报的记载,"国华报,社址琉璃万源夹道,社长乌泽生,编辑穆都哩(辰公,别字儒丐)。"因小说《北京》是穆儒丐根据自己的经历创作的,笔者认为白歆仁就是乌泽生。在陈均编订的《北京,1912》注释中,也认为白歆仁是穆儒丐的友人乌泽生(见陈均编订的《北京,1912》第7页)。而穆儒丐此后一直用白歆仁作为乌泽生的化名。1926年4月26日在《盛京时报》副刊《神皋杂俎》闲话栏目穆儒丐刊登了《我的报馆经历(5)》,"前数月北京各报大索欠费,闹了极大笑话,想诸君是知道的。司其事者,便是我的老友白歆仁"。

们只得乘风使舵,不得不与南中守义的人联络。目下经我介绍,入了进步党的很多。守文却做了国民党支部部长。当初选举时,我们哪里找不到你。你若在城里,也能弄到一名议员。不然我和蒙古王公说一说,什么蒙古议员、西藏议员,也能得一个。如今却被别人占了去。你的为人,过于因循,在政治方面,未免过于不注意,以后却很难了。在党里没有功,谁肯给你买议员。别忙,我先介绍你入党,然后我再向党魁替你说项。"伯雍说:"那倒不必。兄弟到如今,对于政党是抱一种怀疑,不愿人说我在哪一党。况且政变以来,我终日在山窟窿里住着,把性质养得益发疏懒。我的志愿,不过在社会上卖卖胳膊,聊博升斗,孝养老亲,也就够了。飞黄的事,我已不想。"歆仁停了,微微一笑说:"你要替前清守节吗? 你不过是个洋举人,还不够遗老资格。你若老这样,恐怕你将来要穷死。"①

"没见的这些日子"与前文老舍《抬头见喜》中"改用公历的头一年"的表达有异曲同工之妙。之前他们是一起留学的同窗,一起办过鼓吹君主立宪的报纸与革命派论战,曾经同为清朝培养的栋梁之材。再见面时,他们以前仰仗的王朝已然不在,他们坚持的君主立宪政治主张已经破灭。这一点对白歆仁和宁伯雍来说不需要用语言来表达。而伯雍在"这段时间"的消失意味着什么,作为生长在同一个阶层、为同窗为好友多年的白歆仁来说,更是心知肚明。这是旧友的重逢,又是二人在新的社会中重新界定关系的开始。

文中白歆仁作为报社的经理回到报馆,听说宁伯雍已经到了报馆,只是派了一个馆役去请宁伯雍。宁伯雍来了之后,白歆仁在行动上很怠慢,而称呼上却很热情,以"老同学"称呼。接下来他轻松地解释了自己的行为,"我们去年八九月里,很替皇室奔走了许多日,打算仍然贯彻我们君主立宪的主张,无奈大势已去,我们只得乘风使舵,不得不与南中守义的人联络"。这段话里用了三个"我们",而所指并不相同。前一个"我们"和第三个"我们"是不包括宁伯庸在内,和白歆仁一样与宁伯庸相熟识、在辛亥革命后追随袁世凯的人。而第二个"我们"是包括宁伯庸在内的清末君主立宪派。作者并未评说,白歆仁首鼠两端的形象已然跃然纸上。"守文却做了国民党支部部长",笔者推测守文是穆儒丐在留学期间的同学恒钧的化

---

①穆儒丐:《北京》,盛京时报社发行,1924,第15页。

名①,通过穆儒丐的另一部自传体小说《徐生自传》②中的描写可以看到,穆儒丐一直敬重这位"沛公裔孙"的人品。而在整部小说中,守文这位报馆的副经理实际并未出场,但也能窥见穆儒丐对待旧友的复杂心情。而白歆仁接下来空口卖好,说如果宁伯雍在选举的时候出现也能弄个议员,或者经他举荐做个蒙古议员、西藏议员,无非是笼络宁伯雍让他认清眼前的形势,跟着自己一路在政界捞一些好处。而文中宁伯雍回答中"兄弟"一词暗藏深意。民初时期,"兄弟"这个称呼成了官场上的时髦用语。可以有一种上级对下级表示客气的意味③。小说中宁伯雍用这个称呼,显然是对白歆仁的嘲讽,并表明自己无意此途,只想"卖卖胳膊,聊博升斗,孝养老亲"。白歆仁之前冷热相间态度和诸多解释,都是想以胜利者的姿态将自己的行为合理化,让两人从旧关系过渡到新的经理与编辑关系中。而宁伯雍的嘲讽,使白歆仁立刻明白了宁伯雍仍不认同自己的行为,反问宁伯雍"你要替前清守节吗?"并回敬宁伯雍,"你不过是个洋举人,还不够遗老资格"。还劝告宁伯雍"你若老这样,恐怕你将来要穷死"。白歆仁的这句话是有现实背景的,如新剧《两个讲公理的》展示的那样,清朝生活在旗营中的旗人,由于私产与公产划分不清,进入民国后,很多旗人的公产都充公了,大量没有私产的旗民,因骤然失去"旗饷"这唯一的生活来源,生活陷入窘境。而宁伯庸的回答自然使谈话不欢而散。

这场见面显现出曾经处于同样的社会阶层、怀有共同政治抱负和见解的挚友,在这个历史的转折处,选择了不同的路,相互隔阂,是渐为疏远的开始。穆儒丐不动声色地将这历史性的一幕描绘出来。而在这之后他们就这个话题进行了更加直面彼此的谈话。宁伯雍为了周济自己的知己秀卿向白歆仁求助,而白歆仁将他推荐到另一份机关报做兼职编辑。因为不愿与机关报的编辑为伍,宁伯雍回来后见到白歆仁,告诉他自己不打算做这份兼职工作。白歆仁不悦,批评宁伯雍不懂世故,突然话锋一转:

他说到这里,郑重其事地问伯雍说:"伯雍,你看我从前是怎样一个人?"伯雍说:"你从前是个温厚长者的青年,心地尤为纯正,在咱们同学里,我很推许你。"歆

①根据白歆仁说话语气,守文应该是与穆儒丐和白歆仁一起留学的同学,而且比较有威望。恒钧在穆儒丐另一部自传小说《徐生自传》中称其为"沛公裔孙"。恒钧在这一时期参与了袁世凯复辟活动,笔者推测守文是恒钧的化名。学者陈均也持这一观点,见陈均编订的《北京》第27页,注释2。

②穆儒丐:《徐生自传》,《神皋杂俎》,1922年6月27日—12月12日。

③"兄弟"的这层意思可以参见《北京》中的另一个情节,在第四章中,宁伯雍为了周济自己红颜知己秀卿,向白歆仁求助。白歆仁将他推荐到北京教育公所的机关报做兼职编辑,接待宁伯雍的是总务科科长自称"兄弟",而伯雍以"兄弟"自称作答,这位总务科科长就不高兴了。

仁见说微微一笑,因又问伯雍说:"我现在是个什么人呢?"伯雍见说,把头一低,半日也没言语。歆仁说:"你怎不说话?你这默默之中,我知道你对于我一定有不满意的批评,你只管下个批判,我不恼的。"伯雍叹了一声说:"我见你民国以来,与从前判若两人。"歆仁说:"判若两人,就算完了吗?你一定不肯说,我告诉你吧,我如今成了一个要不得的人了。虽然是要不得的人,却有抢着要我的,这就是我解悟的道理。你要知道好人是过去或未来的事,现在绝其没有好人。现在的好人除了一死,万也表显不出怎样才算好人。"①

那这个"好人""要不得的人"都是指什么呢?白歆仁在接下来的谈话中道出:

"譬如前清的皇帝,当路权贵,都是运命之神,我们当然替他们办事。辛亥那年,他们的神威不灵了,另换了一种运命之神,就是孙文的革命派,我们就得崇拜他。如今他不成了。这运命之神,又移到袁大总统身上。我们不用疑惑,就得替他办事。若依旧想着老主儿,那就说不上是"好人""真是愚汉"。以此类推,凡事都应该这样做。虽然说是要不得的人,却真有出大价钱要你的,这便是我这几年体验出来的道理,非常有效。我的议员、我的马车、我的财产,都是由此得来的,所以我益觉得从前念书时,是个傻子,如今才入一点门。你的学问,难道不如我吗?就皆因你自己老怕成个要不得的人,越想自己是要得的,越没人要。"②

"好人""要得的人"是"想着老主儿"的人,按宁伯雍的话说就是不做乡愿、不同流合污的君子。从中看到宁伯雍与曾经的好友、同学的区别不单单是对族群身份、旧主恩情是否铭记于心,是否为清朝"守节"的区别,更是动乱时代的道德化选择,是为了个人的利益与恶势力同流合污同君子固穷不违背自己良知的区别。

(三)现代的新民立场

旗人的伤痛诉说是小说的一个线索,但不能涵盖小说的创作意图。穆儒丐创作《北京》的想法,最早出现在1922年创作的《徐生自传》结尾处。

留学生考完之后,清朝的运命,已然告终了。所有及第的新贵,也就无所托足。因为革命军声势大了,他们只得拨转马头,另行从事革命事业,建设民国的大计。他们组党的组党,运动议员的运动议员。前清的新贵,都成了民国的元勋,是吗?大概是党魁的元勋,督军的元勋吧。我考完之后,回家了,我的父母和兄弟,都很发愁的。我的父亲说,天下乱了,你的功名也无指望了,只可惜你十几年苦功夫,今日竟见这样一个结果。我不免把老人安慰一番说,人之为学,不是必得要做官的,自

---

① 穆儒丐:《北京》,盛京时报社发行,1924,第73页。
② 穆儒丐:《北京》,盛京时报社发行,1924,第74页。

要社会不亡,儿子也能做点事业,孝顺你二老。我父亲说以后又得难为你了。我说,那是儿子的本务。以上是我三十余年的经历,至前清造而止。我也不敢以隐逸自命,也不敢说是前清的逸民。不过入民国以来,我但极力做我社会上的生活,便了。至于民国十一年来,我也看了许多奇怪的事,足可以成一部书,只得等心闲时再说吧。①

从中不难看到穆儒丐对于清朝的眷恋,以及辛亥革命爆发时不与转投革命的同学为伍、不出仕的心态。除了对旧主的感恩,还有一种出自道德化的批评。在穆儒丐看来他们仅仅是为了个人的权力私欲,转投党魁、督军而已,并非为了国家的前途。不出仕的原因除了感念前朝,也是对当时政坛的失望而不愿同流合污。《徐生自传》尾声处的"社会不亡",更是承接"亡国而非亡天下"的传统知识分子立场进入民国,"我但极力做我社会上的生活",更是新民身份的体认。文中宁伯雍对白歆仁的失望,根本上也不是他背叛旧主,而是他没有尽到他国会议员的本分,"据伯雍的意思,总不愿歆仁做一个滑头政客,如今自己既有相当力量,应当尽全幅力量,经营报务,在社会上广求后援,成为言论界一个有名人物,何必利用报纸的空名,一心专想买收,做一二人的走狗,也未免过于没出息"②。

在小说中,宁伯雍在知己秀卿死后,受秀卿的托付,安排秀卿母亲和弟弟崇格的安身处。在这条线索上,穆儒丐展开了对北京孤苦无告的贫民处境的展示——地狱般的官办被服厂和监狱般的贫儿教养院。宁伯雍再见崇格仍嘱咐他,"你如今是小国民,将来要做大国民的事业"。③穆儒丐守护和言说族群的伤痛,无法被新民立场完全涵盖,但是从希望融入中华民国的角度看,二者是存在交集和共振的。

中华民国建立之初,穆儒丐由熟悉的北京城旗人阶层到陷入生活窘境,而旗人的遭遇,被结构性地遗忘和遮蔽,这是他切身的族群创伤。但他还怀着巨大的热情去思考如何建设一个新的国家共同体,兼遗民心态与新民身份。穆儒丐用旗人在民国的经历与伤痛来检验新的民族国家建立的基础是否坚实、逻辑是否合理,一方面以此激励族群不堕落,而要自强,为旗人发声;另一方面呼吁中国结束混乱,实现统一,建立能够容纳包括旗人在内的少数民族族群的共同体。这种遗民心态与新民身份的复调叙事,构成穆儒丐这一时期创作的重要特征之一。

①穆儒丐:《徐生自传》(141),《神皋杂俎》,1922 年 12 月 12 日。
②穆儒丐:《北京》,盛京时报社,1924,第 19 页。
③同上书,第 171 页。

第三节　民族国家与世界大同

虽怀念清末光宣之际的新政,不认同革命派的政治主张和政治手段,对民初的社会乱象不满,但作为已经初步具有现代民族国家意识的穆儒丐,对时局、对中国还怀着巨大的热情和期盼。穆儒丐延续清末他关于中国应从行省制与区域自治并存的多元统治形式向现代主权国家转变的政治构想,呼吁各方势力建立统一的中央集权制主权国家,进而加入国际间"万国竞争"的行列。他还将当时社会上流行的基督教、苏俄的社会主义进行改造,吸收进国家主义的建构。同时,穆儒丐并未将中国转变为"与列强并驾齐驱"的现代主权国家作为历史终结想象。在国家主义之上,他还有对未来理想世界的大同想象。穆儒丐关于未来理想世界的大同主义想象,在很大程度上加入了中国传统文化有关"天理"的道德性建构。这种试图将西方与中国传统贯通、呼唤时代强人、依靠宪政建成强国的国家主义,与五四时期出现的新思想中溢出民族国家范畴发动底层民众的变革逻辑,形成了较为明显的区别。

一、穆儒丐的国家主义立场

小说《海外掘金记》①的主题,就是表达在西方列强的威胁下,中国要免于亡国必须建成一个新的认同共同体。主人公贺更生生于"簪缨世家",到父亲一辈家道式微。庚子之乱后,贺更生一家在北京城里住不下去了,便投靠京城西郊的岳父家。因为不愿寄人篱下,1919 年他报名到英国在南非的金矿做工。同去的 98 名华工满汉兼有,贺更生感慨"背国离乡的人,原没什么畛域"②。贺更生目睹了华工在南非金矿的非人待遇,痛心于华工因为没有适当的娱乐活动而参与赌博,把血汗钱扔在了赌场的现状。一次偶然的机遇,他救了公司总办的女儿,在工作上受到优待。贺更生在南非金矿创办华工俱乐部,使得华工工作之余有适当的去处,并以俱乐部为基础,向英人争取华工的权利。后因种族歧视工作受阻,贺更生便萌生回家敬告乡亲的心思:

据更生的意思,等这俱乐部有了成绩,工人的私德,都有了基础,便打算把劳动时间,和不平等的待遇,都要向英人提出抗议。谁知道刚见了一点眉目,公司里的

①穆儒丐:《海外掘金记》,《神皋杂俎》,1920 年 4 月 27 日—6 月 25 日。
②穆儒丐:《海外掘金记》(12),《神皋杂俎》,1920 年 5 月 9 日。

职员,也暗自防范起来了,警察署也不时地侦查起来了。不但所抱得志愿不能实行,便是俱乐部内部进行到了这时,也觉得诸多掣肘了。更生满腹的热心,已然凉了一半。暗道,什么事也不是弱国人能自由办的。我们不过办这样一个俱乐部,便招得英人大起猜忌之心,得亏我们中国,还有独立国的名目。假如也与朝鲜、印度一般,丧失了国家主权,版图归了他国,我们这群华工,还能在世界上活着吗?如此看来,国万万亡不得,国不必说了,便是弱一点,也是不能享平等幸福的。这个道理,我已经明白了。我还在这里做什么?不如归家去,把外人虐待华人的事情,对我们一乡父老说一说,将来也可以使后来的国民,长点志气。①

穆儒丐期望中国成为可以与列强并驾齐驱的强国,而非反抗西方殖民统治,建立一种新的民族国家形态。这种对列强殖民逻辑的认同,使得他只能在"自强"中寻找出路,因此他对任何无助于国家主义的言论思想、党派纷争、学生运动都持批评的态度。穆儒丐的国家主义观念表现在以下几个方面:

(一)国土与边疆观念

在穆儒丐看来,要实现"与列强并驾齐驱"首要解决的就是南北统一。在1919年南北和谈前后,穆儒丐十分关注和谈进展,他发表了大量的论说文章,希望南北和谈能够成功,批评一切对和谈不利的因素。

清末新党力图将清朝多元统治结构改造成现代主权国家,主张转变以往的统治方式,对东北、蒙古、新疆、西藏、西南等非行省制地区,实行全国统一的行政系统,进而借助国际法化解列强对这些地区的渗透和侵略,保持中国领土完整。穆儒丐在清末留学日本期间,就切实思考过清末边疆危机,尤其关注帝国主义对蒙古地区的渗透,通过翻译日本人类学家鸟居龙藏的《经济与蒙古》,警醒清政府和国人关注边境问题。

1919年,"外蒙古"在俄国革命后陷入危机回归中国,中国政府恢复清朝对蒙古的优待。穆儒丐发表《治蒙刍言》,"民国八年以来,快心之事,无逾此者。"②并积极建言献策,认为民国应该革除清朝对蒙政策只依靠封典蒙古王公的弊端,不仅要优待蒙古王公,还要优待大多数蒙民,发挥五族共和之效。否则"外蒙古"因为穷途来归,以后还会被利诱而走。可见穆儒丐仍然以继承清朝版图的思维来思考中国的疆域,接续清末万国竞争思维,思考中国的边疆和领土问题。在穆儒丐看来,如果中国政府在边疆地区不能按照国际法行使主权,不能在边疆地区少数民族民众

①穆儒丐:《海外掘金记》(42),《神皋杂俎》,1920年6月16日。
②穆儒丐:《治蒙刍言》,《盛京时报》第1版,1919年12月6日。

中建立国家认同,边疆问题将不会得到彻底解决。

和谈前穆儒丐一直呼吁南北方势力放下成见,共同建立一个现代民族国家。"呜呼,南北如此,谁能支持危局乎? 舍化除南北恶感,发挥真正国家观念,无他术也。若徒为南北互相辉映之,而不谋及实际,则吾恐中国不必自分南北,行将有人代为分之。惟既分之后,永无复合之日。"①"当此之时,苟无敌国外患,则政府亦不妨效日本西南战役,削平而后已,今既不能一鼓荡平……顾累日积时,连绵战祸,断非今日中国所能堪,矧内国情势,外交风云,渐渐迫于眉睫。西南战乱,实有不得不速讲和平之势,此少具常识者类能言之,而政府反不急求下台之方,全副精神,仍用之于对南政策,不少退让……宜速定务本之方针,以期完全其责任,区区党派之争,末节也。盖亟握手之言欢,聚于一堂,以定国家百年之计。盖时机已熟,势有不免。与其谋一党一系之私利,勿宁谋举国上下之幸福,其为功也,孰优?"②

在和谈筹划期间,穆儒丐发表《国家之改组》,"方今南北平和会议,指日可成。然与其汲汲于双方个人之权利,勿宁乘此机会,提议国家社会之改组,即不能望急功,亦当提出具体之条件,使为后日设施之标准,此诚国家前途最重要之关键也"。③

和谈期间南方和北方内部各军阀间仍战乱不休,对此穆儒丐忧心忡忡,"前途茫茫,识者不能无隐忧也"④。并一再强调和谈的重要,"此次之会议,洵为南北最终之会合,亦统一中国,发挥群治,最要之关键也,在此次会合。苟无至善之结果,或不幸而至决裂,则中国前途之不可问,固人人知之矣。即欲再有今日之会合,或不得而企。终使列强知中国人之不能治中国,而或要我以委任统治之权利亦未可知。尔时南北当局将一何术处之?"⑤穆儒丐期望各方军阀能熄战,为中国放下政见和利益分歧,解决统一问题。"党为一时之组织,国为永远。国体,以党殉国,义之正也;以国殉党,则未之前闻。此记者所以亟盼南北相互了解,彼此让步,勠力同心,以扶此将亡未亡之国家,是日之急务也,亦全体国民之至上职责也。"⑥他认为在国家统一面前,其他分歧都是细枝末节,"金兵已至,此吾所以警告国民,对于南北和会,宜力加干涉,以先谋统一为要图,其他皆末节,而可缓议者也"⑦。

而和谈破裂后,穆儒丐一度十分灰心、愤慨。1920 年 7 月 24 日,他在《盛京时

①穆儒丐:《南北辉映之中国》,《盛京时报》第 1 版,1918 年 5 月 18 日。

②穆儒丐:《余之忠告》,《盛京时报》第 1 版,1918 年 5 月 25 日。

③穆儒丐:《国家之改组》,《盛京时报》第 1 版,1919 年 1 月 11 日。

④穆儒丐:《和平会议的前途》,《盛京时报》第 1 版,1919 年 2 月 22 日。

⑤同上。

⑥穆儒丐:《和议刍言》,《盛京时报》第 1 版,1919 年 9 月 13 日。

⑦穆儒丐:《警告国民》,《盛京时报》第 1 版,1919 年 5 月 21 日。

报》头版发表《内国战之意义》，认为频繁的国内战争只应发生在野蛮时代。近代以来，美国的南北战争、英国光荣革命、日本西南战争，都是对国家发展有利的战争，"盖近世国家，以立宪制度完全成立故，绝无内争之理由。脱有国内之战争，必有极大之理由，纯正之意义"。1923 年，穆儒丐发表《统一之障》①，这几乎是一篇负气的文章，认为辛亥革命已经过去 12 年了，和平统一成了一句虚言，武力统一南北相持不下。与其长年混战，还不如楚河汉界各自划清界限一战定胜负。

（二）民族国家高于种族族群的观念

穆儒丐在留学日本的青年时期，就已经将种族与民族的概念加以区分，视种族为落后愚昧的思想，以民族来指称作为民族国家共同体的中国。也正是因为持这种观念，经历了"亡国之痛"、内心对清朝充满怀念的穆儒丐，才能够在民初的乱象中积极加入一个新共同体的想象。在穆儒丐眼中作为"民族"的中国，高于汉满的种族之别、政党政见之分，这种观念一直根植于穆儒丐思想中。

穆儒丐在论说文章《种族革命》中，详细地阐释了民族国家高于种族族群的观念。首先穆儒丐不认同西方兴起的"一个民族一个国家"②的思潮，"若必一种族一国家，则世界种族之多，且不可以计，况杂居同化，混血难分之种，不辨甲乙者尤多矣。所谓种族革命，盖已难乎其实行矣"③。并列举当时欧美强国的建国模式，来证明种族是否相同并非建立国家的唯一基础，"盖种族者，利害同，则胡越可为一家，利害反，则同胞可为寇仇。故世界各国之言革命者，有同系一种而戕其君者，法兰西是也。有本非同种，而奉一君长，英吉利是也。至于美利坚合众国，种族尤繁系□不一，而能共建一完美之国家，无他，利害使其相同，祸□国人共之，而□民的地位则相一致也"④。

穆儒丐批驳"一个民族一个国家"的民族独立思潮，出于中国多民族融合的现实，"中国虽为多种族之国家，自魏晋以来，早已成为混血之族，近日虽有五族之称，由国家的疆域而言，已有不可分之势。□分去一族，中国不但不能成为完全固有之国家，且有唇亡齿寒之祸。故在中国而言种族革命，不但其人头脑腐旧，是殆恐其国家之不灭亡，而速之者"⑤。

他希望能在人权平等、法律健全的前提下，以国民观念来代替种族观念，"盖近

---

①穆儒丐：《统一之障》，《盛京时报》第 1 版，1923 年 3 月 21 日。
②这里的"民族"与穆儒丐"种族"意义相当。
③穆儒丐：《种族革命》，《盛京时报》第 1 版，1930 年 2 月 4 日。
④穆儒丐：《种族革命》，《盛京时报》第 1 版，1930 年 2 月 4 日。
⑤穆儒丐：《种族革命》，《盛京时报》第 1 版，论说栏目，1930 年 2 月 4 日。

代之国家,只有国民,而绝对不许有种族之见。使其国法令修明,人权平等,虽有□种合同,何害□使其国家政治不良,惟思利己,不但异族者不能一朝居,即其连年被害、被压之国民,为生活安宁计,为生命财产计,为其子孙计,亦不得不自寻出路,别开生而已"[1]。

而穆儒丐创作这篇文章的目的正是出于对 1930 年复杂东北局势的担忧,希望作为国民之一的满洲人花费三百年才使得满洲地区成为国家的一部分,不要在执政者手中丢失,"遽上所述,以默察中国今日之形势。所谓种族革命者,不但不适生存之原理,将使国家陷于万劫不复之环境,亦无非此等误谬思想有以致之而已。若不急图更张,灭亡之惨,不待著蔡矣。吴铁城曰:不到东北,不知中国之大,不到东北,不知中国之危。试问此中国之伟大,何人所缔造所培养乎。满洲三百年来贡于国家者也。再问中国今日之危殆,何人所阶之厉乎,还以叩之革命诸豪矣"。[2]

(三)以国家主义立场反对激进的反帝爱国运动

这一时期,穆儒丐与同时期的革命派、共产主义的理论相比,其国家主义观念更为突出。1919 年五四运动发生后不久,穆儒丐便发表论说文章《对外于对内》,"自青岛问题有解决之说,举国若狂。北京学生,火曹宅、击章头。一隅倡之,全国响应。固不能谓中国无民气也。然今日中国人民,果真有爱国热诚,欲鼓其元气为国御侮,须知国家病根之所在,挥刀而去之,然后徐徐树其根本,养其元气。庶可以言对外矣。不然一受刺激,哗然而起,及事过境迁,则又安之若素"[3]。穆儒丐认为当时正在进行的南北和谈是国家最重要的事情,应该把爱国的热情先放在国家统一上。1919 年鲁案[4]发生后,京津数千学生进京请愿。穆儒丐在论说文章《学生团之请愿》中认为之前的五四运动是因为中国外交失败,学生请愿是可以理解的。而这次学生请愿是要求国家履行必要的手续,是干涉国家内政。因为"请愿自有请愿之手续,万不能成群搭伙,号召千数百人,攻围元首之居"[5]。认为当时的中国政府"内受困于政党,外而被压于督军,更益以内外种种难题,几何其成为政府也?""今日之中国,乃上下忍辱之时也。卧薪尝胆,默默图强之时也。非上下交哄,一阵狂闹,所能得好结果也。"

---

①穆儒丐:《种族革命》,《盛京时报》第 1 版,论说栏目,1930 年 2 月 4 日。

②同上。

③穆儒丐:《对外于对内》,《盛京时报》第 1 版,论说栏目,1919 年 5 月 14 日。

④1919 年 7—8 月,军阀张树元、马良在济南实施戒严,并制造了"济南惨案",京津两地数千名学生进京请愿。

⑤穆儒丐:《学生团之请愿》,《盛京时报》第 1 版,1919 年 9 月 6 日。

综合穆儒丐这一时期的言论可以看到，他认为当时中国最重要的任务是统一，只有在统一的基础上，才能组建一个符合国际惯例的主权国家，因此他希望南北和谈成功，认为一切有碍南北和谈的行为都是对国家力量的消耗。这一时期，五四运动爆发、马克思主义在中国迅速传播，必然引起整个社会思想文化发生巨大的变化，而这些变化也必然在社会实践层面发生激烈的冲突。而这些都不是持保守国家主义的穆儒丐所能深切而细微地体察到的。

二、对中国传统国家观念的新释

1924 年，穆儒丐将自己读巴尔克《世界文明史》的阅读札记《读文明史》连载于《盛京时报》。他根据巴尔克判断文明的标准，"凡欲决定一国的历史，是有价值的，是没价值的，并不在该国国民之赫然功绩之如何。要在该国国民之行动至于何种程度，又应观察这种行为，是否出于本国国民之自力。如果完全依本国国民之力，而建设他们的文明，换言之，既不受外国之影响，亦不因统治者之恶性受若何利益，能任自由发达，则这样国民的历史最为可贵"[1]。以此来反观中国文明，认为唐虞三代是国民时代，从周到秦就是贵族统治了，文明与否与统治者关系越来越大，与普通国民的关系越来越小。"中国的文明，发源于唐虞时代。在那一时代的历史，一般国民虽不免受统治者个性的利益，但是那一时代的国民，无论上下，全都知道各人尽各人的本分，自由自在，本之一种天理人性，去制造他们的文明，绝没有彼此依赖，彼此利用，以及受其他影响的情事（事情，笔者注），所以那时的文明，勉强可以认为依国民全体之力而造成的。"[2]

以此观点，中国文明起源处唐虞三代便具有近代文明的性质，之后的朝代随着统治阶级的力量越来越大，社会的盛衰都取决于统治阶层贤明与否，因此是专制文明。并以清朝为例来论证所谓康乾盛世也是专制文明，"譬如前清三百年来的历史，于文明上很有可述的价值。第一，那一时代，还有与外来影响的反抗能力。虽然终于不能不受外来影响之干涉，那一时代的国民，究未尝不思避免外来影响，以维持自家的文明。即如康雍乾三个时代，不能不承认为文明康乐时代，所制作的书籍也很多。可惜全是由统治者个性的发挥而办成的，国民自力的文明究竟很少"[3]。

很明显，穆儒丐承续了中国儒家对唐虞三世的推崇，接续清末对中国政治与西

---

①穆儒丐：《读文明史》（上），《盛京时报》第 1 版，1924 年 8 月 2 日。
②穆儒丐：《读文明史》（下），《盛京时报》第 1 版，1924 年 8 月 3 日。
③同上。

方政治比照式的理解。作为熟悉日本思想的穆儒丐,受到日本东洋史①思想的影响是毋庸置疑的,这些学说都成为穆儒丐对唐虞三代进行现代阐释的思想资源。在历史已经拉开足够距离的今天,我们不再会简单地将穆儒丐对唐虞三代新释看成单纯的复古。这是一种试图用现代视角重新阐释中国古代思想,并试图从中找到可以借用的思想资源,建构一个新的民族国家的努力。

三、呼唤强人实现宪政梦想

宪政是穆儒丐从年轻时期就坚持的政治理想,尽管清末他们所坚持的君主立宪的政治主张失败了,但宪政仍是他在民初的政治理想,并构成了穆儒丐思想中一个连续的脉络。

在穆儒丐看来,宪政是当时世界大多数强国的选择,坚持宪政就能重新聚合处在内乱中的中国,然后建立一个真正的现代国家,面对"国家的生存竞争"。"今世国家,鲜能脱国际之关系,闭户以自守者。然既投入国际间,则当知国际间生存竞争之意义。尤须知国家的生存竞争之意义。国家的生存竞争,不外政治之修明,所谓政治之修明,即不外发挥立宪之真精神。"②

穆儒丐将宪政看作建构现代中国的有效手段。在其《共同之目的》一文中,穆儒丐认为立宪国代议制政治的前提是各方势力有一个共同目的。而在中国当时的各方势力没有一个共同的目的。"亦惟有相互让步,群趋于共同之目的而已。无共同之目的,而曰能治,虽专制国家,犹曰不可,况共和国家乎。"③可以明显地看到穆儒丐的宪政理想与"共同之目的"的国家主义之间的关系。在他看来宪政是重构一个民族国家共同体的重要手段。

同时他以是否有利于实现宪政作为标准,衡量各方势力是否具有政治道德,政治思想是否具有正当性。在《督军亡国论》④一文中,将督军看作历代武人亡国的延续。周代的诸侯、汉代七国、唐代藩镇、民国军阀一脉延续下来。督军制是中国进入立宪文明的阻碍。在《哀党篇》中感慨"夫立宪国家,全在政党之活动"。"近

---

①1853年"黑船事件"之后,日本开始接触并认同西方文明。出现了以福泽谕吉"脱亚入欧"为代表的全面西化思潮,这股全面西化的思潮推动了日本明治维新。明治末年日本国力增强,尤其是日俄战争胜利,给日本带来极大的自信。明治末年出现了带有对抗西方文明色彩的"东洋史学派"。穆儒丐留日期间,正是日本明治末年,穆儒丐的历史观、文化观也很明显受到这一思想流派的影响。

②穆儒丐:《国家之改组》,《盛京时报》第1版,1919年1月11日。

③穆儒丐:《共同之目的》,《盛京时报》第1版,1923年3月3日。

④穆儒丐:《督军亡国论》,《盛京时报》第1版,1919年7月26。

世列强,多以政党治国,然其政党之组织,恒有万年不变之精神。"而批判中国国会各党"惟以私利之轻重,为去就之准则",国会各党派为私利纷纷投靠军阀,"盖自有政党之名词,未有如中国政党之不正经者"①。在《党祸亡国论》一文中,穆儒丐读欧阳修的《朋党论》有感,以君子之朋党兴国、小人之朋党亡国的传统君子、小人之辩来激励中国政党,"呜呼,中国果不望治则已,苟其望治,须诸大为人衷心觉悟,解散其权谋诈术误国之私党,和衷共济,以献身的精神,另组光明正大救国之公党。庶乎此已仆之国家,可得渐渐扶起"②。在《时局与革命》一文,称直皖之争就是趁火打劫。"虽然养成此趁火打劫之习惯者,谁乎? 诚不能不归咎于老袁。然纵袁氏而打劫者,则又不能罪于最初革命巨子之没章程也。夫革命为人民全体之事业,断不可为一二人所利用。然革命徒有其口,而无实力与精神者,鲜不为人所利用也。为人利用之革命,而犹视然曰成功,可耻孰甚。"③穆儒丐认为辛亥革命之初就没有建立宪政制度,才导致军阀因私利而混战。

穆儒丐并未将立宪看作乌托邦式的政治制度。在他看来,谈论政治制度的好坏和谈论人性的善恶一样,没有一个绝对的论断。判断现实中的政治制度的标准是"凡能顺应大多数之心理,足以达于相当程度之治安者,即为最良之政治,名义体制之如何,不必问也"。因此穆儒丐思考中国现实问题时,宪政不是一种理想,更不是不容动摇的原则,而是一种实用主义手段。它附属国家主义,是建立统一的现代民族国家的一种手段。

在穆儒丐看来,军阀、政客、革命派、激进派、部分学生都是中国统一、成为一个现代文明立宪国家的阻碍。甚至站在宪政国家主义的立场上,将他们的行为划分为"捣乱行为"。在批判这些行为时,他会用到宪政理论,但其背后仍然是国家主义的标准。他将中国当时不同思想间的碰撞做静态的道德判断,将军阀、政客、革命派、激进派不做区分地混为一谈。除了对宪政国家理想的坚持,也反映了当时只希望平安度日的百姓的真实生存体验,是基于日常生活立场对时局的世俗评价。它是现实的也是短视的,但并非完全无效。依靠不断革命推动社会变化发展的方式是中国近代历史主流,但是这种方式也对日常生活、对传统文化造成巨大冲击。遇到现实问题,不考虑如何具体地应对和理智地处理,而选择用革命的方式打乱现有秩序,这种方式本身也许是一种无法选择的历史潮流,但是不断地使用这种方法对社会、百姓和国家的消耗也是巨大的。这也暗合了新文学阵营中鲁迅 1927 年对于

①穆儒丐:《哀党篇》,《盛京时报》第 1 版,1920 年 6 月 19 日。
②穆儒丐:《党祸亡国论》,《盛京时报》第 1 版,1919 年 9 月 20 日。
③穆儒丐:《时局与革命》,《盛京时报》第 1 版,1920 年 10 月 16 日。

"革命、革革命"的批判。这种暗合提示我们所谓改良与革命、新与旧的立场,在现实面前并不总是界限清晰。他们面对的社会状况相同,道德立场也常常一致。从更深的层次来说,都是知识分子面对国家落后混乱的现状,思考该如何在政治、文化上重新建构合理的秩序。社会秩序的形成,不该仅仅视为某一种思想的实践,而是不同的思想在共同的历史境遇和现实面前不断辩驳、对话、反思中建构出来的。

从前文对穆儒丐宪政思想的梳理来看,他判断现代政党正义与否的标准,更多地流于中国传统文化中的君子、小人之辩,以是否有利于国家统一和强大为标准,评判各方势力的品格,这并非现代政党制度的精髓。对政党和党员过于道德化的评判,使穆儒丐思考国家统一、实现宪政,最终指向呼唤英雄和中心势力。

"盖中国者,人治的习惯未尽泯。苟有一中心的人物,仍可以维持国脉,徐图富强。"[1]"政治家苟无献身的道德,虽有极盛之民气,终亦消如泡影。"[2]在《贤人专制》[3]一文中,穆儒丐以美国国父华盛顿为例,呼唤有国家观念的强者,将中国带到真正的民主国家行列。

在《中心势力之必要》一文中,穆儒丐表达了他理想中的"中心人物""中心势力""集社会诸种势力而成政府,其间必有标表的人物以为统率,此标表的人物,又谓之为中心人物。此外各人对于中心人物,必有极端崇拜心,犹之宗徒之于教主"。"夫中心人物之于国家也,固不必拟其为至尊至贵之人也。但视其势力、品行、主张、资格等。是否足为中心的人物,如能为中心的人物,奉之可也。又何必虑其权势之大,而疾其地位之尊乎?"并列举了他心中具备中心势力资格的人物,"征之往事,如克林威尔之治英,那(拿)破仑之治法,民国四年以前之袁世凯,皆此类也"。以及中心势力应肩负的使命,"然不过徒维持一时,以后仍须赖坚强忍耐之政治家。出而力肩危局,造成中心势力,渐纳政治于轨道……至于国体之为君主、民主,特形式耳"。

崇拜英雄、强人并非穆儒丐此时的思想特点,但它贯穿了穆儒丐思想的始终。1940年他创作的《福昭创业记》就是为了书写满洲的民族英雄。文中对英雄的崇拜随处可见。"把失败的死人,当作天神一样。可是把成了功的伟大人物,不问生死,即看的稀松平常。一点崇拜纪念的心情也没有。这样的重大毛病,若是一日不

---

①穆儒丐:《说人才》,《盛京时报》第1版,1918年5月11日。

②穆儒丐:《对外与对内》,《盛京时报》第1版,1919年5月14日。

③穆儒丐:《贤人专制》,《盛京时报》第1版,1921年3月12日。

改,那么中国一定是免不了灭亡的。"①"然而英雄者,实国家之魂胆。"②

穆儒丐将中心势力、强者与国家主义紧密相连,同时他构想强者与权力的复杂关系,并非基于现代民主式的契约关系,而是强调强者、中心势力的道德品质。

四、天理式的大同主义世界想象

穆儒丐虽然是一个坚定的国家主义者,但是他思想中也有关于世界的大同主义想象。这种大同主义接续清末立宪派的大同思想,与清末大同不同的是他认为大同世界必须在真正的独立国基础上组成。

第一次世界大战后国际同盟建立,穆儒丐一度认为旧的霸权政策已经过去了,今后全世界将出现一个"大同世界""新世界"。

"盖今后国际间所切要者为人类大同之交通,经济通融之交通,学术道德之交通。一切政治上有害人心国脉之罪恶行为,皆不适用。理想的新世界,似已冉冉而露其面影。彼四年之大战,实圣经中所谓地狱之火,而上帝所与之天罚也。前此罪恶之世界,已随扰乱世界之恶魔,付之天火一炬。今后只有道德正义之世界。其间虽不无恶魔之发生,然此道德正义之世界,终必有实现之一日。此余敢断言。"③

而在巴黎和会上中国外交失败了,使穆儒丐认识到自己对世界的乐观态度可能错了。穆儒丐发表《世界之势之前途》④,认为第一次世界大战后国际联盟已然失败,国际联盟的实质仅仅是列强间结盟,这会导致国家间不平等加剧,最终酿成更大的祸患。到了美国的华盛顿会议(穆儒丐称为太平洋会议,笔者注)期间,穆儒丐又重新燃起了大同世界的希望。在《太平洋会议》⑤一文中,称 1919 年巴黎和会是"梁山伯式的巴黎会议",而认为华盛顿会议"与巴黎平和会议,性质不同""推而至于理想的境界,胚孕一世界国家联合,以谋世界人类共通的幸福"。而随着华盛顿会议的进行,穆儒丐对第一次世界大战后会出现一个新世界的想象破灭了。

在穆儒丐的观念中,大同世界与万国竞争紧密相连。在他看来,世界各国民间的友善交流、世界各国文化间的相互借鉴,已经显示了大同世界初现的希望,未来一定会出现一个超越国家民族的大同世界(穆儒丐有时也表述为新世界、世界大通),但是并非任何一个国家、民族都能进入这个大同世界。如果中国不能改变混

①穆儒丐:《福昭创业记》(上),满日文化协会,1939 年,第 219 - 220 页。

②同上。

③穆儒丐:《民族问题私议》,《盛京时报》第 1 版,论说栏目,1919 年 2 月 25 日。

④穆儒丐:《世界之势之前途》,《盛京时报》第 1 版,论说栏目,1919 年 5 月 1 日

⑤穆儒丐:《太平洋会议》,《盛京时报》第 1 版,论说栏目,1921 年 7 月 20 日。

乱的现状,就无法建立一个独立的现代民族国家,失去进入大同世界的机会。

在《国际关系》一文中,可以看到穆儒丐心中国家主义与世界大同想象之间的关系,文章中围绕着强权与公理展开论述。穆儒丐认为当时的国际关系就是弱国被强国欺负的强权逻辑,"盖国际的外交,只言利害,初无道义,所谓有强权而无公理,几成外交界之金科玉律"①。但穆儒丐认为,依靠强权无法实现国际和平,国际和平的建成还需要"公理"。而他期盼"公理"存在于跨越国界的人与人之间的侠义、人性的美好互助中,"吾尝谓世界之人类,已脱其野蛮之兽性,仿佛几于大同之境矣。至于国际的关系,则仍未脱野蛮之兽性。假使今日国家的行为,能如今日世界人民之个人行为者,则理想大同之世,或可企矣"。可见穆儒丐将中国传统中,以天理为核心的道德共同体的想象,融入了未来的大同世界、新世界的世界想象。

在穆儒丐看来,当时由主权国所构成的国际关系中只有强权没有公理。一个国家要生存必须经过万国竞争的天演公理考验成为独立的强国。中国要想在这种国际环境中立足,就需要一个有道德的强势人物或者中心势力来组建统一政府,建立现代宪政国家,跻身现代国家行列。穆儒丐所构想的国家主义,是从多元统治形式的帝国向主权民族国家转变,不同于西方民族国家的观念,它要继承帝国时代多元族群的遗产,将西方的民族独立改造成各民族平等,在保持其独特文化的基础上建构一个共同体。至于这种公理,穆儒丐从内心并不认同,却并未进行足够的反思。这也是构成"五卅惨案"之后,他与接受了马克思主义、对世界不平等秩序有了反抗意识的新一代知识分子安怀音等人发生长达两个月论战的一个重要原因。

从中也可以反思民族国家、国家主义的话语,其只是中国近代以来诸多话语形式之一,它对于中国这个新的民族国家来说是至关重要的,然而它仍无力承载近代中国面对的问题,也无力化解中国面临的现实困境,"中国革命,作为一场广泛的社会运动,一个以人类历史上罕见的规模和深度展开的民族解放运动,包含着民族主义这一概念无法涵盖的历史内容。民族主义并不能囊括 20 世纪中国的一切"②。过于强大的国家主义,使穆儒丐将革命与新文化看作妖魔化的存在。而新的民族国家的产生,不仅需要民族国家话语,也需要一些冲破民族国家话语的部分。这些都是持保守国家主义观念的穆儒丐不能接受和理解的。这种隔阂从一个侧面揭示了中国现代民族国家的转型是在历史的断裂处,由各种历史现实的思想资源构造的,它是在一个多元变动的语境中形成的共同体,任何本质化和静态化的分析都会存在短视和遮蔽。

---

① 穆儒丐:《国际关系》,《盛京时报》第 1 版,论说栏目,1921 年 6 月 25 日。
② 汪晖:《现代中国思想的兴起》,3 版,生活·读书·新知三联书店,2015 年,第 22 页。

小　结

清末是中国现代民族国家形成的雏形期,各政治派别对现代民族国家有不同的构想方式,穆儒丐与同人以"五族大同"的观念构想新的共同体中各族群间的关系,这些构想最终成为现代中国民族国家观念的重要部分。

辛亥革命后,旗人的处境发生巨变。穆儒丐作为旗人,在其作品中流露出对光宣时代的怀念,对辛亥革命的不满,对旗人处境的痛心。但是穆儒丐本质上是站在民族国家的立场批评民初南北分裂无法统一、民国政治腐败,他对光宣时代的怀念更多出自对现实的不满。他言说族群历史,为族群处境打抱不平,背后的逻辑是旗人也是五族平等的国民。作为国民的旗人,为现代中国的国土和文化做出了巨大贡献,其历史和处境该得到平等的对待。

在穆儒丐的思想中,满汉是族群之间的矛盾,民族国家是族群的上位概念,它明显高于族群。两者并不是概念性地存在于穆儒丐的思考中,都与穆儒丐及其族群在中国现实中的处境密切相关,民族国家与族群两者存在于穆儒丐真实的生命体验和处境中。如果不了解穆儒丐发声所处的时代背景,仅仅就穆儒丐关于满汉两个族群的某些言说和创作进行评价,那么会剥离其内在的"生命－世界"表意语境,造成对穆儒丐的误读。同时穆儒丐在清末民初族群与民族国家的思考和在民族国家与族群间纠结的情感,也为研究中国现代民族国家形成的复杂性提供了有效的标本。

同时穆儒丐思想中隐含着对进化论的过度阐释,他始终认为民族有文野之别,野蛮民族不具备独立建国的能力。穆儒丐虽从情感上不认同强权,但在中国以弱国的身份处理国际问题时,他认为国家间强权即公理,是不可能改变的,只有自强才能不被欺负。国家应当自强是没有错的,但是这种建立在对进化论过度阐释基础上的自强,是对列强殖民逻辑的认同,自强的目的是成为与曾经侵略过中国的帝国主义一样的国家。因此,他对任何无助于国家自强的言论思想、党派纷争、学生运动都不加区分,一律加以批评。加上太过浓厚的道德式批判,使得他无法深入中国当时的现实,理解不了中国正在兴起的反抗式的、革命式的新生的力量。

第二章　反思新文化运动与构建
"旧不腐、新不浮"新文化梦

　　1917年穆儒丐从北京来到沈阳，创办东北地区第一份报纸——《盛京时报》文艺副刊《神皋杂俎》，开始了他在军阀时代的文学创作。在新文化运动发生前，穆儒丐开拓了东北现代文学，留下了小说、戏评、文学理论、翻译、政论等大量作品。新文化运动勃兴后，穆儒丐通过《神皋杂俎》积极向东北地区介绍新文化运动的动向和成果，其创作也明显受到新文化运动的影响。同时穆儒丐与新文化运动持不同的政治观念和文学观念，对新文化运动进行反思。随着中国社会现实变化和激进思潮在东北地区影响扩大，1925年"五卅惨案"之后，穆儒丐所在的《盛京时报》与《东三省民报》，开始了长达两个多月的论战。经过对新文化运动的吸收、反思及与安怀音的论战后，穆儒丐形成了自己"旧不腐、新不浮"的新文化梦。

第一节　前五四时期穆儒丐的现代文学创作

　　关于东北现代文学的起源，主流文学史的叙述是以新文化运动向东北地区传播为源头。"20世纪初，伴随着世界文化革命潮流的兴起，有着悠久历史的中国文学发生了空前的伟大变革，这就是新文化运动。以此为起点的中国现代文学史，虽然只有短暂的30年，却宣告了一个新的文学世纪的诞生；它高举反帝反封建的旗帜，以其真正民族的大众的文艺特质区别于以往的一切文艺，形成了成绩辉煌的新民主主义文艺。作为其重要组成之一的东北现代文学，就其主流而言，反映30年来东北社会历史进程，揭露帝国主义的侵略罪行和封建势力的黑暗统治，表现东北各阶层人民的苦难、抗争和对美好生活的追求，对于丰富和充实中国现代文学，无疑起着不可或缺的作用。"[①]"东北现代文学是在新文化运动的影响下产生、成长和

————————

[①]张毓茂主编《东北现代文学史论》，沈阳出版社，1996，第1页。

壮大起来的。五四时期,沈阳、长春、哈尔滨等地,都有着新文学运动的开展。当时从事现代文学运动者有王卓然、梅佛光、吴竹邨、卞宗孟等人⋯⋯这个时期,鲁迅、瞿秋白、郭沫若、刘大白、冰心、胡适、周作人、郁达夫、叶圣陶、庐隐等现代文学作家的作品,大量地在东北地区的报刊上被转载或发表,给荒凉、沉闷、尚处在蒙昧状态的东北文坛,带来了习习春风。"①"东北现代文学是指1919年五四运动以来至1949年新中国成立共三十余年东北地区区域的文学。"②

随着东北现代文学研究的深入,这种以新文化运动传播为线索的文学史的遮蔽性就凸显了出来,造成文学史在叙述东北现代文学起源时的一些困境。较有代表的就是《东北文学史论》,"从特定意义上说,东北现代小说的历史是以长篇小说为开端的。在'五四'新文学革命影响下而形成的东北现代文学创作观念虽稍晚于这一文体的创作实践,但它对这一完整时期的长篇小说创作仍产生着某种影响,并成为对'五四'新文学创作思潮的有力回应"③。这段评价存在无法自洽之处,东北现代文学以长篇小说开端,早于"'五四'新文学革命影响下而形成的东北现代文学的创作观念"。在这种无法自洽的理论下必然出现研究的困惑,"当我们翻检五四时期的东北新文学作品,却惊奇地发现,早在1919年11月18日至1920年4月21日,穆儒丐创作的长篇小说《香粉夜叉》便连载于《盛京时报》。它比《冲击期化石》和《一叶》的出版时间,提早了大约两年。从这个单纯的意义上讲,东北现代长篇小说确确实实地应列居于新文学史的显赫地位。我们似乎可以得出这样的结论,《香粉夜叉》是中国现代文学史上第一部长篇小说⋯⋯东北现代长篇小说竟有如此上佳的特殊的表现,这是既很令人费解也很令人骄傲的事,它有着非同一般的意义。"④《东北现代文学史论》将穆儒丐《香粉夜叉》作为东北地区前五四时期取得的成绩,归结为托尔斯泰式的文学现象,"人生观基本上还处在旧有阶级的思想范畴内时,却在创作中对旧有自我阶级和旧的时代进行抨击"⑤,这显然缺乏说服力。

因此梳理东北现代文学起源,厘清前五四时期东北现代文学对新文学的接受与反思,有助于还原东北现代文学的复杂性,也可以借此回应中国20世纪80年代以来现代文学研究多样性的理论阐释。在这种研究思路下,对穆儒丐《香粉夜叉》创作的文化脉络呈现就具有拓宽东北现代文学研究的可能。

---

①高翔:《现代东北的文学世界》,春风文艺出版社,2007,第4页。

②同上书,第237页。

③张毓茂主编《东北现代文学史论》,沈阳出版社,1996,第132页。

④同上书,第133页。

⑤同上书,第138页。

一、前五四时期东北现代文学

关于东北现代文学起源的主流文学史论述,反映了以新文化运动作为中国现代文学起点的现代文学史观,对中国现代文学中心到边缘的单一文化传播想象。近年来随着对中国现代文学起源的多重阐释,以及中心与边缘多样性关系的理论不断丰富,关于东北现代文学起源的多元性开掘可以成为反思和推进东北现代文学研究的有效视角。

陈均的一段话触及东北现代文学起源的另一种现实:"对东北现代文学的叙述。在现代文学叙述的等级制度中,往往以新文学的传播作为线索,因之东北文学处于一种被传播的次级位置。但在民国初年,东北地区应有一个特殊空间,因时代之变化,一批知识分子(包括穆儒丐)赴东北谋生,他们的活动与创作,具有相当的水准。"①陈均在此提出了东北民国初年,新文化运动开始前的"特殊空间",但并未对这个"特殊空间"做充分说明。本文试图解释东北现代文学在新文化运动到来前"特殊空间"形成的原因。

东北现代文学起源处的模糊,涉及为学术界所忽视的清末民初南、北文化势力之间的消长。在中国传统文化中书画界、音乐界、戏曲界一直都有南派、北派之分。将中国文化的南北派别之分置入本书,并不是要将中国历史上的南北之分对接到现代文学的划分上,因为伴随着中国进入现代,南北之分已经失去了中国传统文化中南派、北派可以条分缕析呈现的本质主义区别,只是借此指出中国文化具有复杂多样的形态。清末在民族问题凸显的形势下,在地域空间上有南方与北方两种文化场。在时人诸多论述中都能看到文学中存在这种南北之别,"这五十年内的白话小说……可以分作南北两组:北方的评话小说,南方的讽刺小说。北方的评话小说可以算是民间的文学;他的性质偏向为人的方面,能使无数平民听了不肯放下,看了不肯放下;但著书的人多半没有什么深刻的见解,也没有什么浓挚的经验。他们有口才,有技术,但没有学问思想。他们的小说……只能成一种平民的消闲文学。《儿女英雄传》《七侠五义》等书属于这一类。南方的讽刺小说便不同了。他们的著者多是文人,往往是有思想有经验的文人。他们的小说,在语言方面,往往不如北方小说那样漂亮活动……但思想见解的方面,南方的几部重要小说都含有讽刺的作用,都可以算是社会问题的小说。他们既能为人,又能有我。《官场现形记》

---

① 陈均:《穆儒丐和〈北京梦华录〉》,引自穆儒丐著,陈均编辑的《北京梦华录》,北京出版社,2016,第7页。

《老残游记》……都属于这一类"①。胡适这种南派北派的话语建构在当时很有代表性,这些南北差异的话语也是新文化运动理论的多种潜层话语之一,值得我们研究者关注。

来自不同文化区域的人,在清末一些特定的语境中,对社会现实的理解有很大的差别,比如穆儒丐在自传小说《徐生自传》中,写到自己在日本留学期间,经历中国留日学生排满风潮,南方学生与北方学生对旗人留学生截然不同的两种态度,"因为这次风潮,留学生的数目,减去了好几成,不照从前那样车载斗量了。但是这满汉界限,还是分得很严。北方学生,倒和我们很和气,南边学生,看见我们还是仇人一般地看待。"②而对于1911年中国的革命形势,穆儒丐多次这样表达,"辛亥那年革命,真是很奇怪的事。在那年八月以前,任何明眼人,也看不出有革命的事来。"造成南北方在诸多问题上的明显差异,不仅是政治立场、民族立场的不同,也说明在当时确实存在南北不同的两个文化场域,这两个文化场域在大变革时代有着不同的文化形态和逻辑。

辛亥革命爆发,清帝溥仪迫于形势逊位颁发《退位诏书》。北方地区是遵从清帝"让位"中华民国的政治逻辑服从中华民国统治,其主流的文化逻辑并未经过革命的洗礼,因此北派文人持排斥革命的文化保守主义者居多。民初国都定于北京,使南派文化场向北扩张,而陈均所说的包括穆儒丐在内的"一批知识分子赴东北谋生",正是在这种时代背景下产生的。这一批知识分子除穆儒丐外,还包括金梁、袁金铠、金毓黻、王光烈、王冷佛、沈彭龄、马英麟、李东园、陶明濬等。他们基本都生于清末,大多出生于东北或北京旗人文化圈,虽然也有出生在南方的,比如金梁出生在杭州,但金梁出生于杭州旗营,也生活在旗人文化圈。根据关纪新对清末民初旗人文化传统的描述,"在京城的八旗区划内,始终分别设立着八旗都统衙门,这8个衙门,不但掌管着京城旗人的一切事务,还把分散在全国各地的驻防旗人一并统辖起来。从道理上讲,遍布全国各地的八旗驻防旗兵,都是从京城这个'老家'派出的,如果战死在外地,其遗骸都应当被送回京师'奉安'……如同雍正皇帝所说过的:'驻防不过出差之所,京师乃其乡土。'"他也在京旗文化场域中。与蔡元培、胡适、鲁迅、周作人等南派知识分子在中华民国建立后从地方文化圈到北京、天津、上海、南京文化中心地带不同,他们基本是从曾经的文化中心地带迁移到东北。他们在新文化运动到达东北之前,就已经开始了文学活动,比如穆儒丐1917年来到沈阳,1918年创办《盛京时报》副刊《神皋杂俎》。他们是新文化运动影响到达东北地

---

① 胡适:《五十年来中国之文学》,《胡适文存》二集卷二,亚东图书馆,1924年。
② 穆儒丐:《徐生自传》,《神皋杂俎》,1922年9月20日。

区前东北地区的文化精英。由于他们多是文化保守主义者,新旧文化在他们的文化视野里,不像新文化运动的文人那样存在特别明显的断裂,因此他们的文学活动不仅包括现代文学,还包括金石学、历史学、书画等传统文人雅好。而这股民初随着中华民国的建立而产生的文人流动,及由文人流动带来的文学图景,在东北现代多变的政治局面中不断地被遮蔽和边缘化,最终成为以新文化运动为线索的文学史中的失踪者。穆儒丐就是这个文人圈中的一员,他的现代文学创作也代表了这个文人群在现代文学方面的成就,丰富了中国现代文学面向现代性又非断裂式的现代文学实践。

二、穆儒丐前五四时期的现代文学创作

穆儒丐 1917 年来到东北,作为东北现代文学的开创者,他所创作的诸多文学作品也是现代文学的一种样式。当新文化运动传入东北时,穆儒丐作为当时东北现代文学的重要作家,与新文化运动展开积极对话。在小说创作上,他主动接受吸收五四新文学小说的成绩,同时反思新文化运动过激的一面。这些都应视为现代文学内部的对话,置于 20 世纪以来激进主义、自由主义和保守主义三大思潮共同创造的现代文学之中考察。穆儒丐作为文化保守主义者,并非新文化运动所批判的"鲁四老爷"式拒绝西方文明的封建保守主义,他是开眼看过世界、了解西方文明的现代人。他站在中西、新旧文化平等的立场,以理性的方式实践中西、新旧文化融合,可以说穆儒丐是现代意义上的文化保守主义。

笔者将穆儒丐在前五四时期的文学创作与其在五四时期同新文化阵营的对话,放到中国现代文学多样性的视域下考察。经过与新文化运动对话,尤其是 1925 年经过与《东三省民报》的激烈论战,穆儒丐形成了自己对于现代文学应超越政治、保持学术独立、关注思想、注重实践、新旧文化相互补充的"旧不腐,新不浮"的新文化理想。这种新文化理想也应该作为一种现代文学的实践形式加以厘清,从而丰富关于东北现代文学,甚至是中国现代文学的多样性呈现。

从穆儒丐 1917 年到沈阳创办《神皋杂俎》开始进行文学创作,到 1920 年 10 月左右受新文学影响,创作具有新文学色彩的短篇小说,其间主要的文学创作有社会小说《女优》《梅兰芳》《香粉夜叉》;短篇小说《毒蛇镯》《咬舌》;翻译小说《情魔地狱》。《女优》是穆儒丐在《神皋杂俎》连载的第一部小说,因《盛京时报》保存资料不完整,无法确定《女优》的起始登载时间和结束时间。在《盛京时报》影印本中只能看到 1918 年 4 月 2 日六十二节至同年 6 月 30 日一百三十七节。小说描写北京女伶人杜红云,在权势威逼和无良家长掌控下,逐渐堕落的故事。《梅兰芳》在《神皋杂俎》1918 年 11 月至 1919 年 4 月 6 日连载,虽晚于《女优》,但是小说《梅兰芳》

实际创作时间要早于《女优》。根据穆儒丐《答曾经沧海客（代序）》："民国四年,吾书始见于京师《国华报》,未数日,为有力者勒令停刊。有力者为谁？即书中所叙马幼伟其人也。后《群强报》又转录之,亦遭同一不幸,于是《梅兰芳》一书遂不能竟其也……丁巳冬,入盛京时报社以应友人之嘱,为《女优》一书,固无意于重续《梅兰芳》之旧作,后徇友人华公之怂恿,始完成之。"①可见《梅兰芳》是穆儒丐的旧作早于《女优》的创作,在连载于《盛京时报》前已在民初北京小报上连载。

穆儒丐叙述梅兰芳的故事,最早见于穆儒丐的《伶史·梅巧玲世家第一》,小说《梅兰芳》也叙述了《伶史·梅巧玲世家第一》中梅巧玲、梅竹芬、梅兰芳祖孙三代的历史。

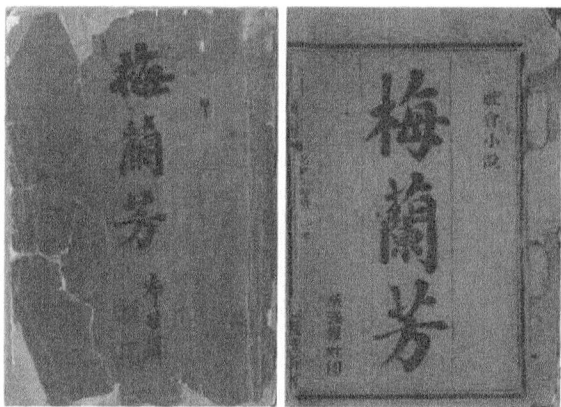

《梅兰芳》

《香粉夜叉》于 1919 年 11 月 18 日—1920 年 4 月 21 日连载于《神皋杂俎》,小说以青年男女魏静文和夏佩文的故事为线索,表现了当时沈阳武人横行,教育、道德失序的社会现实。青梅竹马的魏静文与夏佩文已有婚约,且魏家对夏家有大恩。十五年前夏佩文父母因为关内饥荒闯关东,路遇劫匪,财产被洗劫一空,一家三口乞讨到奉天。到奉天后寻亲未果夏父病倒,得乡亲魏向仁也就是魏静文父亲救助,落难的夏家三口被接到其家中照顾。后魏向仁夫妇相继离世,将财产和儿子托付给夏氏夫妇。长大后的静文和佩文也互有心意,本是天造地设的一对,武人出身的督军师长武大人却看中了夏佩文,通过夏佩文的同学黎文涛和黎父,利诱夏佩文和夏氏夫妇。夏家背弃魏家的恩情和儿女婚约,夏佩文也自愿嫁给武大人做姨太太。魏静文化名魏小虎落草为寇,后被武大人枪毙。夏佩文因惊吓而生病,病愈后失

---

①穆儒丐:《答曾经沧海客（代序）》,载陈均编《梅兰芳》,醸出版,2012,第 13 – 14 页。

宠。老夏家突然着火后,没脸再待在沈阳逃回关里。魏静文的同学为他立碑——"可怜青年魏静文之墓"。

《女优》《梅兰芳》《香粉夜叉》三部小说在《神皋杂俎》上相继刊载,并且均以社会小说命名,有明显的承接关系,显示了北京民初小报社会小说逐渐向现代小说演进的进程。这三部分别为在北京写北京的《梅兰芳》,在沈阳写北京的《女优》,在沈阳写沈阳的小说《香粉夜叉》,展示了穆儒丐民初从北京到东北创作的变化,使源自北京清末民初小报的文学形式经过改造成为东北的现代文学表现形态。用"对五四文学观念的回应与实践"①的五四传播线索来阐释《香粉夜叉》显然是有偏差的。《香粉夜叉》是先于新文化运动影响,由持文化保守主义的旗人所开创的东北现代文学形态。

《梅兰芳》《女优》都是以民初北京戏曲界伶人为主角,都是伶人与阔佬和文人间的故事,以文人的视角描写民初政坛混乱,勾勒了政客的丑陋,以及道德失范、丑态百出的社会现实。《梅兰芳》《女优》都是以真人真事为题材创作,小说《梅兰芳》中基本都用真实姓名,即使化名也是很容易联想到真实人物,比如文中的马幼伟就是冯幼伟②。根据穆儒丐自述,"诸君欲知筱爱茹的为人和历史,我记得乍入盛京时报时,曾写了一篇长篇小说《女优》那里面一半是爱茹的事。"③小说《梅兰芳》结尾处作者穆儒丐以旧体诗道出创作目的:"莫谓书生语太酸,伤时心有未能安。东方长大惟持戟,小子侏儒也戴冠。魔鬼困人形瑟瑟,财神傲物面团团。由来世事同儿戏,我作梨园一例看。"穆儒丐创作《梅兰芳》描摹民初社会失序的世情,《女优》也是接续这种写法来写梨园故事。不同的是,《梅兰芳》是章回体小说,为传统小说说书人式叙述,每章以"欲知后事如何,且看下回分解"结束。而《女优》已无章回小说常见的每章开头对仗的章题,但是还保留着"欲知后事如何,且看下回分解"的章回体特征。

作为在时间上相隔不久,同为"社会小说"的《香粉夜叉》明显是接续了《梅兰芳》《女优》表现世情的创作主旨。所不同的是,这是穆儒丐在沈阳创作的,以沈阳

---

①张毓茂主编《东北现代文学史论》,沈阳出版社,1996,第 130 页。

②冯耿光,字幼伟。广东番禺人,生于清末,日本陆军士官学校毕业,1918 年 3 月任中国银行总裁。冯耿光是梅兰芳一生最重要的支持者,是梅兰芳的经济支柱、梅党的核心。穆儒丐在小说《梅兰芳》中写道:"原来是广东一个富商之子,姓马名赓光,字幼伟。热闹场子里皆以六爷呼之。此人是保定陆军学堂出身。"小说中马幼伟后来做中国银行的总裁,为梅兰芳出资出国演出,等等。马幼伟与冯耿光从名字到经历基本一致。穆儒丐也曾经提到,"偏我不合时宜,硬要作兰芳外史,谁知把冯耿光给得罪了,大怒之下,和办报人大闹起来。"(《我的报馆经历》(5),《神皋杂俎》,1926 年 4 月 26 日。)

③穆儒丐:《介绍筱爱茹》,《神皋杂俎》,1925 年 6 月 27 日。

为背景的小说。除小说背景变化外，更有意义的是《香粉夜叉》不再是表现某一行当的小说，突破了伶人、政客、文人的表现局限。《香粉夜叉》塑造了督军师长、攀附大帅府姨太太的奸商、普通市民、青年学生、土匪等一系列人物，扩大了小说表现现实的广度。而且小说的取材不再是真实的人物和历史事件，以艺术虚构来描摹人物、安排情节。较《梅兰芳》《女优》变化更大的是叙事方式的变化，小说开头不再交代背景或介绍人物，而是以母女对话的场景开场，"夏媪谓其女曰：佩文，今天是十几了，你不说节下还有同学找你来打牌。今天趁着工夫，好把东西预备出来，难道临时现忙？佩文说：今天才十三，还有两天工夫呢，你老人家怎么这样催。夏媪说：不是我催你不忙着预备下，临时也得抓得过来，咱们家又没底下人，只一个老婆子，他会买什么，反正也得你哥哥回来买去。再说你那些同学喜欢吃什么，我也不知道，你说都买什么好。佩文说：我们都是姑娘人家，大酒大肉，也吃不了，不过买点干鲜果子，再预备几样菜，也就够了。夏媪说：虽然这样说，你哥哥那天也有朋友来，竟预备姑娘们喜欢吃的，他们又不□口。佩文说：你老人家太麻烦了，要买什么，你老人家就做主，要不等我父亲回来，你们老公母俩商量，只顾问我，我也想不起来买什么好。夏媪听了，笑道：你瞧，我不过与你商量，你又要犯脾气，得了，你不用管了，我自与你父亲商量。佩文道：这不结咧。说着，由抽屉内取出她的编织针，自往窗前编物去了"[1]。

《梅兰芳》出版广告

①穆儒丐:《香粉夜叉》(1)，神皋杂俎，1919 年 11 月 18 日。

小说第二章、第三章、第四章采用倒叙的手法,叙述十五年前夏家三口从关内逃荒闯关东到沈阳,在危难之际得魏家救助,在沈阳扎根逐渐过上小康的日子,以及小儿女魏静文、夏佩文从两小无猜成长为互有心意的青年,中间魏静文父母双双离世将家产和儿子都托付给夏家的经过。

在《东北现代文学史论》中,《香粉夜叉》被评价为从内容上"具有反映社会现实和表现人生的特征",形式上"尽管,《香粉夜叉》依然是讲述着一个完整的故事,但情节的发展与结构形式并不完全重叠复合,作者不同程度而有意地对故事进行横剖性描写,而且或多或少地运用倒叙、插叙等手法,布局在变换中见活泼。在叙事角度方面,作品也表现了着力挣脱传统小说由说书人充当叙事者的藩篱而变全知视角为特定观察视角的革新倾向,而且开始注意到并进行了愈趋复杂细密的心理描写。"认定《香粉夜叉》是反映东北社会现实的真正意义上的现代小说。笔者认为促成穆儒丐创作从传统长篇小说过渡到现代长篇小说的原因有以下两点:

(一)东北特殊的政治文化环境。由于辛亥革命以清帝逊位于中华民国结束,所以北京并未经过革命和战火的洗礼,民初定都北京导致各派势力争斗,政坛频繁更换内阁。作为北京小报报人的穆儒丐,供职于安福系支持的"党报","如今的报社,总算是堕落到家了,在北京可以说没有一家特立独行的报,或者也有,那只算寥若辰星了。早先的政客,还拼命去办报,运动一点补助费,用低价雇一二编辑,在那里敷衍门面"①。这迫使他只能做报纸副刊的文艺工作,但是写小说触怒权贵也会给报纸带来灾难,穆儒丐离京赴沈与他创作《梅兰芳》得罪冯幼伟有直接关系。与北京政坛党派间你上台罢我登场的政治现实不同,东北政治在清末到民初始终是以张作霖为首的奉系军阀把持,没有经过大的动荡,最大的社会问题是武人横行。由于《盛京时报》是日人办报在东北享有治外法权,因此供职于《盛京时报》的穆儒丐获得相对自由的空间批评当局。所以穆儒丐在1925年发表了大量论说文章,根据笔者统计,1918—1925年他在《盛京时报》头版论说栏目发表了344篇论说文章。其中很多论说文章直接批评东北当局执政不当和社会武人横行,比如《督军亡国论》《门罗主义之督军》《督军与内阁》《可靠的消息》《兴国武人与亡国武人》,等等。作为东北现代文学发生的见证人和亲历者王秋萤,这样评价这一时期的《盛京时报》,"《盛京时报》,仰仗治外法权,可以放言高论,肆无忌惮。而当时国人所办的报刊又资金有限,印刷条件,与这个资力雄厚的报纸比,更望尘莫及……从当时发表的作品看,有不少反帝反封建、反对军阀战争和抗议镇压工人运动的诗文,还有悼念列宁逝世、歌颂苏俄红旗的诗歌。尤其在《新潮飞沫》专刊中,还介绍了列宁

①穆儒丐:《我的报馆经历(五)》,《神皋杂俎》,1926年4月26日。

的《俄国革命之五年》。这在军阀统治下,都是国人报刊不敢发表的作品。总之,在东北新文学运动的初期和后来的发展,这个报纸确实起过积极作用。"①

与民初北京小报的情况不同,在这种相对自由的创作空间中,穆儒丐的作品加深了对社会现实的表现广度和批判力度。穆儒丐借小说批判东三省"武人专制",在东三省只有武人和依附武人的官僚才能富贵,富贵在"不义人"手里,必然导致社会道德滑坡,加上教育不良、女教不兴,即使小康人家的青年女性毕业后也只能为妾为娼。这些社会原因造成了《香粉夜叉》的悲剧,而这一切的根源是武人专制。小说集中笔墨描写黎文涛的父亲老黎:"他父亲原先本是个街溜儿,窝娼聚赌,贩卖大烟,无所不为,曾被官府抓过几回,饱尝些铁窗日子风味。在狱里时,面上生疮,结了两三个疤痕,便成了他终身记认。这老黎却也走时运,他的老婆有个两姨姐们,生得十分标致,性情又极聪慧,在家里作半掩门时,遭际大府青眼,藏之金屋,备位小星,序在六前四后。这位如夫人,却极有手腕,过门之后,把大府伺候的,由心缝儿里舒服,把她当心肝般看待。(老黎)便逼着老婆去认亲戚。从此人人都知道他与府里是亲戚,便都另眼看待,求他说事的,也渐渐地多了。他此时已是肆无忌惮,家里开着上等烟馆,又能转来上等堂客,一般有势力的人,到那里吸烟赌钱等事,也较旁处落个平稳,免得担惊害怕,警察厅知道他有仗腰眼子的,也不敢正眼来看,任他所为。老黎就这样干了几年,弄得家成业就。"②小说批判权力和富贵在这样人手里才导致社会失序。

(二)广泛涉猎外国小说和翻译外国小说的影响。根据穆儒丐的自述,他在日本留学期间就大量涉猎外国文学。"法国大文豪嚣俄(雨果,笔者注)所著的小说,我在二十年前便爱读,可惜我不通法文,不过借着英译本和日本译本,得窥大概。其中我最爱读者,为巴黎那多而达穆大寺(《巴黎圣母院》,笔者注),材料是中古时代的故事,为嚣氏一大杰作。"③"前些日子,因在沈阳电影院看了一篇浮士德,所以重新又把浮士德英译本读了一遍。这本书在二十年前,我很爱读,所以把日本学者关于浮士德的著作,买了好几种以作参考。"④他还主动吸取外国小说,融入自己的小说创作,"记得我初次作的长篇《埋香记》,很幼稚的,始终没法脱旧小说的窠臼。人人都说笔法模仿的是《儿女英雄传》,其实我那篇小说,暗暗偷了莎士比亚一篇悲

① 王秋萤:《值得探讨的几个问题——1985 年在东北沦陷时期文学讨论预备会上的发言》,载彭放主编《中国沦陷文学研究》第 3 辑,黑龙江人民出版社,2007,第 110 页。

② 穆儒丐:《香粉夜叉》(13)-(15),《神皋杂俎》,1919 年 12 月 2—4 日。

③ 穆儒丐:《我的小说预告》,《神皋杂俎》,1927 年 2 月 20 日。

④ 穆儒丐:《说常识》,《神皋杂俎》,1930 年 9 月 9 日。

剧《鄂赛洛》(《奥赛罗》,笔者注)里的精神,可惜一般读者,却看不出来"[①]。在写给青年作家的创作谈中,提到要注意学习欧美一流作家的小说创作,"但是要作小说,也得有小说的修养,譬如作诗作文,肚子里若没有几部古人的集子,万事作不到好处,所以作小说也得先多读,把腹稿先充裕了,笔下自不枯窘。中国固有的名作,如同《水浒传》《儒林外史》《石头记》《儿女英雄传》是必要熟读的,玩其笔路,咀嚼其造句的法子,写生的手腕。有了这几部书的根底自然下笔不俗。此外欧美小说,更要多读,不能读西文的,须善择译本。外国小说家,我最崇拜的,第一是英国的狄更斯,第二是法国萧俄(雨果,笔者注)和索拉(左拉,笔者注)二位大家。这三位大家的著作,是必要浏览的"[②]。"从前我也写过一两部章回小说,因为三十年前除了林译的西洋小说,凡是自作的都是章回体,那时也没有创作这个名词。仿佛是小说,就应当照《水浒传》《红楼梦》那样作出对句的题目。这种刻舟求剑的办法在□时我本不赞成,无奈风尚使然。仿佛不这样,就不算是小说。后来我把东西洋的小说读得多了,知道小说并没有一定的规律,立意、布局,以及人物描写,件件都可以自由裁夺,用不着落在前人窠臼里,竟走方步。"[③]

在创作《香粉夜叉》前,1919年4—8月,穆儒丐在《神皋杂俎》连载其翻译小说《情魔地狱》。《情魔地狱》原著作者不明,小说以第一次世界大战时的德法战争为背景,是一部反战小说。在这部翻译小说中,穆儒丐就已经完全抛弃章回小说章目套路和说书人的叙事模式。小说也是以一段对话的场景开启的:"舟子约伯斯特语其□友曰:缪戈尔,汝闻皇帝陛下已颁总动员令乎?语时频撑其筏,使近缪戈尔之筏,于是两筏蝉联,荡漾于莱茵河之碧波中。约伯斯特者,一老舵工,齿已豁矣,方载材木自莱茵河上流来,经数小村,已至中流,不期而遇缪戈尔之筏,遂自其脱齿之口,吐此新闻,以告其友知之。缪戈尔闻约伯斯特言,亦自其筏上扬言曰:然乎,吾亦闻皇帝下发兵圣旨矣。然则此消息汝何自得来乎?约伯斯特曰:吾今晨在溜地斯哈姆逆旅购朝食,闻人皆语此,吾以是知之。语时,两人似皆不甚满意者,因各掉其筏,使并行,移时已至溜地斯哈姆,二人遂系其筏,使并行。"[④]穆儒丐大量涉猎外国小说、翻译外国小说,这也影响了他的小说创作,促成了从《梅兰芳》《女优》到《香粉夜叉》,即逐步从传统小说向现代小说转变。

如果说穆儒丐的《香粉夜叉》是东北现代文学初期的重要作品,那么它并非在

①穆儒丐:《小说话》(1),《神皋杂俎》,1922年5月12日。
②穆儒丐:《小说话》(3),《神皋杂俎》,1922年5月16日。
③穆儒丐:《〈财色婚姻〉脱稿述略》(上),《神皋杂俎》,1935年10月31日。
④穆儒丐翻译德国长篇小说《情魔地狱》(1),《神皋杂俎》,1919年4月8日。

新文化运动影响的脉络下产生的,它是新文化运动中持文化保守主义的旗人作家向东北地区迁移,并在东北地区开创的现代文学的基础上创作出来的。在这种文化脉络下研究穆儒丐的创作,才能解释东北现代文学出现《香粉夜叉》"很令人费解"的原因,和它与新文化运动对现代性的理解有诸多不同。这是东北现代文学在起源处的特殊性,应该引起东北现代文学研究的注意,同时也能引发对中国现代文学多样性的思考。文化保守主义开创对现代文学与20世纪20年代逐渐在东北地区传播并扩展的新文化运动对现代文学形态的相互影响和论战,在创作上和理论上丰富了东北现代文学。

第二节　新文化运动对穆儒丐文学创作的影响

较早反映穆儒丐对新文化运动初期态度的文章是《思想界之变迁》①,"近几年来思想界之变迁,诚有令人骇异而莫□其胡以至□者。如新文学之提倡,共产制之鼓吹,女子之解放,公妻制,均为南北报纸所宣传"。可见他对包含着新文学、共产主义、女性解放的新文化运动持否定态度。并以陈独秀为例展开他的批评,"如陈独秀辈,日前竟在汉口公然言说打破继承制,主张共产制。"穆儒丐认为陈独秀这种思想的原因:(一)受他国之影响;(二)社会阶级之争斗;如俄国阶级悬殊之结果,激成虚无党、社会革命党,驯至欧战结束,暴发为激进派;(三)社会国家之要求与学者之因时供给。此时穆儒丐认为别国的经验不能照搬到中国来。"受其影响,徒事效法者,即幸而成功,终有间然。况社会并无此要求,只凭一二人之私见,取他国过去之思想,强以纳之本国,何异削足适履,其易于受染、易于□化,绝非真正学者之言。""中国今日之现状,资本不足之秋也。在理宜制造资本家,不宜徒长茫然无知无量数劳动者之气焰。打破继承,建设共产,其结果不外国家破产耳。"认为北京大学是这类思想的策源地,"新文体""女子解放""公妻制""劳工神圣"皆此辈之狂吠。

从这段论述来看,一方面反映出此时的穆儒丐并没有理解新文化运动的真正含义,他将新文化运动视为妖魔;另一方面也折射了他对于五四激进主义思潮的排斥。随着新文化运动传播的深入,穆儒丐对新文化运动开始了立足于自身判断的接受、对话和反思。在《思想之变迁》发表一个多月后,穆儒丐又发表了《新派文学

①穆儒丐:《思想界之变迁》,《盛京时报》第1版,1920年2月14日。

之疑点》①,文中对新文化运动的态度有了明显不同,这从侧面反映了新文化运动在当时的发展和传播速度,以及穆儒丐对新生文化的关注程度,"自北京大学胡适等,创为新体文,教育界靡然从之,虽惹起一般舆论之反对,而其势力不少杀。今且在某某专报,专以新体文,从事鼓吹,虽在四面楚歌中,而新式文学家,不见少馁,亦可谓强项极矣。以如此之精神,思有以改革文化,姑无论其成功与否,其志气亦颇可嘉矣"。可见穆儒丐对新文化运动文体革命方面还是很抱期望的,但是他对新文化运动仍"心有所怀疑",从白话文语言欧化缺乏美感、白话文采取西方文学标准、新文化裹挟着与中国现实不符的激进主义革命主张三方面,对新文化运动提出建议。穆儒丐在新文化运动之初,对新文化运动中超越文学的社会革命是排斥的,而对文化革命一侧是抱有希望并进行建设性的理性学术交流。

一、新文化运动对穆儒丐创作的影响

随着新文化运动影响的扩大,穆儒丐更多地认可新文化倡导者的文学主张和成就,为新文学健康发展争取生存空间。1923 年,穆儒丐发表论说文章《政治与文化》,文中他论述了文化事业繁荣与否是一国文明程度的表现,而文化事业是否发达取决于政治之良莠。专制政治就是上令下遵,专制政治只要做到"威令能行""租税日增""犯科有问""杀人有罪"就可以。而现代社会已经进入人民治时代,是广义的"德谟克拉西式"民主政治,民主政治就包含"民生之向上,文化之普及","换言之,政治者,即文化事业之变名也。"而在政治不良的前提下,仅仅依靠文化运动不能达到"全体国民的事业"。

辛亥革命是否为文化运动不得而知。但因此革命致使中国文化事业,退化不知几何里程。十一年来之政争、之战乱,文化事业上,所遭之打击益甚。近来有识之士,虽力倡文化运动,不过限于一二都市,且动遭武力之摧残,其去国民的事业,为途至远。于以知在不良的政治下,所谓文化事业,实不啻缘木求鱼、水中捞月也。故欲文化事业之勃兴,而求全国有一致之联络,第一当在民间之猛力进行,第二在当局诸公之速醒。有放下屠刀之决心,始见立地成佛之效验,况政治者,所以发展文化事业者也,不此是图,惟威令是藉,则是彼之所谓政治,非今日世界列国所力行之政治。②

从这段论述可以看出,穆儒丐将新文化运动产生的原因归结为辛亥革命,认为其使中国陷入战乱和政争的乱局,使中国的文化事业退步。新文化运动倡导发展

---

①穆儒丐:《新派文学之疑点》,《盛京时报》第 1 版,1920 年 3 月 27 日。

②穆儒丐:《政治与文化》,《盛京时报》第 1 版,1923 年 5 月 19 日。

文化事业是可喜的事情,需要当局以民主政治方式推动文化建设。其中对辛亥革命的认识、对文化与政治的理解固然与新文化阵营不同,但是他以"德先生"民主政治为依据,希望当局不要打压新文化运动,实则是在为新文化运动争取更大的生存空间。

他还在报纸上积极宣传新文化运动的成果,"现在研究新文学的人,真有几位了不得的青年,如同罗家伦一流人物。总算是不多得的。因为他们不但下死工夫去研究欧美的学术,中国的书他们也狠命去读。所以他们的成绩,比一般不用功或是专攻西学的实在强得多。我们中国有了这样的青年学者,那真算是文学界的明星,断不是鲁莽灭裂的人所可同日而语的"[1]。他也能认真对待新文化倡导者的观点,努力发掘和阐释其中的合理成分,"从前胡适之先生作了一篇讽刺小说,叫作《差不多先生传》,把中国人不求甚解,一味含混了事,可谓合盘脱出"[2]。

在反思中国传统文化方面,穆儒丐与新文化运动诸多看法也是相同的,"中国文艺所以不能不因袭模仿,也就因为中国文学没有精密的研究,只能以一个人为法,而不能以学说为法,于是文必班马,赋必长卿,诗必李杜。虽时代推移,已更百禩,而所谓文人,恍然同世。胡适一流人物,所以说中国文学没有进化,而主张改革,也不过皆因中国文学太印板,不能活用所致"[3]。

面对新文学先驱们矫枉过正的错误言论,穆儒丐并没有抓住他们言语上明显的偏颇进行论战式的攻击,而能给予深入的理解和对话,比如对于鲁迅在《青年必读书》中提到"中国书虽有劝人入世的话,也多是僵尸的乐观;外国书即使是颓唐和厌世的,但却是活人的颓唐和厌世。我以为要少——或者竟不——看中国,多看外国书。少看中国书,其结果不过不能作文而已,但现在的青年最要紧的是'行',不是'言'。只要是活人,不能作文算什么大不了的事"[4]。穆儒丐这样评论鲁迅这段话:"鲁迅先生的意见,未免就太无通融。中国书既绝对不可读,文更可以不作……鲁迅先生言中有泪,他对于中国人、中国文化太寒心了,所以才有这种极悲愤的主张,殊不知中国人之不争气,另有病根原因,也未见得是文字之罪,道德沦亡,人头(性质的)太坏,就让饱读西书,说西话,写西字,能写旁行斜上之文,也是无济于事的。买办老爷、洋场上的华商能读西书,说西话,写西字的也不在少处,也未见得出了什么英雄豪杰,那一种鄙俗骄横之气比什么不可怕呢? 谈到这里,我们还敢再反

---

① 穆儒丐:《文学的我见》,《盛京时报》第 1 版,1923 年 10 月 3 日。

② 穆儒丐:《用论理学救济时弊》,《神皋杂俎》,1928 年 8 月 17—9 月 7 日。

③ 穆儒丐:《文学的我见》,《盛京时报》第 1 版,1923 年 10 月 3 日。

④ 鲁迅:《青年必读书》,载《华盖集续编》,人民文学出版社,1980,第 4 页。

对读中国书吗?"在当时各种论战中,不去理解对方的用意,抓住只言片语进行攻击的例子比比皆是。鲁迅这段话如果脱离新文化运动语境,单单拿出来进行批驳很容易。而穆儒丐对持不同文化观文人的理解、对话的姿态是很难得的。

穆儒丐主持的文艺副刊《神皋杂俎》积极地刊载新文学运动的优秀作品,向东北地区介绍新文化运动成果,并以有奖征文的形式鼓励东北地区新文学发展。《神皋杂俎》培养了一批新文学作家,"20世纪30年代在全国文学界颇有影响的'东北作家群'的大部分作家都在《盛京时报》发表过作品,有的作家从事文学创作的'第一行脚印'也是从这里走出"[①]。东北作家王秋萤这样评价穆儒丐对东北现代文学的贡献:"早在二十年代初,是他首先把新文化运动思潮传入东北,并在报刊大量转载鲁迅、郭沫若、郁达夫等名人作品。他本人除写过一些通俗小说外,还翻译过不少世界名著。特别是他培育过不少青年文艺工作者,后来散在各报也作了副刊编辑,更拓宽了东北新文学阵地。"[②]

《盛京时报》于1914年第一次举办新年有奖征文,但是影响不大,文学性也不强。穆儒丐进驻《盛京时报》后,于1919年开始了每年固定的新年征文活动,一直持续到1931年穆儒丐离沈。每年新年征文活动一般会提前几个月刊登广告,于第二年元旦公布获奖名单,并陆续刊载获奖作品。《盛京时报》称这个活动为"新年号"。"新年号"成为沈阳地区一项重要的文学活动,培养了一批东北作家。根据穆儒丐自己的叙述,直到1931年"九一八"事变前离沈,每年"新年号"的小说评选,从出题到评选基本都出自他一人之手,"本年岁末,工作十分轻松,除了应当的例事,额外的加工,简直没有。其实记者生涯,每届年末,本来异常繁忙……关于新年号的材料,在一个月以前,就得进行预备,心手一起忙。这还不算最累人的,无过于看征文……报社征文来者不拒,所收的稿件,实在惊人,若说教别人先选一遍,然后我再看,那有那工夫。再说每个人都是一样忙,只得由出题的人分着看。小说一门向来由我出题,自然归我看,偏生小说稿子来得特别多,若不一一看过于良心上说不过去"[③]。

1919年11月15日,《盛京时报》开始刊载《本报征文广告》,设论说、谐文、七律、七绝、小说五个征文体裁,每个体裁下设不同题目的命题,论说体裁下为"中国应如何抵制过激主义""南北谋和之观测";谐文体裁下为"诸侯多谋伐寡人者"(八

---

①辽宁报业通史编纂委员会:《辽宁报业通史:1899—1978》,辽宁人民出版社,2016,第102页。

②黄玄(王秋萤):《艰难的探索:〈东北沦陷时期文学新论〉读后》,《社会科学战线》,1993年4期。

③穆儒丐:《新年五日记》,《神皋杂俎》,1934年1月14—21日。

股文)、"玉帝令庚申年竈神先期赴任勒";七律体裁为"陶侃运甓""祖逖击楫""班超投笔""项庄舞剑";七绝体裁下为"阳历新年竹枝词"(八首为限);小说体裁下为"(社会小说)夏日""(理想小说)飞机"(均限短篇,字数不得逾三千)。从题目和获奖作品来看,新文学性质并不明显。1920年底,《盛京时报》以"对于新文化运动之希望"为题的"新年号"征文活动,开始了对新文学创作的培植。

　　1921年底,《神皋杂俎》开始专门组织"新年号"小说征文。这一年小说征文的题目为"马弁"和"宜春里",穆儒丐自己创作了一篇短篇小说《宜春里》。他在小说刊登后的作者附志中提到创作缘由,"本年小说征文,佳作很少,除了'马弁'一题,'宜春里'简直没有好的。这个题目是吾人当面的事实,大可发挥的,竟没有一篇佳作。我对于三省文艺界很失望的。幸喜有措大君一篇,能把题旨发挥出来,这是很可喜的,但是再也选不出第二篇。没法子,我于百忙中拟作一篇《宜春里》无非是滥竽充数"①。穆儒丐对自己这篇短篇小说还是比较满意的,"短篇小说说起来不如长篇容易作。我此刻尚视为畏途。只有《宜春里》一篇,多少似乎有点价值,别的都不甚惬意"②。这篇小说将下等妓院里的失足女子比作屠宰场里待宰的黄牛,都是没人保护的弱者任人宰割践踏。叙述者在文中痛斥无能的政府,"社会把他们忘了,国家把他们忘了,所以才任人作践,任人货卖"。并反思进化论、天演说,"我们再不可信天演邪说了,别拿弱者、沦陷者、贫贱者当作自然的公例"。小说以一段宜春里的景物描写结尾,"借着街灯的光亮,寻归旧途,这晚特别冷,四野的雾霭,和人家晚烟凝成一片灰白色的浓雾,回见宜春里,阴森森的,隐在浓雾里面,只微微地露出几点灯光,照着那所人为的地狱"。这篇小说无论是主题思想,还是表现形式,与同时期的新文学短篇小说相比都属上乘之作。作为出题目者自己捉笔上场的创作,更能体现他评选作品时,所持关于主题内容和表达形式的标准。从这篇小说可以看到穆儒丐受新文学小说的影响是十分明显的。

　　新文化运动前,穆儒丐几乎不创作短篇小说,偶然创作所谓滑稽短篇也是传统文人笔记体小说的创作模式。比如小说《咬舌》③写一个赌徒因为还不起赌账,让债主亲吻自己媳妇一次,结果赌徒的媳妇把债主舌头咬了下来。赌徒戒赌成功后和媳妇好好过日子,最终成就小康之家。在说教之外,终不脱志怪小说的窠臼。从1920年开始,虽然他还时而创作类似志怪小说的作品,比如1920年创作的侦探小

---

①穆儒丐:《宜春里》,《神皋杂俎》,1922年1月1日。
②穆儒丐:《小说话》,《神皋杂俎》,1922年5月12—19日。
③穆儒丐:《咬舌》,《神皋杂俎》,1919年11月9—14日。

说《奇案》①,但是已经开始了现代文学意义上的短篇小说创作。1920—1922 年发表了多篇短篇小说,如《五色旗下的死人》《电灯》《难女的经历》《宜春里》《战争之背景》《锄与枪》,除了前文提到的《宜春里》,比较有代表性的还有《难女的经历》②。小说以冯国璋的乡里河间县连年旱灾为背景,一对河间难民夫妇将自己的女儿以 15 元的价格卖给人做丫鬟。男主人强奸丫鬟被女主人知道,他们又将女孩以 150 元高价卖给妓院。《战争之背景》是以第一次直奉战争为背景,整个村子的人都逃走了,只有一个双腿不能走的老妇人和儿子牛头困在被炮火毁坏的房子里。通过母子二人的对话表达作者对军阀混战的控诉,"'牛头! 你教我走哪里去。我两腿已然不能动了。我不怕鬼子,你走你的吧!''娘呵! 不是跟洋人打仗,是我们自己的兵。奉天、直隶,所以我们更得走!''怎么说? 直隶跟奉天打仗么? 这两个名字我听着耳熟,好像中国地名,为什么他们打仗,把我们村子先蹂躏了。'"③

对比穆儒丐在新文化运动前后的文学创作,能够看到新文化运动给他带来了巨大的影响。这也有助于我们思考新文化运动的本质,它带给中国各个文化阶层的冲击和挑战是巨大的。只有在剧烈的差异性的基础上,才能碰撞出新生而又成熟的中国现代文学。

二、对新文化运动的反思

新文化运动影响了穆儒丐的文学创作,而对话新文化运动,激发了穆儒丐对社会文化的全方位思考。

(一)反思新文化运动文学、政治一体化和中西、新旧断裂的倾向

穆儒丐对新文化运动的接受,建立在他对新文化运动在政治与文化上的区分,"文艺革命与政治革命不能同日而语。胡适所以不能完全成功,就皆因他要以政治革命手段来改革文学。他也主张先破坏后建设。须知政治革命,一定要把旧政府破坏。因为政府只有一个,旧政府不破坏了,新政府建设不出来。文艺界向来没有固定的领域,便是有旧文艺存在,新文艺未尝不可另建一国,并不是完全把旧的破坏,新的才能发生。所以把旧的置之不理,亦无不可,或是联络疏通,共同研究,亦无不可"④。

---

①穆儒丐:《奇案》,《神皋杂俎》,1920 年 10 月 28 日—11 月,在《神皋杂俎》连载侦探短篇《奇案》(1920 年 11—12 月缺失)。

②穆儒丐:《难女的经历》,《神皋杂俎》,1920 年 10 月 12—17 日。

③穆儒丐:《战争之背景》,《神皋杂俎》,小说栏目,1920 年 5 月 7 日。

④穆儒丐:《新剧与旧剧》,《神皋杂俎》,戏评栏目,1923 年 9 月 28—10 月 16 日。

在穆儒丐看来,文学与政治是两种完全不同的事物,遵循不同的逻辑,不应该用政治革命推翻旧政权建立新政权的方式,处理中国传统文化与西方外来文化。但是他也不是主张文学与政治完全隔绝,而是认为文学家应该以文学的方式来关心现实政治,防止文学落入政治传声筒的死胡同。

"大凡倾心于艺术的人对于政治上的活动,当然不如那些政治家。或者真正艺术家于政治毫不感兴趣,亦未可知。但是艺术家虽然与政治没有什么直接关系,可是他们的心理未尝对于政治没有希望,而且在他们的作品中屡屡地流露出批评政治的态度,他们立于政治以外以超然的态度、冷眼地观察他们的批评,自然是真正的,也是一般人民所希望的。总比那些以政治为商贩的政客说的话真挚而有感情,至于在政客屁股后的马后喘和龙套,无论说什么话只能令人讨厌,决不能叫人喝彩。"①

除了批评文学、政治一体化,穆儒丐反思新文化运动中西、新旧二元对立式的革命式思路,发表多篇文章进行批驳,其中最有代表性的就是《新与旧》②。

在穆儒丐看来,学问不分新旧、中西,"提起新旧两个字来,不知怎的我心里就起一种不快之感,差不多脑袋都要疼起来。据我的拙想,真正有知识有学问的人,关于世界上事事物物必能兼收博采,加以极精密的研究,总以适用为依归。绝不是由于个性的感情作用,对于事事物物只以自己所知道的一点为限。不在我知识范围以内的便一概抹杀,非目之为腐败,即视之为异端。此新旧门户之见,所以日深,而此等乱七八糟之言论,亦竟使吾人头昏眼花,而不知所措者也。""假如有几个青年以光明正大的态度,沉着精敏的心思,研究一种学问或一个问题,记者虽然不堪造就,吾亦顾执鞭而从之矣,吾固不问其为新为旧也。"

他还认为不同文化间存在相因互证的关系,"天底下的学问,本有相因互证的性质,哪能就说此有用、此没用、此可废、此不可废,天下绝无此理。""学问之相因相长,新旧不能分离,和人类必须有老少是一样的道理,其间自然而然有一种挈息长养的妙理。"

新旧、中外学问该是平等的,"天下的学问没有一样没用的,也不必问他地之东西,时之古今。一种学问有不能直接应用的,未尝不可以参考应用","现在的学者真有了不得的人,研究国学和研究新文化令我们五体投地的也不在少数"。

穆儒丐主张文学在政治面前保持独立,保持文学自身特点;知识分子超越政治立场,独立发声;文化平等、多元文化融合,这些对新文化运动反思的观点,在今天

①穆儒丐:《我的报馆经历》,《神皋杂俎》,闲话栏目,1926 年 4 月 22—28 日。
②穆儒丐:《新与旧》,《盛京时报》第 1 版,1923 年 12 月 8 日。

看来仍具建设性。由此可见对新文化运动的反思,也许不需百年历史的沉淀。在新文化运动发生伊始,文化保守主义者就已经敏锐地看到这一点了,只是单一线索的文学史书写遮蔽了这些反思。

(二)反思新文化运动科学意识形态化的趋势

科学与民主是新文化运动最为人熟知的口号,然而早在新文化运动之前科学的重要性已经成为时代的共识。这一点在新文化运动倡导者自己的文章中就可以得到印证,胡适在1923年发表文章,"这三十年来,有一个名词在国内几乎做到了无上尊严的地位;无论懂与不懂的人,无论守旧和维新的人,都不敢公然对它表示轻视或戏侮的态度,那个名词就是'科学'"[1]。可见自晚清西学东渐以来,科学已经成为当时社会的共识,洋务派、立宪派、革命派都将科学纳入施政规划。新文化运动将"科学"作为自己的旗帜,明显与以往对科学的理解不同,将科学意识形态化提升到信仰层面。陈独秀在《本志罪案之答辩书》中言道:"要拥护那赛先生,便不得不反对旧艺术、旧宗教。要拥护德先生又要拥护赛先生,便不得不反对国粹和旧文学。"[2]将"赛先生"与旧艺术、旧宗教对立,使科学成为一种意识形态,已经超过了科学的本义[3]。美籍学者郭颖颐将五四时期科学意识形态化归结为"唯科学主义(scientism)""就科学的全面应用来说,在20世纪前半叶,中国的种种条件是令人沮丧的,但却激发了思想界对科学的赞赏,对此,我们可称之为'唯科学主义'(scientism)。简言之,唯科学主义认为宇宙万物的所有方面都可通过科学方法来认识。中国的唯科学论世界观的普遍推广者并不总是科学家或者科学哲学家,他们是一些热衷于用科学及其引发的价值观念和假设来发难,直至最终取代传统价值主体的知识分子。这样,唯科学主义可被看作一种在与科学本身几乎无关的某些方面利用科学威望的一种倾向"[4]。作为五四时期"赛先生"的热情拥护者陈独秀、胡适等,他们大多并非自然科学知识分子,他们使用"科学"一词的目的,是在文化领域

---

①胡适:《〈科学与人生观〉序》,载张君劢、丁文江等:《科学与人生观》,岳麓书社,2011,第9页。

②陈独秀:《本志罪案之答辩书》,《新青年》1919年第1期。

③王富仁在《"五四"新文化的关键词》(《文艺争鸣》,2009年第11期)中,从中国和西方两种语境出发,在发生学意义上对两种不同的"科学"观念进行区分。根据王富仁的观点,与西方建立在肯定个人创造、追求真理基础上的"科学"不同,中国的科学是建立在富国强兵目标下,是国家集体的事业。在这个意义上中国的科学都不是"科学"的本义,但是笔者这里所说的"科学的本义"是非人文学科,能推动国家富强的狭义科学,也就是穆儒丐所说的"实学"。

④郭颖颐:《中国现代思想中的唯科学主义(1900—1950)》,雷颐译,江苏人民出版社,1989,第1页。

进行革命。这在当时就引起部分学者的注意,1923 年发生了著名的科玄论战。在现代文学史的叙述中是科学派打败了玄学派。但是 20 世纪 80 年代以来许多学者反思中国现代文学,重评当年科玄论争。学者李泽厚这样评价这场论战:"科玄论战的真实内涵并不真正在对科学的认识、评价或科学方法的讲求探讨,而主要仍在争辩建立何种意识形态的观念或信仰。"①学者杨春时认为中国在救亡图存的背景下引进了形而下的"科学",在信仰坍塌的特殊时代背景下,科学变成泛科学主义,到了五四时期,科学成为一种话语的霸权,而真正的科学精神失落,"科学在被引进中国之初,身份就含混不明,而在五四时期更无限扩张,成为'公理'和变革社会的依据。陈独秀主张'以科学代宗教',胡适也自称'信仰科学的人',作为知识体系的科学具有了价值观的品格和形上的地位,这是不同寻常的"②。而这种"科学霸权主义"最终造成了"科学精神的失落"。学者盛晓明将科玄论争,置于近代以来世界范围内的启蒙主义与浪漫主义两种现代性纠葛中加以考察,给人更大的启发,"这场争论本质上是两种逻辑、两种态度——启蒙主义和浪漫主义之间的争执,这种争执最初发生在 19 世纪的德国,经过 20 世纪的发酵,一直延续到 21 世纪的当下"③。这些关于新文化运动中科学话语的反思研究,一定程度上消解了科玄论争的新旧划分,将其作为现代性内部的矛盾处理。

目前东北现代文学研究领域,因穆儒丐思想、创作与新文化运动的差异而大多这样评价他:"穆儒丐是新旧思想交叉而矛盾的统一体,是一个思想传统而却不乏改革行动的人物。"④穆儒丐对新文化运动科玄论战的重评,为笔者反思东北现代文学提供了诸多启发。他对新文化运动的反思和批判,不该将其归结为思想守旧,而应将其作为中国现代进程中关于现代性话语内部的建构过程,是关于中国现代性想象的一部分,甚至是世界文明进入现代后,两种不同"现代性"逻辑间相互竞争的表现。

穆儒丐反思新文化运动中唯科学主义的倾向,他注重科学中自然科学和现实生产力一侧。在穆儒丐眼中,科学是抵御外国侵略进而强国的"实学",因此他反对新文化运动将科学过分意识形态化而导致忽视具体科学的现象。1924 年,他前后对新文学"科学"口号的批驳,是他关注新文化运动的表现。穆儒丐也加入了科玄

①李泽厚:《中国现代思想史论》,天津社会科学院出版社,2003,第 52 页。

②杨春时:《科学主义的僭越与科学精神的失落》,《厦门大学学报(哲学社会科学版)》2001 年第 3 期。

③盛晓明:《"科玄论战"百年反思》,《浙江大学学报(人文社会科学版)》2016 年第 1 期。

④张毓茂主编《东北现代文学史论》,沈阳出版社,1996,第 138 页。

论战的时代论争,只是由于他身处东北又不在新文化运动的核心圈,所以他的思考并没有进入文学史书写者的视野。而穆儒丐对新文化运动的思考和反思,可以丰富我们对五四时期新文学发生语境的认识,进而重新认识新文化运动的丰富性和中国现代性的多层次性。

穆儒丐在1923年科玄论战发生之初就关注这次论战,1923年他发表《科学生活》,作为对范静生在上海演说的认可和回应:

新由欧美回来的范静生先生,在上海演说,他说欧美人都是科学生活。便是中等学校的学生,为研究电学,家里至有安设无线电台,预备下学以后在家研究的。他们的生活,差不多没有一样能离开科学。又说瑞士一国,产煤量虽少,他们却利用水力,创设可惊的大工厂不计其数,人民的生活,与科学搅作一团,自然国富是一天比一天增加的。范先生的意思,不但希望中国的教育,须注意科学教育,而且还希望中国的生活慢慢地达到科学生活的境域。不但范先生有这样希望,凡是到外国游历过的多一半也有这样希望的。

……

现在提倡新思潮的人,无论什么事,都是使他'社会化''公众化',科学最初是几位有特别脑筋的先生的领域,利用之后便想法子成为'社会化',便是无知识的老农也能利用科学去种地。欧美的文化所以这样发达都是所有科学'公众化'的结果,因为成了公众的东西,才能成为公众的生活,国家的富力便因为这公众生活造成了。[1]

穆儒丐倡导一种科学知识的广泛普及,由科学知识普及而提升国家实力。

中国人向常最不讲究公众生活,一切学识尤不愿意他成为'公众化',村学究兀自在私塾馆去墨守念、背、打的成规,子程子曰的老调,不用说教他们享受科学的生活,便是来到通都大邑,也是赘然一个社会废员哪,除了世界各国,都被火山崩灭,只余一个中国,恢复了科学制度,这些子弟,或者能有饭吃,但是那不跟做梦一样吗。[2]

并以科学知识普及建构的"公众生活",批驳中国传统的知识流通过程和民众生活。"'生存竞争',这个名词成立以来,人生的困难一天比一天厉害了。'公众化'的关系尤加迫切了、不适时,便不足存立,况事事都是时代的后头走。我们的生活怎能与人家抗衡呢,我不能不向有力量者、有思想者进一忠言,我们从此不要把不急之务与社会公众没关系之务放在招牌上,用一种实力须当改造教育、改造生

---

[1] 穆儒丐:《科学生活》,《盛京时报》第1版,1923年10月20日。
[2] 同上。

活,那是紧要的正务呵!"①穆儒丐对中国传统知识流通过程的批驳,和对在科学及科学普及基础上建构的现代国民生活都归结到民族存亡的目标上。

可见穆儒丐重视的"科学",并非仅仅停留在洋务派坚船利炮的器物层面,而是渴望源自少数科学家在自然科学方面的创造,经由教育等科学普及的方式传播给民众,在这个过程中达到普及科学,建构现代的知识传播体系,进而改造民国性培育现代国民,在进化论的逻辑下达到民族不被淘汰、国家富强的目的。

穆儒丐对科学及与科学相关的理解,基本出于对科学物质和社会机制等形而下层次的建构,这与五四时期的科学话语有明显的区别。1924 年,穆儒丐发表论说文章《转移学风》,"今日的青年,动不动便排斥本国的形而上学,似乎形而下学,一切物质文明已然由他们都造成了。其实一考察,他们所谈的和中庸大学一样不能实用"②。穆儒丐在新文化运动进行时不仅敏锐察觉到"科学"口号的形而上学性质,而且他已经意识到这种作为信仰和意识形态的"科学"背后仍是中国原来的文化结构,与《中庸》《大学》是"同构异质"的关系。以文学的方式谈论科学,最后是对真正科学的漠视和科学精神的没落,所以穆儒丐大声疾呼,"我对于现代青年,有一点很可虑的事情,他们对于今后国家所需的学术和技能一点也不注意,欲反倒把不关痛痒的皮毛文学胡乱的来批评,这是何等可怕的现象呵。我自恨老了,没有机会去到欧美学习实用科学,不得以只拜托一支秃笔吃饭……十五岁以上,三十岁以下的中国人,若不狠命去研究科学,老丐不怕得罪人,敢说他是不爱国者"③。

即诸君所崇拜之马克思复生,也不能为诸君□手拿来也要打算发达物质文明。如诸君所持的态度、所崇拜的人物再有一万年,中国的物质文明也得等于零。诸君若真要物质文明,须先崇拜发明家,切切实实去研究科学、去当劳工、去入工厂。把易卜生、克罗巴特金等收起来,才能有物质文明呢。因为欧美的物质是发明家创造的,不是易卜生和克罗巴特金发明的。呜呼,青年诸君,一切文明不是由天上掉下来的,以诸君之所崇拜而日日盼物质文明之并肩欧美,是真南辕而北辙也。④

在穆儒丐基于形而下式的"科学"话语考察,中国传统文化与五四"科学"口号的意识形态化,都无法建构一种可操作的现代性。"中国的学者多一半都好发空论,于实际学问,如历史地理,简直可以说没有专门的学者。不但古人专门研究这

---

①穆儒丐:《科学生活》,《盛京时报》第 1 版,1923 年 10 月 20 日。

②穆儒丐:《转移学风》,《盛京时报》第 1 版,1924 年 8 月 16 日。

③穆儒丐:《科学—救国》,《神皋杂俎》,1929 年 5 月 26 日。

④穆儒丐:《物质文明——反对太戈尔是乎》,《盛京时报》第 1 版,1924 年 5 月 3 日。太戈尔指的是泰戈尔,笔者注。

两门的少,便是今人也不见如何发达。"

今之青年,动曰爱国爱国,借问国家建设在什么地方,不是在一定的地域上么?不明他的地理,怎样爱他?蒙古丢了,粤人不以为怪;西藏丢了,鲁人不认为切要。甚至一个普通地名,不知道在那里,翻阅半天地图,不知道东南西北,地理的常识都没有,怎能引起爱国观念。至于历史,是古今人精神联络的工具,治乱兴衰的鉴戒,民族消长的关系,都在里面载着。不明白历史,哪里来的国家观念,但是中国学者的通病,对于这两门,都不甚措意。晚近以来,中国的外交处处失败,最大的原因。便是没有历史地理的知识。如今的学者,与其好发空论,不如把历史地理好生研究一下,那也是于国家最有益的事呵。最后还有一句不中听的话,旅顺、大连、威海卫、海参崴①、青岛、台湾、香港、澳门,以及其外藩属地,若不皆因被外国割了去,我管保中国青年,有不知道他是中国地方的。皆因不属了外国,没人吵嚷,有人一吵嚷,总晓得是中国的,那不晚了。最近各国的国民教育,莫不以历史地理为根本。是一个国民就应知道国家的境界,历史的相传。没有这种观念,谈到爱国上究竟隔膜一层,不能发于真心的爱护。我认为不但一切学者都应当时加涉猎。便是国民教育时代的小学生,尤应当极力灌输他们这样的知识,不是小可之事呢。②

与意识形态化的科学观不同,穆儒丐强调"实学","中国人所以缺乏常识之故,也就好谈玄虚,不求实学之所致"③。所以,在穆儒丐现代性科学建构中,不存在新旧、中西的区别,而在于科学在国家富强中合理使用。所以在如何汲取科学并规划可操作的科学——强国思路时,他以是否具有可操作性为标准,汲取各种资源,而不是做新旧和道德化的划分。因此穆儒丐关于"科学"方面的理解的差异不是新旧的区别,按照前文所引用学者盛晓明的观点,穆儒丐与五四唯科学倾向间的区别是现代社会中启蒙主义与浪漫主义两种不同的现代性话语间的竞争与冲突。

第三节 "贤妻良母"式的新女性想象

从某种意义上来说,现代文明的发生伴随着对个人的发现。在中国进入现代以来,不同的历史时段对个人有着不同的话语建构。在晚清的语境中,个人隶属于群体。具有代表性的是严复在 1899 年开始翻译穆勒(J. S. Mill,今译约翰·密尔)

---

① 符拉迪沃斯托克。清朝时为中国领土。
② 穆儒丐:《历史地理》,《盛京时报》第 1 版,1924 年 7 月 29 日。
③ 穆儒丐:《说常识》,《神皋杂俎》,常识栏目,1930 年 9 月 9—21 日。

的 On Liberty 时,书名为《自繇释义》(待出版),用"自繇"来翻译 Liberty,而不用当时已经流行的"自由"一词。1903 年,严复在重修编译这部书时,将书名改为《群己界权论》,对此严复这样解释:

> 特观吾国今处之形,则小己自由,尚非所急,而所以祛异族之侵横,求有立于天地之间,斯真刻不容缓之事。故所急者,乃国群自由,非小己自由也。求国群之自由,非合通国之群策群力不可。欲合群策群力,又非人人爱国,人人于国家皆有一部分之义务不能。欲人人皆有一部分之义务,因以生其爱国之心,非诱之使与闻国事,教之使洞达外情又不可得也。①

严复在《群己界权论》中将 individual 一词译为小己,而将 society 译为群、国群或国人。五四时期蔡元培评价严复将约翰·密尔的 On Liberty 翻译为《群己界权论》:

> 严氏译《天演论》的时候,本来算激进派,听说他常常说"尊民叛君,尊今叛古"八个字的主义。后来他看得激进的多了,反而有点偏于保守的样子。他在民国纪元前九年,把他四年前旧译穆勒的 On Liberty,特避去"自由"二字,名作《群己界权论》。又为表示他不赞成汉人排满的主张,译了一部甄克斯的《社会通诠》(A History of Politics),自序里说"中国社会,犹然一宗法之民而已。②

显然蔡元培将严复放在了保守与激进的二元关系间,可见在清末与五四时期对"自由"以及"个人"的理解有很大不同。穆儒丐作为清末成长的一代,是在严复这种"个人"与"群体"思想资源下,展开他个人与自由、国民与国家的思考,与五四时期关于个人的理解是不同的。

穆儒丐是在自我与现代民族国家间建构个人话语,而这个个人是完全服务于现代民族国家的。这个现代民族国家的目标是"与列强并驾齐驱"。在穆儒丐看来,新文化运动要求冲破家庭、婚姻自主、女性解放的个人,是传统文化不合理一面激化出来的不正常现象,所以他力图在传统伦理与新文化运动之间,找到适合时代发展的个人人格结构和现代婚姻形态。

一方面他能够看到封建家庭种种不合理之处对个人的压抑,在《中国人能以个人为单位么》中,表达了对于家庭与个人关系的思考。创作这篇文章起因是穆儒丐的一个朋友,凭自己一点有限的薪水养活做过阔事如今贫老的父亲、两个不做事的异母弟弟。这位朋友的妻子对自己丈夫养活一个大家庭很不满,导致朋友离家出

---

① 严复:《〈法意〉按语·八二》,载王栻主编《严复集》中华书局,1986,第 935 页。
② 蔡元培:《五十年来中国之哲学》,载高平叔编《蔡元培全集:1921—1924》中华书局,1984,第 351 页。

走。穆儒丐同情这位朋友的处境，并批驳了中国封建家庭的弊端：

有收入的，义务无穷；没收入的，依赖无穷……以才养不才，本是天地间一件极不平等的事，而中国四千年来家庭历史，也就不外乎以才养不才一个原则。才者不但负养家义务，那不才者还百般不满意，非把才者杀死，似乎不甘心。即如大舜的家庭，自躬耕畎亩，以至为帝，无日不受家庭中的苦痛。①

他能够在"西方－个人"与"中国－礼教"的逻辑框架下，看待封建家族制在现代社会不仅压抑个人还是中国积弱的原因之一：

西方以个人为单位，其根本思想在理字，所以西人交际每每理胜于情，因为他们的习惯如此。中国人彼此交际每每情胜于理，甚至置理而不言，须知百弊皆由情生。若真正讲理，自然就没有弊病了。因为理与情，绝对不同，理字绝对不许有弊，情字就大大靠不住了。换言之，情就是弊的代名词。不幸中国人重情如此，此中国之弊所以独多于其他各国，而中国积弱永远不能振作，亦极如此。②

另一方面，穆儒丐却并不认同五四时期以"个人"打破礼教，冲破封建家庭的束缚。

奉劝一般青年，以及贤明的政府当局，你们与其在空谈形式等等去注意，不如真正去讲理，把□字暂且看轻一点，这才是真正的改革。在他方面，极力创设社会事业，为以个人为单位之预备。厉行十年，或能有效，否则鸡飞蛋打，其不把中国弄成一片苦痛之国，吾不信也。③

可见穆儒丐与新文化运动倡导者一样，也认识到中国封建家庭的弊端及中国礼教在现代社会的不合理处。但是穆儒丐不主张以"个人"来冲破封建家庭和封建礼教。他试图从社会角度以符合现代健全个人的目标进行改革，在家庭方面重新建构一种适应现代社会的家庭婚姻关系。

（德仁说）至于婚姻制度，我是糊涂人，也没什么意见，我只知道我是父母的儿子，父母既然爱我，一定会替我物色一个相当的老婆，也用不着我瞎费心，等到父母把我的妻娶到家里之后，她就是我的终身伴侣。因为我的父母、祖父母，以及往上多少代，都是如此蔓延了一个很好的家世，并没有什么毛病，我们为什么要节外生枝，打破了祖先传来的习惯，这个在我也不以为然的。

他们三个，以金珠最为聪明，淑良次之，德仁最称不济，但是两个聪明的，却抵

---

①穆儒丐：《中国人能以个人为单位么》，《神皋杂俎》，1929 年 2 月 3 日。

②同上。

③同上。

不过一个不聪明。①

穆儒丐认为父母之命的婚姻本质上是好的,仅仅是过于顽固,只要让双方见见面,彼此有心意就万事大吉了。

作书的是北京人,已经领略过这种被动婚姻的况味,他们拿结婚的当事人,事事决不跟你商量一句……无奈事前防贼一般,总不许两人见面,这也未免过于专制了……所以现在明达的人都主张改良婚姻制度,那激烈的公子,便主张打破父母婚姻专制的特权,实行自由结婚,这也因为从前太痼弊了,所以有这样过激的反动。甚至一溃之后,男女的结果,反倒有不如父母所命的那样幸福,沦落非人之境……据作书的愚见,这父母之命,媒妁之言,万不可少。但是做父母的,也得跟子女商量一下……便是男女两个,须使他们略事交际……所以男女互知,是结婚第一要义。②

在穆儒丐看来,与个人的权利相比,社会的秩序更重要,在没有建成新的维系社会的信仰前,不能打破已有的社会礼教:

自革命以来,一般革新家以及青年学子,无不大声疾呼打破礼教。礼教二字是中国四千七百年来一点结晶体,他所代表的范围至广且大。小而家庭日用,朋友往来,大而社会国家,一切政治兵戎外交,莫不有礼。礼之于中国,几乎超越于法律道德以上,也是法律道德的混合体。在中国的历史上,实际上,若把礼字打破,我敢说一切政治法律道德,立刻便为之解体,无法维持。若打算不要礼教,我想必得有一种比礼教势力还大的东西,足以范围人心,牢笼政治法律,而且还得教万民甘心乐从,人人再不至呻吟于礼教之下。如此,则未始不可把旧的礼教打破,而代用以一种新的礼教,否则惨痛呻吟之声,必然益加酷烈。

新的一旦不完全产生,那旧的不忍把他打碎了。譬如煤火暖炉,当然不及汽管干净暖和,但是我们未有汽管以前,那煤炉是不可以打破的,打了炉子,你就要挨冻,如今试把中国全体看一看,是不是挨着冻,打炉子的人,能不负责任吗?③

作为晚清进化论逻辑上的"个人",总是以"群"或"民族国家"的强大为旨归,穆儒丐认为个人独立的基础是国家的强大、社会组织的合理,因此他关于个人的论述导向都是改革社会和增强国力。

如果说穆儒丐看到了新文化运动时期社会革命的逻辑进入文学领域的弊端,他无冲突式的社会文化转换想象也问题重重。人类社会的规则和秩序,不存在先建成一个新的社会秩序,然后再从旧的社会秩序过渡过去这样一个无冲突的过程。

①穆儒丐:《财色婚姻》(79),《神皋杂俎》,1934 年 10 月 25 日。

②穆儒丐:《落溷记》(16),《神皋杂俎》,1920 年 8 月 1 日。

③穆儒丐:《中国人能以个人为单位么》(1),《神皋杂俎》,1929 年 2 月 3 日。

在穆儒丐这种乌托邦式社会转型想象中,无法产生一个现代意义上丰富的个人。而这种现代意义上的个人,是新文化运动时期的自由派、激进派知识分子带给中国文学和中国现代社会的。

穆儒丐在民族国家、社会秩序上构想的个人,显然是发育不良的、孱弱的,甚至是压抑性的。这种发育不良、压抑性的个人想象与五四时期蓬勃的个人想象之间充满张力,这种张力更为明显地体现在穆儒丐作品中女性形象的塑造上。

一、"贤妻良母"式的女性想象

中国传统文化向来重视对女性的规训,进入近代以来,中国面临亡国灭种的危机,在社会进化论的逻辑下,以往传统"女子无才便是德"的古训成为近代知识分子批驳的对象,"女学衰,母教失,愚民多,志民少,如是国之所存者幸矣"①。"天下积弱之本,则必自妇从不学始。"②将养育国民母亲作为女性的社会角色,直接与民族国家的强大连接起来,建构现代社会对女性新规范的思路源自日本。"贤妻良母"作为日本近代思想的一部分,以"词侨归国"的形式,于近代中国民族国家存亡之际对女性社会责任重新建构。③ 穆儒丐成长于清末,留学日本时恰值日本明治末年,接受了日本近代"贤妻良母"女性观。

女子没有常识,不但家庭受其影响,难于进化,便是社会国家,也得不到她们多大助力。国家的基础在于家庭,家庭不完善,国家的实力也不能充分发展。近代的家庭,俨然就是国家一个缩本,然则为一家之主妇者,其责任岂不至重且大乎?④

穆儒丐所持的"贤妻良母"女性观,与新文化运动中,追求个性解放土壤中产生的女性解放、女性独立的女性观是两种不同的现代女性观。这两种女性观都参与到中国现代女性社会角色建构。它们之间的碰撞冲突、此消彼长表征了时代对女性、个人的容纳程度,也是考察穆儒丐与新文化运动对话、冲突的一个切入点。

1918 年,穆儒丐发表《陈烈女殉夫事略》⑤,记录了上海一位陈姓女子,因未婚夫患病去世而自杀殉夫,与未婚夫合葬的新闻。第二天,穆儒丐在《盛京时报》第一版论说栏目中发表《陈烈女殉夫感言》,从中可以看到穆儒丐诸多封建腐朽的女性

①郑观应:《女教》《盛世危言》,载夏东元编《郑观应集:上》,上海人民出版社,1982,第 288 页。

②梁启超:《饮冰室文集:3》,中华书局,1926,第 38 页。

③关于"贤妻良母"一词的近代性,以及词源学考察,参见陈姃湲:《简介近代亚洲的"贤妻良母"思想:从回顾日本、韩国、中国的研究成果谈起》,《近代中国妇女史研究》2002 年第 10 期。

④穆儒丐:《随感录》(135),《神皋杂俎》,1939 年 7 月 25 日。

⑤穆儒丐:《陈烈女殉夫事略》,《神皋杂俎》,1918 年 6 月 26 日。

观。陈姓女子的自杀行为属于个人选择，在是不是应该以此为训、将此女殉夫作为女性行为规范的问题上，穆儒丐竟然认为"故吾谓陈烈女此举，不第尽其夫妇之义，于已坏之女教，不啻树一整饬表率之型"①。穆儒丐还借陈姓女子殉夫表达对民元以来社会"道德风纪"败坏的痛心疾首。"晚近世衰道微，廉耻掉丧。分明贿赂公行，美其名曰运动；分明趋炎附势，美其名曰联络；分明淫奔私会，美其名曰自由；分明夫妇失序，美其名曰平等；行者不之羞，言者不之耻，闻者不之怪，见者不知奇。此举国上下所以秩序紊然，终至无法收拾也。"将男女自由恋爱视为淫奔私会，将男女平等的夫妇关系称为夫妇失序。

在穆儒丐看来，女人"生死是小，失节是大"，在小说《落溷记》中借小说女主人公李凤楼堕入风尘，表达他对女性生死与贞节关系的认知，"凤楼想到这里，便有个自寻一死的心。谁知道一刹那间，她的死念又取消了。她假如一死，还可以掩盖前愆，博一个不幸女子之名资人惋惜，谁知她光有一秒钟的毅力，不过把心略一动又冷了"②。在穆儒丐看来，"失妇节"女性应该用死来抵消"过错"，博得世人宽恕。他如是评价历史上的女性，"千古的美人，多半是怕死的，斩钉截铁，只有一个虞姬。近代的陈圆圆、董小宛，虽是美人，却少一死"③。以死来保全名节的节妇烈女是穆儒丐对女性最高的称赞，并以此为训，这是非人道的。当节妇、烈女成为女性最高的标准后，如何能生长出一个具有独立人格的现代女性。

穆儒丐在小说《同命鸳鸯》中塑造了琴姑娘，就体现了这种节妇烈女观念。琴姑娘自幼父母双亡，养在北京西郊健锐营的外祖父家，与景福、荫德从小一起长大。景福的父亲在庚子之乱中留守北京城阵亡，伯父伯母无儿无女，便将景福视作亲子抚养。景福与荫德都爱慕琴姑娘，琴姑娘后来成为景福的未婚妻。景福与荫德一同被选入清末禁卫军，民国后这支军队转为民国陆军十六师驻扎南京。景福请了八天假与琴姑娘草草完婚，结婚第二天就赶回部队，随十六师征讨宣布独立的"外蒙古"。当了连长的荫德派景福去库伦刺探敌情，就是要置景福于死地。荫德离开军队，从张家口回到家乡，乡间传闻景福已死。小说这样描写此时的琴姑娘：

琴姑娘的心，早已横了，她自家觉悟她不是应着幸运来的，仿佛老天爷生她这人，专门教她充一个悲剧中的角色，她知道她一生的幸福无望了，不如悲壮淋漓的，随她那悲剧的最后，可是她在二位老人跟前，仍是百般承欢，籍使老人得半时

---

①穆儒丐：《陈烈女殉夫感言》，《盛京时报》第 1 版，1918 年 6 月 27 日。

②穆儒丐：《落溷记》(65)，《神皋杂俎》，1920 年 9 月 18 日。

③同上。

安慰。①

荫德谎称景福已死,向琴姑娘贪财的舅舅家提亲。舅母不顾景福伯父伯母年事已高,只有琴姑娘一人在膝下,到景福家告诉景福伯父伯母景福已死,要给琴姑娘另找婆家。琴姑娘怒骂她舅母:

琴姑娘听了这话,又气又恼,因恶狠狠向她舅妈说:"你趁早闭了嘴,难道你叫我进一家出一家,随便听你摆布吗? 不用说你是我舅妈,便是我的亲母亲,也不许这样。我与景福虽然没有几日夫妇事实,我们的情义却不是一日。我既嫁了他,便与他生死相依,有他便有我,他若死了,我便随他去,何必用你挂心。再说他如今是死是生,还没一定,你教我上哪里去。这里不是我的家吗? 这二位老人不是我的公婆吗? 我们活,活在一处;死,死在一块。好歹你不用管"。②

在舅母日日纠缠下,琴姑娘为了不让两位病重的老人烦心,以三月为期,如果三个月内景福不回来就嫁给荫德。三个月里,景福的伯父伯母双双去世,琴姑娘为二老送葬,然后在结婚当天,用一把裁衣剪刀自刎在喜轿里。周围人称赞琴姑娘自杀,"看热闹的人,倒多添了许多趣味,原先不满意琴姑娘再嫁的,听他自刎在轿子里,莫不大表同情,甚至有替她挥泪的"③。

称赞一个女性为贞节道义自杀,正是新文学运动中提出"礼教杀人"的社会原因。这也从另一个侧面,证明了新文化运动的合理性。没有新文化运动就不会有女性解放,文化保守主义的女性观中容不下一个人格独立的现代女性。"贤妻良母"话语下对女性的尊重,仅仅是古语"家贫思贤妻,国难思良相"的另一种演绎。一旦脱离民族国家存亡危机的语境,这种"贤妻良母"会立即回到对女性节烈忠贞的非人道要求上,以及对女性独立自我,甚至生命的漠视上。

《财色婚姻》中的淑良姑娘就是穆儒丐理想的淑女、"贤妻良母"形象。淑良与小说主人公金珠,从小青梅竹马,小说中称其为"师友双兼的淑良":

在功课面前,淑良是不如金珠的,可是在事理方面,金珠也是不如淑良……这个也是自然的结果,男女之间互有短长,也就在学业和事务上大有区分了。④

淑良中学毕业,家里不让淑良上大学接受高等教育,因为"现在的大学,在风纪上,都不甚好,当学生的,也没有什么好的趋向。"⑤显然穆儒丐认为女子这样的安排

①穆儒丐:《同命鸳鸯》(45),《神皋杂俎》,1922 年 4 月 13 日。

②穆儒丐:《同命鸳鸯》(47),《神皋杂俎》,1922 年 4 月 15 日。

③穆儒丐:《同命鸳鸯》(56),《神皋杂俎》,1922 年 4 月 26 日。

④穆儒丐:《财色婚姻》(41),《神皋杂俎》,1934 年 9 月 15 日。

⑤穆儒丐:《财色婚姻》(74),《神皋杂俎》,1934 年 10 月 20 日。

是最合适的,小说中的淑良也安然地接受家长的安排,"反正我如今不上学了,跟她老人家学学裁缝、演习规矩于我也是很有益的"①。

可见,穆儒丐心中理想的女性只应接受中等教育,中学毕业后就该在家学习持家和与姑婆妯娌相处之道,做好男性的贤内助,成为贤妻良母,平时教养子孙,遇变故就要去尽妇节。

夫女子入校习业,所以陶镕女德,训练礼法,勤修家政,娴习女红,处室为淑女,出嫁为贤妻。相父子,长子孙,扶植社会,其责大矣。居恒懿其言行,庄其容貌,以为女范,一遇变故,则应尽其妇节,以表率人伦。②

在穆儒丐小说中节妇烈女都是悲剧的,琴姑娘自刎在喜轿中,淑良也失去了金珠,其中凝结着穆儒丐对时代的失望和控诉。但从穆儒丐的视角下,也能看到旧女性在女性解放运动中的失语处境,以及女性解放运动的狭隘性。

若是自幼缠足,终岁劳动,再加上马齿已长,单说她那双无罪而被无知很(恨)心的母亲加以恶行的脚,已然失了时代性。自维新的丈夫看来,便由心里作呕,而又无法处置,教她放了吧,骨节已老,形体已亏,再不能复天足的原样,不教她放吧,这真难看,见不得新式人物。再说年龄老大,思想腐化,站在一起,也不像夫妇哇。心里为潮流所激,脑子被虚荣所感,一很(恨)心,不要了,教她在家依然当牛做马吧。我呢,有的是留学生旗号,跑到大城里就说还没成过家,有的是摩登女子,再娶一个有何不可,这是多年娶妻的人,尚且如此蛮来那定而未娶的更不用说了。③

借助穆儒丐的视角可以反思女性解放运动,女性独立、男女平等启蒙了青年知识女性,而对于旧式女性却以封建残留物之名抛弃。在某种程度上说,女性解放仅仅是青年知识女性的解放,旧式女性在新时代进退失据的生存状态下,被放逐在女性解放的视野之外。而穆儒丐在作品中描写了无法发声的旧式女性腮边的泪水。穆儒丐在他的小说《笑里啼痕录》④里以主人公王泽的视角描写了议员墨卿年老耳聋的原配,在丈夫姨太太产子洗三堂会上可怜的处境:

墨卿见过,遂把王泽引到廊下女座那里,只闻得一阵阵脂粉奇香,令人欲醉,都是议员政客的宅眷,□来行情看戏的。早见墨卿那位太太,在正面廊下坐着,后面只有一个五十多岁的老婆子伺候着,看她焦黄的脸,却仍是乡间朴素样子。这位太太天生是个残疾,娘家倒有几个钱。墨卿微时,全仗岳家生活,如今阔了,却把这位

①穆儒丐:《财色婚姻》(75),《神皋杂俎》,1934年10月21日。

②穆儒丐:《陈烈女殉夫感言》,《盛京时报》第1版,1918年6月27日。

③穆儒丐:《家庭之难关及其打破策》(23),《神皋杂俎》,1934年1月19日。

④穆儒丐:《笑里啼痕录》,《神皋杂俎》,1920年12月—1921年2月17日。

太太,事事看得不对,所以忙着从窑子里弄了一个人。这位太太徒拥虚名,每日受那二的小鞋穿,气得耳朵益发听不见了。①

打破封建家长制的婚姻,原本该是男女共同解放。而在当时特定的社会现实下,男性占有更多的社会资源,在潮流变革中拥有更多的权利。穆儒丐在小说中站在社会伦理的立场,讽刺中华民国议员。但其中却折射了最受封建礼教残害的旧式女性,在男女平等的话语资源中不仅得不到解放,而且成为封建制度的代表被丢弃或虐待。穆儒丐还将讽刺的对象,从民初议员扩展到男性文人阶层:

这宗毛病,我敢武断地说,自中华民国以来设在中国境内日月所照,霜露所临,莫不有这样的家庭悲剧,继续出现。在民国元二年,议员老爷。应时当令的时候,每个议员,都有妻妾,名虽为妾,其实就是夫人,因为他们的夫人,始终就不给人家看,作体面差使的,自然更以姨太太为第一先决问题了。最近学界风气坏了,教员学生,莫不议员官僚化,一再结婚,或是姘居伙度的。②

当然议员娶姨太太与冲破封建婚姻的男性知识分子有本质区别,但是作为议员和男性知识分子"封建太太"的,她们面对的生存困境却是一样的。男女平等、女性解放的思潮,无法为她们提供可以跻身的空间。这为我们反思女性解放运动深度和广度提供了有效的视角。

另一方面,穆儒丐作品也展示了女性独立压抑的另一类女性——家庭妇女。在男女平等的话语下,女性扩大社会活动范围、承担社会责任,都是女性解放应有之义。然而将女性在家庭中的付出视作无价值,甚至是负面价值,就是女性解放运动的极端之处。穆儒丐在对女性解放运动的反思中就提道:

在外面有职业的女人,和在家里亲操臼井者,功劳相等,没什么轩轾……有职业而长于交际的女子,消费要特别增多了……如有家庭,生了子女,还得雇用女工大司釜,收入较丰的所胜无几,收入有限的也无非落个白忙。

反观在家庭里自己操作的女子,虽然生产者只有丈夫一人,但是他能勤俭操家,衣履费、化妆费、交际费、女工费,她得省就省,有了富余便储藏起来,使它生息。她在表面上,虽非生产者,实际上却是天天在生产,再说所谓生产与劳力二而一,她天天在劳力怎能说她不是生产者,再说她的生产是有常度的,而又没有大的消费。③

穆儒丐仅仅站在家庭经济收入的角度,说明职业女性与家庭女性的价值无太大差别却触及家务劳动的价值问题。20 世纪70 年代,英国伯明翰学派的女性研究

---

①穆儒丐:《笑里啼痕录》(28),《神皋杂俎》,1921 年 1 月 1 日。

②穆儒丐:《家庭之难关及其打破策》(23),《神皋杂俎》,1934 年 1 月 19 日。

③穆儒丐:《随感录》(132),《神皋杂俎》,1939 年 7 月 22 日。

小组对马克思主义经济学进行反思,其中一点就是在马克思主义经济学中劳动力成本的计算问题。在马克思主义经济学中劳动力成本中的食物仅仅是材料成本,那么将材料变成食物的女性家庭劳动却在社会价值体系中失踪了。

站在新文化运动已经过去一百多年的今天,对女性解放种种局限的反思是站在男女平等、女性独立等社会进步的基础上进行的。在穆儒丐作品中可看到他对女性解放的反思,仅仅是因为他的女性观与新文化运动思潮不同,其作品中包含了五四新文学中的一些盲点,可以折射出当时的社会现实,并不代表他"贤妻良母"式的女性观优于女性解放观。作为文化保守主义的穆儒丐,在新时代所能构想的现代女性观仍然是对传统女德的修修补补。穆儒丐所构想的现代女性在社会责任、人格独立、伦理标准上仍然与男性无法实现平等。这也从另一个方面证明,新文化运动固然在很多文化观念上有偏激之处,但是如果没有新文化运动,现代个人包括现代女性不可能出现。

二、穆儒丐笔下的新式女性

在穆儒丐笔下,那些接受新式学校教育、追求自由恋爱的新女性,要么是时髦与物质引诱下堕落的女性,要么是压制男性的悍妇。

女子欲贪,尤爱享乐,这正是吃亏之病根,欲想不受人欺,除了自重自爱,不事倚赖,别无良法……女子在现代,不可以再菲薄了,应当把自己身子,看成金玉一般贵重。[1]

贪欲、享乐是人性问题,不分男女。而穆儒丐将其视为女性的天性或者女性尤为严重,将贞节视作女性的专属,需要女性严加看管。这些都是将女性客体化、他者化的男权立场。

他创作《落溷记》的目的就是讽刺反抗封建婚姻的女性,是对"为新女性当头喝"的所谓"警世小说"。

书叙一旧家之女,已字人矣。一日偕其父母,赴沪上探亲戚兼购妆奁。不意女感受新思潮,背旧婚而缔新盟,卒至落北里为倚门卖笑之人。情节多有可观,对于新旧思想持以公正之评判,诚有益世道人心之作也。[2]

小说主人公是北京城 18 岁少女李凤楼,父亲李如棠是清末度支部司员,虽然在辛亥年被裁,但是家资颇丰,一家三口在过着富裕的日子。穆儒丐一面写少女李

---

① 穆儒丐:《随想录》(131),《神皋杂俎》,1939 年 7 月 21 日。

② 《警世小说〈落溷记〉预告》,《神皋杂俎》,1920 年 7 月 10 日。

凤楼的美丽,"如今出落得牡丹花王一般"①,另一面写李凤楼本性的"恶","若论她的性格,看上去虽似娇憨,内容却极乖僻……直到如今,真不知道什么叫屈己从人,只知道别人应该服从我的,这种自尊的性质,虽然没处去施展,但是她脑子已经种了这个病根"②。并将李凤楼比作动物园的狮子,"有吃的时温顺,缺一样要咆哮"③。在穆儒丐看来,女人尤其是年轻美丽的女人是有原罪的,"古语说得好,慢藏诲盗,冶容诲淫。青年妇女,但分有点姿色的,在这不良的社会里面,究竟不能算为有幸福的人,何况服制不讲,竞艳争妍,皓腕素胫,居然以色相示"④。这些都透露出穆儒丐思想的局限,将女性的身体仅仅作为男人欲望的对象来看待。

李凤楼舅舅做媒,将李凤楼许给门当户对、在参谋部任上尉的青年廉士骏。双方家长仍守着老规矩,婚前青年男女不许见面。凤楼心理不满,感慨中国女子在婚姻上没有自主权。为筹备婚礼,凤楼与母亲由北京赴上海购置嫁妆。李凤楼在上海接触了"解放"这个新名词,穆儒丐借李凤楼表妹之口道出解放的意义,包括妇女走出封建家庭禁锢,在社会上与男性一样承担社会责任,婚姻自主,打破夫权,男女平等,一夫一妻,以及女性独立争得做"人"的权利。接受了新思想的李凤楼开始反思自己的包办婚姻,决定"自己解放自己",却碰上了上海骗财骗色的拆白党。这位拆白党韩少爷吸引李凤楼的,除了相貌和排场,更重要的是韩少爷手中拿着一份《解放》杂志。李凤楼以为自己争取到了自由恋爱,与韩少爷私奔到南京。韩少爷与李凤楼都没有谋生的能力,花光钱财后,韩少爷谎称去奉天谋生将凤楼留在南京。凤楼去奉天后,找不到韩少爷后被人卖到妓院。

穆儒丐认为自己在小说中"对于新旧思想持以公正之评判",却可以看到他对旧的婚姻制度并没有多少触动,仅仅认为其在男女不能见面方面是迂腐的,只要让双方见见面,男女双方互有好感就可以了。而他所批驳的新思想,仅仅是当时社会上假借新思想的拆白党故事,属于伪新思想。由此可见,新文化运动对人的解放、女性独立的影响,使持"贤妻良母"女性观的穆儒丐无法从正面、学理的角度来批驳,只能在现实层面认为在当时的中国无法实行,"高尚的理想,虽然可贵,但一时不能骤跻。过渡时代的女子,还得以旧训为体,以新学为用"⑤。可见个人的独立与解放已经成为新文化运动时期的"政治正确",穆儒丐所叙述的故事仅仅是世俗层

①穆儒丐:《落溷记》(3),《神皋杂俎》,小说栏目,1920 年 7 月 17 日。

②同上

③同上。

④穆儒丐:《落溷记》(30),《神皋杂俎》,小说栏目,1920 年 8 月 18 日。

⑤穆儒丐《落溷记》(53),《神皋杂俎》,小说栏目,1920 年 9 月 14 日。

面伪自由恋爱的故事,即使反映了部分社会现实,也是鲁迅先生所说的"每一新的事物进来,起初虽排斥,但看到有些可靠就自然会改变。不过并非将自己变得合于新事物,乃是将新事物变得合于自己"①。这都是世俗层面的经验判断,世俗生活的善恶,会随着时代主流价值标准进行调整。而新文化运动中独立的个人和女性,是穆儒丐无法构想的,或者更准确地说是穆儒丐所恐惧的。

穆儒丐对新女性的排斥,除了塑造堕落女性外,还有主张女权的"悍妇"形象。最有代表性的就是其小说《北京》中对"胭脂团"的描写。小说中国会议员白歆仁打着民初议员都有姨太太的旗号,在外养了妓女桂花,并打算把桂花接到家里做姨太太,却害怕太太们新组织的"胭脂团"。

再说他的亲戚朋友家里,有几位太太,很厉害的,她们近来组织了一个胭脂团,专门反对丈夫纳妾。不但对于自己丈夫不许有这样的情事,便是对于亲朋好友家里的男子,也是横加干涉。较弱的妇人,管不了男子,她们能替打抱不平,所以近来她们的势力,一天比一天大,把那些老爷们管得笔管条直。不用说纳妾,便是听刘喜奎的戏,也得告谎假。设若查出来,真能罚跪半夜。②

穆儒丐本人反对纳妾,也撰写过讽刺纳妾的文章。但是他却很畏惧在婚姻中女性出于男女平等立场反抗丈夫纳妾,所以将她们描写为传统小说中善妒的"悍妻"。小说中白歆仁的夫人白太太性情柔弱,虽不愿丈夫纳妾,但是面对权力在手又深于算计的丈夫却也不知怎么反抗,连丈夫私藏的女人都找不到。所以由"胭脂团"出面诓骗了白歆仁的车夫宋四,并设了审问的"公堂":

法庭已然设备好了。只见当地放一张长案,二奶奶和蒋女士并肩坐着,仿佛一位推事、一位检察官,后面站立四个仆妇丫鬟,每人手内提着一柄打马藤鞭。再看二奶奶时,满面秋霜,坐在上面,比大宋的包孝肃还觉怕人。③

白歆仁的车夫宋四不老实交代企图蒙混过关,胭脂团还对他用刑。

二奶奶说:"你真不说。你太怄人了!"因回头向那四名仆妇丫鬟说:"给我打他!"她四个得了命令,一齐跑在当地,把宋四捆住,扬起手中马鞭,喝道:"你还不说实话吗?我们要打你了!"邓府丫鬟婆子,平日都受过二奶奶的教育,熏陶感染,对于男子差不多都有敌视的恶感。每逢邓二爷违了令,这些丫鬟对于二爷,都敢上手上脚地作践,何况宋四?她们更不怕了!所以一听命令,一窝蜂似的,把宋四围住,

①鲁迅:《华盖集》,人民文学出版社,1980,第93页。
②穆儒丐:《北京》,盛京时报社,1924,第106页。
③同上书,第111页。

谁不欲乐乐手儿![1]

在胭脂团"蒋女士的新知识,二奶奶的旧阃威"影响下,白歆仁的妻子决定反抗丈夫纳妾,小说这样描写白太太的心理变化:

白大奶奶一听,由她那柔和的性子里面,竟会发生一种猛鸷的思想,仿佛鸦片烟鬼多日不曾过瘾,一旦扎了一针吗啡,精神十分畅旺了。她不由得把柔润的酸泪止住了,脸上忽然现出一种惨厉之气。她连连说道:"我今天不能饶他了! 你们须帮我一个忙。"[2]

然而有趣的是在"胭脂团"邓二奶奶和蒋女士的带领下,白太太一行直闯白歆仁私藏小妾桂花的住所,穆儒丐在这个场景中没有丑化"胭脂团",而是让她们酣畅淋漓地揭穿了白歆仁无耻的嘴脸:

歆仁见跑不了,只得大着胆子说:"你们无缘无故地闯入民宅,张手打人,毁坏器具,是何道理! 我要喊警察来,把你们索走,须知我们当议员的,要受法律特别保护。你们这些无知妇人,实在可恶极了!"蒋女士也冷笑道:"他还讲法律呢,宠妾灭妻,是法律所许的吗? 狎妓赌博,是法律所许的吗? 男女混杂,密筑淫窟,是法律所许的吗? 我们还没告发你,你倒吓唬起我们来了!"[3]

当白歆仁发现以自己议员的身份吓不住"胭脂团"时,开始以"人权"和"自由"为自己辩护:

歆仁说:"你们捉住什么? 这是我的自由! 你们敢侵害人的自由权,真是要造反了!"二奶奶冷笑道:"你还懂得自由呢! 民间自由,被你们侵害得一分没有了,你们管捣乱叫自由,管阴谋叫自由,管包办选举叫自由,管挑拨政潮叫自由,管贪赃受贿叫自由,管花天酒地、纵情恶煞叫自由,管自行己是叫自由。除了你们自己的私欲,你们还懂得什么叫自由! 你们知道你们的自由不愿意受别人的侵害,你们知道别人的自由也不受你们的侵害吗? 现放着你不管别人生死,在外面横行恶欲,难得你还说出自由二字呢!"[4]

在这次女性联合反抗男性纳妾的"论理"场景中胭脂团可谓完胜,穆儒丐也借二奶奶和蒋女士之口,揭开了民国议员、法律、自由的虚伪。而场景转化后"胭脂团"就变换成另一副面目,经小说中他人叙述,这件事情以邓二奶奶敲了白歆仁的竹杠、蒋女士也分了一些利润、桂花搬家了事。这种叙述显然是断裂的,这种断裂

---

①穆儒丐:《北京》,盛京时报社,1924 年,第 113 页。

②同上书,第 117 页。

③同上书,第 121 页。

④同上书,第 121 页。

并非出于穆儒丐对现代女权主义一无所知，而是代表了文化保守主义背后的男性特权立场，他们将男性纳妾看作个人道德问题，而不是社会制度问题。直白地说，穆儒丐认为男性纳妾现象有存在权，只是纳妾的男性会被看作道德低下。而女性反对男性纳妾，并不仅仅是纳妾问题，而是女性对男权的侵犯，这点较男性纳妾更让文化保守主义者穆儒丐不安，所以在借"胭脂团"控诉白敼仁后，仍将其污名化为"悍妇"，甚至以敲竹杠后一哄而散的结果作结。

三、"贤妻良母"女性观下的女子教育

无论是文化保守主义的"贤妻良母"，还是男女平等、女性解放，都是对中国现代女性的构想。无论哪种现代女性的产生都需要经过现代学校教育，因此，穆儒丐关于女子教育的观点，也展示了他作为文化保守主义者的特点。

他站在民族国家的立场，批判当时女子受教育仅仅为嫁好人家的风俗，其中也不乏洞见：

现在中等以上的家庭，无论如何困难，也得教女儿上学，他们的动机，并不是为自己家庭设想，也不是为对方家庭设想，完全是为自己女儿本身决定策略。因为风俗关系，他们说女儿不上学，将来不好给婆家。这犹之乎从前的汉人家庭，无有不给女儿裹脚的，他们实在不知裹小脚有何利害，即使他知道裹脚不对，他们依然要裹，这个单纯的理由，就是不缠足没人要。现在女儿上学差不多和缠足一样用心了，这该有多可怜。①

但是他将女子接受教育仅仅看成为国家制造合格的良妻贤母，并且排斥与此无相关的其他任何目的。

女子教育唯一的目的，是要为社会国家制造良妻贤母，将来利用她们的知识和技能，打破难关，而能自行组织完善家庭，这就是女子教育的目的，也是女子唯一责任。②

并在貌似男女平等接受教育的观点下，以男女有别的自然差异，作为男女接受知识的内容和作用不同的原因。

女子必须受教育，和男人必须受教育是一个样。不过男女地位不同，生理互异，男主外女主内，乃是天经地义。③

穆儒丐认为女子教育不该培养女性经济独立的能力：

①穆儒丐:《家庭之难关及其打破策》(29)，《神皋杂俎》，1934年1月27日。
②穆儒丐:《家庭之难关及其打破策》(30)，《神皋杂俎》，1934年1月28日。
③穆儒丐:《家庭之难关及其打破策》(29)，《神皋杂俎》，1934年1月27日。

女子为什么受教育,是有目的的。而所谓目的,并不在女子能挣钱,于经济有何补益……好多人都说,中国女子,是男子的累赘,一点经济能力没有,所以永久锁在家里,而不能平等,欲求平等,先求解放,欲行解放,先要有经济能力。于是女招待、舞女、明星、女伶,都算解放者,而有经济独立的能力。这样的意见,在我实在不能赞成,也不敢恭维。据我所见,女子是家庭的,男子是社会的,家庭经济之好坏,并不在女子能挣不挣钱,而在于女子能管理不能管理。①

穆儒丐贤妻良母式女性观,只是在国家存亡危机和西方女性解放的压力下,文化保守主义者做出的应对,并未对女性直接参加社会活动、承担社会责任提供任何出口。究其实质,除了冠以民族国家的名目,与传统道德并无本质差异。脱离压力语境,文化保守主义很容易就退回封建女性观。更进一步说,以民族国家的名义将女性禁锢在家庭中,对女性独立形成了另一种更深的枷锁。因为传统女性不符合女性的道德规范,一般还无法冠以背弃国家的名号。

穆儒丐基于改良主义立场,也主张女性应该接受教育,反对封建婚姻制度,而且也将女性与民族国家相连接,也是当时对现代女性的一种想象。虽然从中也可以窥见新文化运动时期女性解放对旧女性处境漠视的弊端,而其背后对女性原罪式贬损,对女性道德过高地要求,显然是对新女性独立和男女平等新的钳制。相较这种女性观,争取女性解放、女性独立、婚姻自由更为合理、正确。新文化运动时期个人的解放、"人"的发现,在中国历史上是空前的。同时也只有在这种空前的"人"的发现中,女性被压迫的地位才能够浮出历史地表。在那个历史时代,相较文化保守主义,塑造合乎时代口味的节妇烈女,呼唤在混乱时代坚守道德的补天女娲,要求女性成为为国为家的贤妻良母,女性解放要更符合人道主义与现代精神。尽管1995年世界妇女代表大会在北京召开后,中国新一轮的女性主义理论对新文化运动以来的女性解放进行了各个层面的反省,而这并不代表新文化运动时期女性解放的意义和价值就低于贤妻良母的现代女性规范。因为只有在新文化运动的文化语境和逻辑下,女性才有成为现代意义上独立个人的可能。

今天在对新文化运动进行反思的话语中,穆儒丐式的陈腐的"贤妻良母"女性观又一次出现,以"妻性""母性"作为女性道德准则,质疑女性解放。比如近年来社会上频繁出现的"新女德",折射着我们这个时代女性解放的滑坡,以及女性独立、男女平等等诸多问题的悬而未决。可见穆儒丐的"贤妻良母"式现代女性规范,虽然在新文化运动时期被女性解放运动批判,但是它仍在社会道德层面深刻影响着现代女性。

---

①穆儒丐:《家庭之难关及其打破策》(30),《神皋杂俎》,1934年1月28日。

而颇有意味的是东北沦陷时期穆儒丐的女性观发生了些微变化,具体表现就是他小说中女性贞节观念的松动。东北沦陷时期他创作了小说《新婚别》,小说的基本故事情节与《同名鸳鸯》相同。主人公是北京西郊旗营的凤姑娘与同乡旗人赵文英,其二人有婚约,与《同命鸳鸯》中的景福一样,赵文英也是清末从军,成为禁卫军的士兵,民国后驻守南京。在南京驻守期间请假匆促与凤姑娘结婚,婚后随军赴库伦征讨独立的"外蒙古",然后失去与家人的联系,生死不明。与《同名鸳鸯》中琴姑娘自杀的结局不同,凤姑娘与寡居的婆婆相依为命。由于失去赵文英俸饷生活没有出路,为了奉养婆婆完成"自己的责任",凤姑娘将自己卖给了娼门。后赵文英辗转逃回北京。凤姑娘觉得自己已经完成了责任,让赵文英另娶。赵文英感谢凤姑娘对母亲的照顾,饱经沧桑的赵文英与凤姑娘相互体谅,一起生活下去。对同一个故事再次创作,以及用《新婚别》中凤姑娘为奉养婆婆堕入风尘,来改写《同命鸳鸯》中琴姑娘贞妇死节,在伪满的时代背景下意味深长。

第四节　与《东三省民报》安怀音的论争

随着新文化运动在东北地区的传播,作为先于新文化运动到达东北创立东北现代文学的穆儒丐,与接受新文化运动思潮的青年作家间的矛盾日益明显。最终在"五卅惨案"发生后,发生了东北现代文坛的一次著名论争,《东北现代文学年表》记载 1925 年 6 月,"《盛京时报》与《东三省民报》发生了为期两余月的论战"[①]。

这场论战的起因是 1925 年 5 月 30 日上海爆发"五卅惨案",随后反帝爱国运动席卷全国,东北地区发生了排日风潮,出现反帝爱国学生抗议运动。关于此次论争目前并没有专门的研究,只是在东北新闻史研究中有所提及:

"五卅惨案"的消息传到东北,东三省人民群起响应,许多国人报纸也都振臂高喊,表达了对强权的憎恨,同时呼吁国人认识到国家的积弱,汇集民气,投身于反帝爱国运动中。可是《盛京时报》此时却站在本国立场,发表了主笔傲霜庵和服务于该报的编辑记者——满族人穆儒丐、王冷佛等人的一系列言论,如《学潮慨言》《实力救国论》《评经济绝交》《亡国之悲鸣》《国人勿自杀》《运动与外交》等,对国人由"五卅惨案"所引发的对自身国际地位的思考嗤之以鼻,将国人提出的"弱国""弱小""半殖民地""无抵抗""不合作"等词语视为感情冲动的"奇怪声音"和"白昼鬼

---

①张毓茂主编《东北现代文学大系:1919—1949:第十四集:资料索引卷》,沈阳出版社,1996,第 18 页。

语",反对部分国人倡导的"经济绝交"策略,以貌似公允的姿态奉劝国人在对待沪案中应"隐忍自重、慎重行动",这些论断引起了《东三省民报》著名记者安怀音的强烈反对。

针对穆儒丐的《实力救国论》和傲霜庵的《评经济绝交》《亡国之悲鸣》,《东三省民报》刊发文章予以批判,《盛京时报》也接招攻击,由此引发了两报长达两个多月的笔战。安怀音呼吁凡是有良心的中国人不要看《盛京时报》,并指名抨击日本人傲霜庵(即菊池贞二)为日本帝国主义之急先锋,穆儒丐、王冷佛为帝国主义之走狗奴才,中华民族的败类汉奸。安怀音力敌以上三人,毫无惧色,不屈不挠地与他们进行着笔战,可谓开东北报界之先河。①

这场论战是在中日矛盾日益严重的大背景下发生的,站在今天经历过抗日战争历史的角度,很容易将这次论战完全归结为日本侵略与中国反抗的逻辑上。但是回到当时论战的历史语境,支撑这场论战的除了中日矛盾以外,还有文化保守派与革命派,以及文人代际等诸多矛盾支撑,仅仅用中日矛盾的立场并不能全面而有效地说明当时论战的焦点,历史总是在多种矛盾叠加的力量推动下发生的。

在论战发生前,1925 年 2 月 6 日起《东三省民报》连载梅佛光②的《日本侵略满洲史》,连载不久便停止刊载。《东三省民报》刊载了《本报停登日本侵略满洲史之声明》,说明停载《日本侵略满州史》是因为日本方面就此事向东北当局抗议,"挟其岛国民族偏狭之心理,对于本报所登日本侵略满洲史大加仇视,指为排日。近竟正式向我省政府提出交涉,要挟取缔"③。

此时以傲霜庵为笔名的《盛京时报》主笔菊池贞二游历欧美 3 年,于 1925 年 3 月回到沈阳。针对《日本侵略满洲史》以及当时勃兴的反抗文化侵略思潮发表《驳文化侵略》④,讽刺中国盛行"文化侵略"的排日风潮。并以日俄战争,日本战胜俄国,俄国文化输入日本,托尔斯泰、高尔基、屠格涅夫等俄国思想家为日本人所知,日本新村运动皆发源于俄国的文化影响;第一次世界大战德国战败,而德国的马克思学说征服全球;日本、朝鲜以前也受中国文化的影响甚深等为例,论述文化传播与武力征服不同,文化不具备侵略他国的功能。同时利用欧美在文化上、语言上具有同一性的观点,但是仍然可以组建不同的民族来说明文化不受国家国境的限制。

---

①王翠荣:《伪满洲国成立前日本对东北的新闻侵略及东北新闻界的抵制》,《民国档案》2010 年第 3 期。

②梅公任(1892—1968)原名尚文,字佛光,又字中觉,笔名黄素。辽宁省辽阳人。

③《本报停登日本侵略满洲史之声明》,《东三省民报》,1925 年 2 月 22 日。

④傲霜庵:《驳文化侵略》,《盛京时报》第 1 版,1925 年 4 月 21—22 日。

1925 年 4 月 27—28 日,《东三省民报》刊登多篇文章反击傲霜庵的文章,安怀音发表撰写的《为什么反对文化侵略》、兼慈发表的《我也谈一谈文化侵略》、署名庸发表的《〈驳文化侵略论〉之研究》、署名尧羽撰写的《校正〈驳文化侵略〉》等文章反击傲霜庵的文章。署名庸撰写的《〈驳文化侵略论〉之研究》,逐条驳斥傲霜庵的言论,"托尔斯泰之思想、马克斯(思,笔者注)之主义,盖皆着眼于社会方面,以人为本位,与今世帝国主义,立于反对之地位。其输入外国,乃为外国之有志者,自动欢迎倡导,并不由发源国以若何政治之方式用力灌输。即如日本武者小路所倡导之'人与人无仇恨',亦大为吾人所欢迎。今日吾人所怀疑之文化侵略,果与上述者同耶否耶?"

"然固知中国学术之东渐,完全出于自然,而非由中国国家或在国家指挥下之团体,处心积虑以促其成,但有文化之转输,并无侵略之行迹,何所用其疑虑,何所用其抗议。反之若今日吾国政府,在日本内地,多设学校,教日人以汉文及其他学术,如日本在奉吉之所为,吾不知多数日本人,及作《驳文化侵略论》者,对之作何感想?""吾以为韩人之觉醒,与独立运动之猛进,原因固多,而日人之所施之同化教育,实为其反面的兴奋剂之一。日人在韩之教育,一言以蔽之曰'使朝鲜人化为日本人',朝鲜人惟不肯甘受同化,始愤然而起,冀打破现状,完成独立。"区分了正常的文化交流与在国家强力推动下配合势力扩张的文化入侵行为。在关于"文化侵略"的争论中,穆儒丐并未参加论战。这一时期穆儒丐发表《治学之法》,文中委婉地反映了他在此时的态度,"吾近于国事,不欲多所论列,诚以空言无补,徒惹人厌,且欲为政论,必须对于政治学及实际情形,有澈(彻,笔者注)底研究"[①]。可以看到他对这场关于"文化侵略"论战双方"空言无补"都有微词,而且也可以看到穆儒丐不想卷入这场关于"文化侵略"问题的论战。

1925 年 5 月 30 日,上海"五卅惨案"发生后全国哗然。自 6 月 5 日起,沈阳各学校学生罢课向政府施压,"(1925 年 6 月)5 日—9 日奉天各大中学校的学生代表在小河沿盛京医专召开会议,研讨声援上海工人、学生反帝爱国斗争问题……各校学生代表经过多次秘密集议,决定 6 月 10 日到省长公署门前集会请愿示威,支持上海同胞的斗争,抗议和声讨帝国主义的滔天罪行。"[②]在学生抗议活动中,学生与政府间的摩擦不断增加。

---

① 穆儒丐:《治学之法》,《盛京时报》第 1 版,1925 年 5 月 17 日。

② 中共沈阳市委党史资料征集办公室:《沈阳党史资料》第一辑《沈阳地方党史大事记(1921—1949 年)》,中共沈阳市委党校,1988,第 13 页。

作为一直反对激进运动的穆儒丐此时发声，穆儒丐出于对第一次世界大战后国际关系的失望，1925 年 6 月 7 日发表题为《实力救国论》的文章，该文的潜在读者正是受"五卅惨案"影响处在激愤状态的青年学生，"国际的道德自欧战以后，绝不见何等进步，而所谓深谋老算殆视欧战以前超过百倍，所谓去理想的大同世界不知尚有几万里之差"。在这样一种国际不平等的形势下，"年来我国学生，内受不良政治之刺激，外受新潮流之鼓□，所谓爱国运动，日有所闻，对于世界较强之国，莫不加以一种愤懑不平之意，如反抗帝国主义运动，即对于世界强国之一种示威的运动"。在穆儒丐看来，学生以抗议来反抗帝国主义天真幼稚，"毫无国际经验之学生，欲徒以空言，或一二人之血书，欲使世界列国，达于清平理想之域，此真不识世上有孚莩，谓何不食肉糜之类也"。他主张，"欲不受人欺、卓然独立，必有使人不敢正视之能力。不实力是求而口舌是务，天下弱小民族大抵如斯耳"。6 月 8 日，《东三省民报》以启明学社的名义刊登文章驳斥穆儒丐的观点，并辱骂穆儒丐（并未见此原文，仅从之后双方论战中得到的信息），6 月 9 日《东三省民报》刊登《特别更正》，"昨日有用启明学社名义投函本报纸诋斥穆儒丐君，鄙人以该函来得唐突欲明真相，故将该稿搁置一旁。因急于赴孤儿院开院典礼，临行匆匆未及收检，致被手民误将该稿夹入排登，殊为抱憾，特此更正，并向穆儒丐君道歉，盖外交大事鄙人绝不愿牵连私人。——东三省民报记者谨白"①。

6 月 9 日，穆儒丐接续《实力救国论》又发表《再伸前说》，"所谓帝国主义不过是一种实力主义、强大主义、发扬国威主义……我的《实力救国论》便是人有多大力量，我也有多大力量的主义。譬如运动会中选手，即不能定占优胜，也须有不落人后的资格，我持这样主义，须不违背爱国心，而且有向世界雄飞的热心。假若真具爱国热心的义烈男儿，总须有参加列强欧林必克的勇气"②。

6 月 10 日，穆儒丐在《神皋杂俎》发表《儒丐自讼》表达自己一贯的主张："盖实力救国与列强并驾齐驱，是我当学生时代的主张，至今不变。我现研究文章，虽抱世界主义，但政治上我仍主张强大主义的国家主义，盖不经此阶段，欲达目的，真梦吃也。"

6 月 11 日，《神皋杂俎》刊登《感谢启明学社的来函》，转载了启明学社梅佛光代表启明学社同人的信函：

①由于《东三省民报》保存不善，未见 1925 年 6 月 10 日这篇文章原文，此处转引 1925 年 6 月 10 日《神皋杂俎》《儒丐自讼》中转引《东三省民报》的特别更正。

②穆儒丐：《再伸前说》，《盛京时报》第 1 版，1925 年 6 月 9 日。

六田先生,弟昨晨披阅民报,骤睹有用本社名义排斥先生之论文,不胜诧愕之至,似此等龟毛兔角之事果何生乎。弟百解不得其人,嗣徧询诸社友皆攘也。本社宗旨纯以研究学术为目的,毫不含政党臭味,此当先生之所谅者。本社虽有时在报纸发表言论必关乎国际国家、世道人心、学术思想。之大者,根据正义主张公道且须有重要社友开会讨论后方能发表,考诸本社自诞生以来所有之言论,便可知其梗概此亦先生知吾等者所能推断者也。至于先生寄栖时报吾等夙有相当亮解,盖个人之环境不同,万不能准己而衡人也。先生谓以学社名义而排诋个人为世界所未有,弟等虽愚尚能知此亦胡能以光明正大之学术团体而诽毁友谊之一私人乎。再者当本社初成时,某某投稿讽刺吾等,蒙先生厚爱赐稿,为某寄回之事,弟等均知先生既于人道上主张正义,然则吾等能反之乎。总之此种事实,弟无用代本社辩白,先生系知本社宗旨之人,先生与本社诸友为有关系之人。以先生之明达,当能豁然冰释。先生大扎未到时,吾等便拟飞函说明。今先生竟用道德上之办法,谋双方私自解明,其容人之量、办事之方,可谓高人一等,益令吾等钦佩。弟谨代表同人向先生说明本社意旨,度不能芥蒂于怀也。

相比《东三省民报》敷衍式的《特别更正》,梅佛光代表启明学社的信函,更能说明事情的经过。从中可以看到,在此次事件发生之前,穆儒丐与启明学社关系颇为融洽。《东三省民报》6月8日刊登以启明学社名义批驳穆儒丐的文章,并未经过启明学社正常的"社友开会讨论"流程而刊发,而双方都知道是谁以启明学社之名刊登批驳文章的。

6月10—11日,傲霜庵发表《亡国之悲鸣》[1],语气傲慢地批驳此时正在高涨的东北学生爱国运动提出的"无抵抗不合作"的口号,认为这一口号源自英属殖民地印度,而中国与印度不同是独立国家。安怀音发表《再论不合作为亡上策》驳斥傲霜庵,"不合作主义,虽盛行于印度,然吾人不能以其系亡国人民之行为,即谓为不足一顾,而耻效其工作。吾人应当注意者,彼印度之亡国,非'不合作'亡之也,正因其先辈人士之冥顽不灵,不知不合作之足以救亡,而贸然与暴英合作之,故终不免于灭亡"[2]。并提出不合作的具体措施:

(1)关于经济者。不供给敌□之原料,收回敌人所开采之矿区,不用敌人之货币现存者一律取出,不买卖敌人之货品,不用敌人输船火车运货,商店、公司,与敌人合伙经营者,一律解除之。

---

①傲霜庵:《亡国之悲鸣》,《盛京时报》第1版,1925年6月10—11日。
②安怀音:《再论不合作为亡上策》,《东三省民报》第2版,1925年6月13日。

（2）关于职业者。凡供职及受敌人雇佣之华人，无论胥吏、警察、路工、车掌、店员、记者、矿夫、教员、译员、船夫、水手、乳保、印刷工匠、厨役、役人……一律辞退，绝对不受敌人之笼络而供其驱使。

（3）关于教育者。凡敌人在我国所设学校，全体华生，现已在校者，一律退学，未经入校者，永远不入敌人学校，则敌人之奴才教育，怀柔政策，黔驴之技，自无所措手足矣。

（4）其他。敌人在我国所发行之报纸，全国人民，一致拒绝不阅，商民人等，已登广告，一律撤销。未登者，永远不登，此外全国各都会、各商场、旅馆、房户，不留敌人住宿，不卖食物与敌人，不租房屋与敌人。[①]

此时沈阳学生运动进一步发展，"（1925 年 6 月）10 日，各校学生于晨七时许，在大南门里省长公署门前集会，先后派出粟丰、毕天民、高启福、潘连珊等人为请愿代表，同省长代表交涉，学生代表提出五条要求：（1）募捐援助上海同胞；（2）致电慰问被害的工人和学生家属；（3）对日英经济绝交；（4）要求政府严重交涉；（5）游行示威。经过谈判，终于迫使当局基本接受了学生代表的要求。12 日，满洲医科大学和'南满'中学堂学生百余人，为抗议日英帝国制造'五卅'惨案，全体退学，并发表了退学宣言"[②]。忧心学生抗议活动与政府间矛盾加深，以及回应《东三省民报》关于"不抵抗"的具体实施措施，穆儒丐发表《运动与外交》。从该文中可以看到，穆儒丐对新兴的弱小阶级和弱小国家间建立共同体，以及以运动的方式团结起来反抗帝国主义的思潮充满怀疑。而外交与运动不同，外交的立足点仅仅是国家利益，"至于外交，则不然矣。外交纯粹为国际间之事，与运动之性质完全不同。外交无固定目的，恒视国际间友谊关系、利益冲突为转移"。"外交问题及事件之发生，每每起因于利益冲突，或偶然之突发，因而惹起两国之恶感，措置不得当，遂惹起国际间之战争，为人类间之大不祥事。故外交问题，恒能破坏运动，而使失其本来面目，变为一种仇他思想，蓬勃□积，至于一发而不可收拾。故有国家者，务期避免外交上之冲突，而维持友谊之关系。尤不可使外交事件，加罗其他运动。假使运动与外交混为一起，则运动必为外交所害，而外交亦必棘手难为。"因此作为反帝爱国运动不该以学生抗议妨碍外交，"慨自上海惨事发生以来，国之贤达，莫不懼其范围之日张……总而言之，为运动而突发外交事件，此运动之不幸也，亦外交之所以

---

① 安怀音：《再论不合作为亡上策》，《东三省民报》第 2 版，1925 年 6 月 13 日。

② 中共沈阳市委党史资料征集办公室：《沈阳党史资料》第一辑 《沈阳地方党史大事记（1921—1949 年）》，中共沈阳市委党校，1988，第 14 页。

扩大范围也,以不同性质之物,而今日竟冶诸一炉,尤为吾人所不能不悬念者也"①。根据论战中《东三省民报》揭露穆儒丐是交涉署的秘书,而穆儒丐也在《双手奉送》中承认。所以穆儒丐对外交方面的理解,与以安怀音为代表的激进派不同。与穆儒丐同被攻击的另一位《盛京时报》编辑王冷佛也于6月20日开始连载《国民外交常识》,并在连载前的序言中表达连载此文的用意:

在沪案发生以前,记者因鉴于我政府于所办外交上皆守秘密。不肯以外交实况宣示吾民,如对德之前次宣战、对日之廿一条、对俄之今次会议。事无轻重,利害不分,咸本其独裁法西斯主义。以秘密为要诀,以忍让为和睦。民情舆论视等于零。此等外交,不能不使我人民于历所缔结条约上不愿履行也。唯往日之外交失利,毋庸论矣。来日之外交主动,资本在民。吾因为共和国家,国民外交实所重要。人人宜具外交常识,人人宜享有外交权。记者以外交常识与吾民之重要,不可不著一国民外交的概况,流布社会,使人晓然于欧战以后'世界外交的趋势'及今世学国国民,宜亟图国民外交的发展,勿自废弃。记者以学问浅陋,于吾国外交史及世界外交的趋势,皆非所谙。惟鉴于沪案发生后,举国人民咸起于英日外交激昂愤懑,以致有所谓"打倒帝国侵略主义""经济绝交""取消不平等条约"。更欲我外交当局,持以为抗议要求的条件。将来结果虽不可知,然此为中国外交史上空前未有之民意外交。民意的抗争条件,此次亦叹为新创,吾人与此深为庆幸,幸吾民之果有觉悟,晓然于国民外交,与此世之重要也。

在经历过庚子之乱的穆儒丐和王冷佛眼中,激烈反抗外国侵略的民意固然很重要,但是这种蓬勃的民意如果不加控制,演变成盲目排外就会成为祸国的根源。

随着《东三省民报》继续在报纸上刊登批驳穆儒丐的文章,署名营川读者发表《请国人勿订阅盛京时报并勿再登广告于该报》,指责穆儒丐:"诅国奴穆儒丐者""穆儒丐真可谓慕乞丐""穆为中国人,受日人指使犹未可况甘乎? 虽然,吾不恨穆竖之忘祖,而恨中国人之无耻辱也"②。《盛京时报》开始直接应战,6月14—15日,《盛京时报》在第5版和第1版刊登傲霜庵的文章《为民报记者惜——须光明正大》直接指向《东三省民报》记者安怀音,随后论争转向双方对对手的个人攻击。6月30日—8月19日,王冷佛署名王朗在《盛京时报》连载《报界的□□》③,揭露了大量安怀音在大连《泰东日报》、哈尔滨《大北新报》和沈阳《盛京时报》任职期间的

---

①穆儒丐:《运动与外交》,《盛京时报》第1版,1925年6月20日。

②营川读者:《请国人勿订阅盛京时报并勿再登广告于该报》,《东三省民报》,第3版,1925年6月13日。

③此处□□为报纸原文。

个人隐私。《东三省民报》也刊登《国报后援会拟为汉奸记者铸铁像启》,"昔秦桧媚外,残贼忠良,国人为铸铁象,永垂不朽。乱臣贼子,因而敛迹,现在国家不竞,甚于赵宋,汉奸记者穆某王某之万恶,尤甚于桧贼,本会成员目击心伤,苟非痛加儆斥,何以维国命而正人心,爰是号召同志,募集资金,仿照秦桧成例,为穆某王某各铸铁像一尊,置于国境适当地点,是亦不得已之办法也,邦人君子,曷兴乎来? ——东三省民报后援会谨启"①和《打倒亡国劣报——严防化装劣贼 惩办汉奸记者》②。7 月 20 日,《盛京时报》加了整整一版攻击《东三省民报》的文章,论战最后变成了双方相互的人身攻击,一直持续到 1925 年 8 月"五卅惨案"平息为止。

这场论争是随着中日矛盾加剧,以及在阶级理论、反帝国主义思潮的影响下出现的。这场论争打破了原本融洽的东北文坛,东北文坛的冲突和矛盾开始增加。1925 年是东北思想界的转折之年,1924 年之前安怀音分别在《泰东日报》《大北新报》《盛京时报》③长期任职。在他 1924 年离开《盛京时报》前,还与穆儒丐一个办公室办公。安怀音在此次论战中也提到自己在 1925 年前后的变化:

曾记那年某外报记者(盛京时报记者菊池贞二笔名傲霜庵,于 1922 年 7 月前后赴欧游历,笔者注)之赴欧游历也,吾人适寄连滨(指当时他在大连的泰东日报社和哈尔滨的大北新报社工作,笔者注),消息传来,欣欣然余有喜色,此何故欤? 盖二十世纪欧美踵兴、暴雨凄风、震天撼地、弱肉强食席卷而来,此诚吾东方人危急存亡之秋也。际此之会,环顾全亚,国于斯土,立于斯方者,惟有我中华与日本两邦。庶足当种怒潮,以作中流之砥柱耳。故今日之事,吾华与日非惟势不可分,亦且理宜合作,盖不如是,则亚洲将沦为非洲。不如是,则我辈(中日)必同罹浩劫,白祸滔天诅容自误。外侮既烈,阋墙实愚。我华人对于日本,数十年忍辱含垢、饮泪承欢者,何莫不为是焉。某外报记者操瓢东省言责所关,早便该尽力斡旋、沟通亲善(谓真正亲善),使吾华日各自捐弃私仇,一致抵御外侮,此理之应得也。乃某记者小器易盈,弗谙大体,执笔数年,不但毫无补缀之功,反而频结无谓之怨。某外报记者意气用事,不知亲疏,东方之乱臣,亚洲之害马,如某报记者,诚无二人。④

安怀音多年任职于日本报纸,而且于 1924 年刚刚离开《盛京时报》,这成为《盛京时报》嘲笑安怀音虚伪的论据。这属于无谓的人身攻击,从安怀音袒露心路

---

① 《东三省民报》,第 2 版,1925 年 7 月 18 日。

② 《东三省民报》,第 3 版,1925 年 7 月 18 日。

③ 《泰东日报》《盛京时报》《大北新报》同为日本人中岛真雄创办,《大北新报》为《盛京时报》支社。

④ 安怀音:《为什么反对文化侵略》,《东三省民报》第 2 版,1925 年 7 月。

经历的文字可以看到,1925 年前,沈阳文坛上持不同政治观念的文人没有大的观念冲突。1923 年底,当时任职于《盛京时报》的安怀音发表文章批判儒家学说,认为儒家是宗教迷信。穆儒丐撰文反驳"论理,本社安怀音君,关于此事,既有所评论。我不应在作此文。但是安君有安君的见解,我有我的见解。学问之事,不妨互相切磋,我见虽不同于人,未尝不可向世人一质疑也"①。虽然观点不同,都是在学术上进行理性的交流。而穆儒丐在论战中的文章也反映了 1925 年前他与《东三省民报》也没有大的矛盾,"民报的记者与儒丐有私憾的,可以说一个人没有。我自问对于民报也没什么使他讨厌的嫌疑"②。时人回忆东北在 1925 年间社会变化也可以佐证,"至 1925 年,社会发生了新的转变,新思想又开始到处传播。其影响所致,满洲文艺界也显示出了多种新的形态。1925 年以前普通小市民的思想基本上只是单纯的憧憬新时代,期待新时代的到来,但 1925 年之后经过社会上几件大事件的刺激和教训,他们意识到单纯依靠憧憬与等待是毫无希望的,其中一些先进的知识分子认识到深入实际生活的必要性。"③

从安怀音在 1925 年前后的变化可见,曾经在近代中日关系间发挥过重要作用的中日同文同种的"大同"话语,已经失去了沟通中日两国学者,弥合国家和观念冲突的实际作用。一种新的关于中国在国际间的想象方式已经形成了:"凡属英日国内被压迫的民众,我们皆认为是我们的好朋友,凡属世界上被压迫的弱小国家,弱小民族,我们皆认为是我们的好朋友。全世界之光明,全人类之解放,在此一举。"④

从上文梳理的论战情况来看,论战主要有是否存在文化侵略和该如何应对时局两个焦点。关于是否存在文化侵略是由傲霜庵《驳文化侵略论》引起的,傲霜庵试图模糊正常的文化思想传播与在国家强力支持下的文化渗透的区别。对此《东三省民报》记者逐条进行批驳。虽然穆儒丐与傲霜庵同为《盛京时报》记者,但并未参加关于文化侵略性质的论争。"五卅惨案"发生后,东北掀起反帝爱国学生运动、罢工罢课等革命行为。作为一直反对激进革命的穆儒丐发表《实力救国论》批评学生的激进行为,认为在国际社会间无任何公平可言的情况下,反帝抗议是行不通的。认真解决自己国家的问题,让中国与列强具有同等实力,才是爱国该有的行为。被当时"五卅"反帝爱国运动裹挟着,叠加之前文化侵略的论争,使《东三省民报》将穆儒丐归为"国奴""汉奸"。重新梳理这场论争和穆儒丐的观点,显然"汉

①穆儒丐:《儒家鬼神说》,《盛京时报》第 1 版,1923 年 12 月 29 日。
②穆儒丐:《奉劝民报记者》,《盛京时报》第 1 版,1925 年 6 月 14 日。
③大内隆雄:《满洲文学二十年》,高静译,北方文艺出版社,2017,第 190 页。
④安怀音:《最后胜利必归人而不归兽》,《东三省民报》第 2 版,1925 年 6 月 19—21 日。

奸""国奴"不能准确地定义穆儒丐的观点。他与《东三省民报》的冲突点在于在国难面前选择自强还是反抗。然而,自强和反抗是现代中国度过危机的两个面向,缺少了任何一方的描述都是片面的。穆儒丐的局限在于过分地强调自强,将在强大的帝国主义面前激进反抗看成无用的、幼稚的。自强的目的也是与列强并驾齐驱,缺少对不平等国际关系的理论化反思。这场论争对穆儒丐创作有着明显的影响,这场论争后穆儒丐发表在《盛京时报》头版的论说文章激剧减少。1925 年 5 月 6 日《神皋杂俎》开始连载穆儒丐编述的《美学史纲要》,到 1925 年 6 月 19 日就停止刊载了,根据穆儒丐在文末说明的停止连载的原因,"吾立意,欲将自希拉(希腊,笔者注)以来的美学至近世止,介绍于一般学子。最近欲对于托尔斯泰之艺术论加以讨论,以作学生课外之参考品。惜乎近日心绪不佳,不愿执笔再写,且方今人人注目于外交问题,此类性质之文字必无人肯读。盖学术者,平时之事,而非热血翻腾时之必需品也。故此篇至此告一段落,尚祈原谅"①。在经历了这场论战以后,穆儒丐提出了"旧不腐,新不浮"的新文化梦想。

小　结

经历了与新文化运动的对话,以及 1925 年与《东三省民报》的论战,穆儒丐一直试图在新与旧、中与外间搭建起共通的桥梁。1926 年,《盛京时报》另一位编辑金小天创办《盛京时报》副刊《紫陌》,《紫陌》从内容和版面上,都有从报纸副刊向杂志过渡的痕迹。穆儒丐在发刊号上发表《发刊辞》,提出了"旧不腐,新不浮"的新文化理想。

文中穆儒丐有感于民国以来的社会乱象,"自辛亥革命以还,十五年于兹,国事日非,国权日坠,内乱不已,外患日殷。大好中国在国际间,几于无地位可言,稳健者以为是改革太骤,悲愤者以为革命不彻底,而继续其破坏。"②穆儒丐认为关切现实的"稳健者"与"悲愤者"缺乏共识,为"救国救世"双方应该"先统一人民之思想","是有以《紫陌》副刊之刊行,公之于世,以为今之青年志士发表思想之公共机关,而一方则征求海内外名流硕学之说论嘉言,以为青年学士之指导,必期振起学风、革新文化,使中华士子彬彬然皆具士君子之气象,而舍己芸人、嚣张盲从之弊,

---

① 穆儒丐:《美学史纲要》(30),《神皋杂俎》,1925 年 6 月 19 日。
② 穆儒丐:《发刊词》,《紫陌》第 1 期,1926 年 4 月 5 日。

则庶乎君子儒日多。旧不腐，新不浮，毅然卓然为国民行为之标准，如是，谓国家不可有为者，吾未之闻也"①。并在 1927 年 1 月 1 日，在盛京时报头版发表《新年之词》，"天道不知其为新为旧也，四时之运，惟知尽职，无攻讦，无诋毁，无破坏。故春不妨夏，夏不碍秋，依自然之运，尽天然之职。故天地虽偶有变异，至其大经大法，则历万古而不变"②。

穆儒丐也努力在此文化观下进行文化实践，1923 年底，穆儒丐与水木彪③在《神皋杂俎》文苑栏目发起以意译的翻译方式，将欧美诗歌译成整饬的四言、七言的旧体诗。并在译后比较中西诗歌、谈论诗歌表意意境，这都体现了穆儒丐关于中外、新旧的诸多文学观念，"因为杜鹃一物在中国也是极好的题材，不过中国诗人都拿他当一种可哀可悲的小鸟，所以凡以杜鹃为题的作出诗来，总是令人要哭。西人却以他是一种乐快之鸟，所以作出诗来也有一种春容活动之气，这是东西人观物兴感不同的地方。至于这首诗算新算旧，连我也不能判断了"④。"毛诗曰'蔽芾甘棠，勿翦勿伐，召伯所芳'与右诗情意全同，可知东西古今，人情绝无差异矣。"⑤

穆儒丐这种新旧、中西不妨，各尽其职，相互借鉴，进而形成"新不浮、旧不腐"的文化构想看起来固然很完美，但是当时的中国现实无法提供新旧、中外异质文化得以理性交流的现实基础，加上这种文明间无冲突、纯理性、共发展的文化融合仅仅是一种空想。在世界进入现代后，随着异质文化的碰撞，全社会各个阶层的交流速度、深度、广度都在不断加剧。在这一文化背景下，所有文化交流都以精英式、取长补短式进行文化融合，仅仅是穆儒丐一厢情愿的空想。

①穆儒丐：《发刊词》，《紫陌》第 1 期，1926 年 4 月 5 日。

②穆儒丐：《新年之词》，《盛京时报》第 1 版，1927 年 1 月 1 日。

③根据 1924 年 1 月 10 日，安怀音在《神皋杂俎》文苑栏目中发表的《水木彪君诗话叙》，提及"因君系日本人，研究汉学甚精，尤长于诗"。1924 年 9 月 13 日，穆儒丐在《神皋杂俎》文苑栏目中发表的《送水木彪君归国治学序》，提及"友人水木彪，东瀛之青年也，为人老诚，无浮躁气。工作之余，惟以学事自厉，彼于东西之学，咸有门径，而中国之学，尤所嗜也，日本之学人，以君有宿慧，将资之使深造。商之于君，君愿入西京帝国大学（应为东京帝国大学，笔者注），研究所谓汉学者"。1924 年 9 月 16 日，水木彪在《神皋杂俎》发表的《山根氏归艺州后更转徙筑前养病余哀其多病每为怏怏今值中秋夜月明澄缅怀知己不禁相思之苦爰赋二律志扦下怀人之感》中提及自己"余与山根氏同生于广岛"，及 1924 年前后水木彪在《神皋杂俎》上与前文提到的怡园等《神皋杂俎》同人圈的唱和诗等资料，可以确定水木彪为日本人，生于日本广岛，20 世纪 20 年代曾在沈阳工作，精于汉学，与穆儒丐及《神皋杂俎》作家群文学观念相似，也属于《神皋杂俎》作家群，于 1924 年底返回日本，入东京帝国大学研究汉学。

④穆儒丐翻译的苏格兰米尔克：《赠杜鹃》，《神皋杂俎》，1923 年 12 月 16 日。

⑤日本水木彪翻译的美国作家毛利斯《老树》，《神皋杂俎》，1923 年 12 月 23 日。

第三章　穆儒丐的戏剧观念与戏剧活动

穆儒丐对戏曲抱有极高的热情，且有很高的造诣。他参与过民初北京小报的创办，担任《国华报》文学副刊编辑。民初北京小报正是中国现代戏曲评论发生的重要园地。穆儒丐曾提及这段经历，"报纸上有戏评，是在前清末叶，那时我与同学朋友共同办了一个《大同日报》，因为同人里面戏迷很多，闲时作几篇戏评登在报上很受欢迎。这是报纸有戏评的一段小历史，后来各报仿行，遂至于今日，报纸若没有戏评真算是缺点了"[①]。

穆儒丐赴沈前创作《伶史》[②]是中国戏评文体的开拓作品之一。陈均对《伶史》评价甚高，"《伶史》，则可以说由菊谱转为伶史的标志"[③]。穆儒丐到沈阳后，延续自己在北京办副刊的经验，在《神皋杂俎》上开创戏评栏目。《神皋杂俎》戏评栏目创办初期基本由穆儒丐一个人扛起整个栏目。初期为介绍戏曲名家和戏曲基本知识、转载北京戏剧界情况的"燕台歌舞"。即使有关于沈阳本地的戏评也基本属于菊讯式的戏剧消息，尚算不得戏曲批评。1919 年，穆儒丐在《神皋杂俎》上办"艺圃"栏目，连载《凝香榭书评》[④]，开启了对沈阳当地的戏曲进行批评的戏评创作。渐渐在副刊《神皋杂俎》上聚集了一个高水平的戏评作者群。随着作者群壮大和戏评文章增多，戏评范围包括沈阳、北京、天津，并涉及大连、哈尔滨、辽源、辽阳、营口等地戏曲演出情况。《神皋杂俎》上刊载的戏评文章，较为完整地描述了这一时期沈阳及京津和东北其他地区戏剧界的活动。同时穆儒丐的戏评文章也时为北京《顺天时报》转载[⑤]，其戏评价值和影响可见一斑。

---

①穆儒丐：《说戏评》，《神皋杂俎》1926 年 4 月 4 日。

②《伶史》：穆儒丐著，署名北平穆辰公，汉英图书馆，1917 年；陈均辑校版，北京出版社，2017 年。本章采用陈均辑校版。

③陈均：《伶史、国史与掌故——〈伶史（外四种）〉出版前言》，载穆儒丐、张次溪，陈均辑校《伶史：外四种》，北京出版社，2017，出版前言。

④穆儒丐：《凝香榭书评》，《神皋杂俎》，1918 年 6 月 19—30 日。

⑤比如 1919 年 8 月《顺天时报》文学版檀板绮闻栏目转载穆儒丐的戏评文章《儒丐戏话》，1924 年 9 月 5 日《顺天时报》第 5 版转载穆儒丐的戏评《穆辰公之市川左团次剧评》。

新文化运动期间,诗歌、小说、戏剧等体裁都发生了新旧之争,回望新文化运动时期各文学体裁的新旧之争,会发现戏剧领域的"新剧与旧戏"之争较其他体裁新旧之争不同,旧戏"与新剧剧战之下竟占了优势"①。作为当初对旧戏发难的新文化运动倡导者之一的周作人在这场"剧战"前后的变化很有代表性,1919 年周作人发表《论中国旧戏之应废》②,主张废除中国传统戏曲,经过新剧与旧戏的剧战后,1924 年他的戏剧观点发生了很大变化,与旧戏拥护者的观点基本相同,"中国现在提倡新剧,那原是很好的事。但因此便说旧剧就会消灭,未免过于早计;提倡新剧的人,倘若对于旧剧存在着一种'可取而代'的欲望,又将使新剧俗化,本身事业跟了社会心理而堕落。我的意见,则以为新剧当兴而旧剧也决不会亡的,正当的办法是'分道扬镳'的做去,反正这两者不是能够互相吞并,或可以调和了事的。"③

2017 年陈均辑校版《伶史》

---

①宋春舫:《宋春舫论剧》(第一集),中华书局,1923,第 280 页。

②周作人,钱玄同:《论中国旧戏之应废》,《新青年》第 5 卷第 5 号,1918 年 11 月 15 日。

③周作人:《中国戏剧的三条路》,《东方杂志》第 21 卷第 2 号,1924 年 1 月。

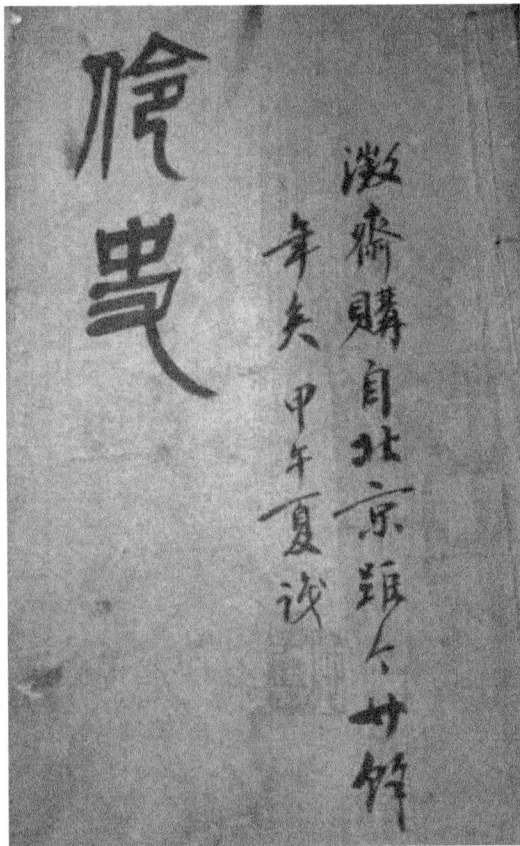

1917 年版《伶史》

　　可见戏曲与戏剧作为两种不同的艺术表现形式并存,是新文化运动时期新剧与旧戏剧战过程中论争、交流的结果,而这种新旧共存的现实与其他文学体裁的新旧之争结果明显不同。梳理穆儒丐的戏剧主张对研究这一戏剧、戏曲现实的形成具有重要意义。

　　20 世纪 20 年代东北地区的《大北新报》《盛京时报》都有过关于"新剧与旧剧"的争论。《东北现代文学史论》这样评论,"1923 年哈尔滨文坛曾讨论过'新剧与旧剧',虽然讨论起于哈尔滨,但真正从艺术本质角度阐述新剧与旧剧的却是沈阳的穆儒丐"①。可见在当时东北地区,能够与五四新剧在理论上展开有价值对话的讨论并不多,穆儒丐关于新旧戏剧的讨论是其中的高水平对话。梳理穆儒丐此时关于新剧与旧戏的观点,能够增加对新文化运动诸多重要口号反思的视角,可以

①张毓茂主编《东北现代文学史论》,沈阳出版社,1996,第 320 页。

从更广阔的视角看待中国现代戏剧发展的多种理论资源,以及各种理论资源在建构新中国成立后戏剧甚至文艺制度方面的潜在作用。

第一节 《神皋杂俎》呈现的戏剧观念
与沈阳戏剧风貌

穆儒丐及同人作家群在《神皋杂俎》上登载的戏评文章,为后人留下了当时沈阳戏曲的真实风貌,比如经常演出奉天大鼓书的凝香榭、庆丰第一楼、鸿泰轩茶馆、公园小绿天小舞台、绮岫阁,等等。也记录了1924年与1925年张作霖两次寿辰的盛大戏曲堂会。

一、20世纪20年代沈阳夏日小河沿戏曲盛况

20世纪20年代沈阳最富盛况、最有特色的当属夏日万泉河边的戏曲演出,在当时,沈阳人称万泉河为"小河沿"。从《神皋杂俎》上相关的文章中可以看到20世纪20年代小河沿在沈阳戏曲文化中的地位,"小河沿闭幕,吾人已无消遣地方。若说到戏园子去看戏,不但没有好戏,而且地方亦极污浊,究竟乐不抵苦"①。"省垣万泉河每到夏令,为邑人休沐之所,各色营业,亦应时竞争,即以茶楼书社言之,其竞争之烈年甚一年。"②

穆儒丐的小说《香粉夜叉》也将夏日小河沿作为人物活动的重要背景,"却说奉天万泉河,虽然没有什么特别风景,到了夏天也是非常热闹。荷池展翠,柳陌垂青,水榭凉亭,掩映成趣。河之南岸搭起老大茶棚,每家争奇斗胜,都由京津大埠邀请弹词书女,较色养艺以为招来生意之计。河里头也放着几双花船,每日士女如云,直到夜里十时方散。喜欢品茗听书的,有的是凝香榭寻大茶棚;喜欢看戏的,有的是百花楼戏场;喜欢饮食的,有的是鸥波馆大饭店;喜欢豪华的,尽可由平康里招致歌妓佐酒侑觞;或是把酒席摆在船中,挟妓而游。虽抵不住六朝秦淮之胜,在这关东地方也可谓人间天上了"③。东北沦陷时期穆儒丐也经常回忆起这一时期小河沿的戏曲盛况,"先拿茶社说吧,旧政权时代多集中于万泉河,曾有过几年黄金时

①穆儒丐:《小河沿戏评》,《神皋杂俎》,1919年9月13日。
②穆儒丐:《书场闲话》(1),《神皋杂俎》,1920年6月22日。
③穆儒丐:《香粉夜叉》(78),《神皋杂俎》,1920年2月28日。

代,城内茶社则安陋就简,仅不过说说评词。现在万泉河非复当年,茶社营业者依时代之变迁大都移至城内,从前是季节的,现在成了永久的"[①]。

根据袁世英和郭景珊撰写的《小河沿的今夕》,"位于古城沈阳东南隅的万泉河两岸俗称小河沿。清末民初,东三省官银号在此经营附属企业,并在附近先后辟建了植物园、花圃、花窖、金鱼池等园林设施。20世纪20年代初,这座花园初具规模,成为古城内唯一大型游乐场。20世纪20年代中期,一些商号在此租赁地皮,高搭席棚,或成立书馆戏楼,或开设饭庄茶园,并邀名角以招游人,极尽一时之兴盛。此园非终年游乐胜地,每年由农历春3月至秋7月盛况空前,殆至旧历七月十五盂兰节后,一切娱乐活动结束,拆棚停业。"[②]

1941年《神皋杂俎》刊登了一篇署名云的《万泉河》,记录了"小河沿"的诸多掌故:

> 万泉河俗称小河沿,奉市东南之旧名胜也。明时,本为浑河余潴,不过近郊一溪柳塘而已。清代建都沈阳后,已为盛京人士夏日消遣之所。既康熙十九年,勒建边墙、设水栅栏于此阻浑河涨流入内,乃植荷花供众观赏,遂有人疑为杭州西湖。而乾隆盛世,即有"万泉八景"之称矣。光绪末年,有沈某者购河南隙地,蒔花养鱼任人游览,略具公园雏形。旋有人资助开拓,规模渐备,河上昔有鸥波馆一所,即此时所建筑也。其后由东三省官银号经营,较草创之际,扩充约二十倍,初称"也园",后称"万泉园",有花圃、运动场、植物园、球房、亭阁画舫诸胜。及由市署接办,或以不便,或以老朽,多半拆除,今鸥波馆等建筑已无遗迹,仅东方绿胜轩依然存在,丛立蔚秀林木中。轩前有额曰"绿胜轩"为金梁所书,下有楹联为陈文学所撰,曰,"一隅池馆俨天成,欣炎暑都消,尽悦目红醉芙蕖,绿酣杨柳;万派泉源滋地脉,为豳风试诵,最关心大田稼穑,四野桑麻"。轩南有大洋灰塔,全市仰饮之水源地也。要之,昔日万泉园全部,今均为绿树扶疏之境,而歌馆茶室,则尽移路西,于是万泉佳境,实有清幽喧嚣之别焉。[③]

结合20世纪20年代《神皋杂俎》刊载的小河沿戏曲方面的诸多文章,可以看到小河沿戏曲演出诸多地方特点,小河沿并非专业剧场式演出,而是露天的演出场所。戏曲是当时沈阳小河沿游乐的组成部分,而这些游乐并非全年的,由于东北冬季寒冷不适合户外演出,所以只有天气适宜时民众才进行户外活动,这些演出是季

---

①穆儒丐:《茶社》(上),《神皋杂俎》,1935年11月2日。

②中国人民政治协商会议沈阳市沈河区委员会文史资料研究委员会编《沈河文史资料第二辑》,1990,第156—163页。

③云:《万泉河》,《神皋杂俎》,1941年7月24日。

节性的。小河沿的演出形式与城内戏院不同,可以说是当时沈阳城特有的"嘉年华","知道奉天人士有两种,有两种不可思议的习惯……他们在小河沿唯恐花钱少,在戏园子却是一毛不拔。同是娱乐,同是对于作艺的,在小河沿便那样慷慨,在戏园子便这等吝啬一样的人,同时有这等极端不同的心理作用"①。

穆儒丐戏话 1

《神皋杂俎》历年刊载的关于小河沿戏评的文章主要集中在 1920—1925 年春末到秋末的时间,1926 年小河沿开张期间的戏评文章就大量减少。根据 1926 年的戏评文章可知,该年小河沿因为天气的关系并不繁荣。1926 年 7 月 19 日,《神皋杂俎》书评栏目发表署名憨郎的《万泉小志》,"今年小河沿,各茶社开幕甚早。端午日即设座卖茶,艺者亦争先到场,一般情形比往年为佳。惟因天旱不雨,晚风多凉,以故各茶社开幕虽早,顾客终未踊跃"。1926 年之后,《神皋杂俎》关于小河沿戏曲的戏评文章基本绝迹。所以在 1925 年以前每年春末到秋末是沈阳小河沿戏曲最繁荣的时期。

从当时一些戏评文章中可以看到,这一时期小河沿戏曲演出的精华,以 20 世

①穆儒丐:《一种心理研究》(1),《神皋杂俎》,1924 年 7 月 19 日。

纪 20 年代小河沿开张期间《神皋杂俎》上对大鼓书的品评为例,1920 年 6 月 22
日—7 月 15 日《神皋杂俎》书评栏目先后登载《书场闲话》11 篇,介绍沈阳城内万
泉河边的书场茶楼聘请名角演出盛况,向读者普及戏曲知识。这些文章展示了 20
世纪 20 年代沈阳小河沿由京津来沈阳的大鼓名家,"此次凝香榭,复由京津,将张
小轩、李大玉、广恩普等一班角色邀来"①,介绍京津名家的演出水平和特点,"小轩
之大鼓,顾曲家赞否参半……则京调大鼓除小轩外,更无独当一面之人才"。"李大
玉之艺,初次到奉时已有定评。彼时之红,为女大鼓所未有。""广恩普之快书,驰名
京津。"②展示小河沿书场、京津地区的鼓书与奉天本地鼓书竞相争艳的盛况,"此
次小河沿的书场当然还是以凝香榭、畅欢楼两家为最完全,但就两家竞争的能力上
观之,这胜利二字终归哪家呢? 在外间舆论有倾向刘问霞的,便说畅欢楼一定获
胜,至若那崇拜李大玉的,当然就说凝香榭必占优胜地位"③。同时介绍戏曲知识,
"殊不知大玉、问霞在其本身艺术上,原没有比较优劣的余地,一个是唱梨花大鼓
的,一个唱奉天大鼓的。性质不同应当说谁比谁强呢?"④还品鉴戏曲名家的演出,
"旋即张小轩登场,演不平鸣一段字句澎湃、气概沉雄绝非后起者所能望其项背,名
下无□,于此益见。次则广恩普演自由主婚,诙谐百出,形容尽致,虽年近半百而唱
作清利如昔,无疏懈处。洵堪称江湖前辈,宜乎于京津间,尚负盛誉也。最末为李
大玉之《东吴招亲》,檀板轻敲,珠喉乍转,清音脆婉,豁人心脾。李氏之最擅长处无
窒板气、无造作气,唱作均如行云流水,出于天然,较之紫腔红调故意讨好、妖态狐
媚。博人欢迎者,大有泾渭之分矣"⑤。

　　穆儒丐与《神皋杂俎》戏评同人以《神皋杂俎》为阵地发表戏评文章,留下了沈
阳夏日小河沿盛况的翔实记载。从这些戏评作品中,可以看到穆儒丐及同人对戏
曲的认识及穆儒丐对戏评的贡献。⑥

---

①穆儒丐:《书场闲话》(1),《神皋杂俎》,1920 年 6 月 22 日。
②同上。
③同上。
④同上。
⑤芟福:《凝香榭听书琐谈》,《神皋杂俎》,1920 年 6 月 26 日。
⑥穆儒丐对戏评的贡献会在本章第三节详细论述。

穆儒丐戏话 2

穆儒丐戏话 3

二、参与创办奉天游艺园

在戏曲方面,穆儒丐及其同人除了观戏、发表戏评文章外。他们还参与沈阳戏曲经营活动,创办游艺园,是游艺园的发起人和股东之一,"我虽系列为发起人之一,但我与游艺园实际上仅仅有现洋六百元股本的关系"①。

1927 年夏陈古陶在沈阳小河沿开办了一个美术陈列所。夏季小河沿的热闹过去后,陈古陶提议将美术陈列所作为常态艺术场所,并仿照北京城南游艺园,在小河沿创办一个奉天游艺园。租赁已故督军孙烈臣在小河沿的花园别墅作为场地。游艺园以募股的方式凑集资金,创办有限公司。高伯伊担任文牍主任,杨镜尘担任经理,王冷佛担任交际主任,陈古陶担任经理兼营业兼陈列所所长。穆儒丐认为因为资本不足聘请奉天本地的艺人,"但是经理和许多大股东都愿由北京接班子,又不愿搭席棚"。为此陈古陶和王冷佛赴京两次,但都因资金不足没有请来北京的戏班子。后还是由穆儒丐出面聘请沈阳本地包括刘问霞在内戏曲名家。当内部管理不善的问题刚刚解决,游艺园渐入正轨的时候,孙家突然终止合同收回房子。1929 年游艺园以亏损 8 万大洋结束。② 奉天游艺园的创办时间不长且以失败告终,但是反映了这一时期穆儒丐及同人圈的一些戏剧理念和戏剧实践。

(一)以戏曲作为革新社会、开启民智的工具

穆儒丐参与创办游艺园期间,创作强调戏曲教化功能的戏评文章增加,并提及光宣之际京津的戏曲改良,"在天津北京于光宣之际,虽有一般志士,如林墨青等,打算把戏剧改良,可惜革命以来,这种事业与国事一同腐化了"③。穆儒丐提到的林墨青④是中国近代教育家,他将戏曲改良纳入社会教育的范围,限于本文论述主题不对光宣之际的戏曲改良详细说明,仅以林墨青与其他几位津门名士上书清政府

①穆儒丐:《游艺园问题》(1),《神皋杂俎》,1928 年 9 月 9 日。
②笔者根据穆儒丐 1928 年 9 月 9—9 月 19 日在《神皋杂俎》社会问题研究栏目连载《游艺园问题》,与 1929 年 9 月 5—19 日在《神皋杂俎》闲话栏目《我近来疑惑和牢骚》,整理了奉天游艺园历史。
③穆儒丐:《戏剧戏文必经文人润色》(3),《神皋杂俎》,1928 年 10 月 18 日。
④林墨青(1862—1933),名兆翰,又字伯嘿,晚年号更生,天津人。著名教育家,天津小学教育奠基人。曾历任直隶学务处参议、津郡学务总董、天津劝学所总董、社会教育办事处总董、广智馆馆长和《广智星期报》社长等职。

的一篇文章《天津学务总董林兆翰卞禹昌华泽沅等禀提学司改良戏剧文》①为例，展示林墨青等人在光宣之际的戏剧改良家的戏曲教育观。该文强调戏曲的教化作用，"窃维戏曲之道，协乎律，应乎文，称乎事实，阐历史之幽微，描社会之情状。苟善用其术，则足以激扬人心，转移风化，甚可尚已。""是以近世教育家言，以改良戏曲为国家革新时普及教育之一方。"并列举西方国家对戏曲的重视，将其视为文学，反对当时对戏曲和伶人的偏见，"窃闻欧西戏曲，属诸文学，与诗歌并重。其制曲大家往往登场开演，为时所敬。文学与戏曲合而为一，故能以乐府之余韵，风人之微旨，鼓吹国民……夫图教育之普及，必无其害风俗坏人心者，而后善良之教育施行，而无所阻。"

20世纪20年代沈阳社会环境不利于戏曲的发展，"东北风气太讲势力问题，无论大小戏园认为一种贱业，始终没有国民和地方文化的观念，不但军人打搅不花钱，自要报个官字，就如同娇客到了老老家了，随便来来"②。这种不尊重戏曲艺人、不尊重戏园规矩的风气，导致名伶不愿来沈阳演出，戏园演出水平不高。穆儒丐与同人创办游艺园也是想改变这种风气，"近来我们在奉天创办游艺园也无非欲开风气之先，对于艺术的文化，要比别人先走一步，凡是先走道的必感困难，尤且在奉天此种困难为最大。从前我曾说过，内部的困难自己去医治，外来苦难也得各界宽假放松。那么由游艺园入手，也许把积年的恶俗铲除净尽"③。除了革除沈阳不尊重戏曲，看戏以不买票为荣的陋习以外，穆儒丐还提及办游艺园的其他目的，"我们这市民的乐园也可以日见起色，或者我们因此建设出一件社会上有益的事业来"④。"论理游艺园亦系社会事业之一种，在文明的都市，亦为不可少者"⑤。

可见穆儒丐的戏剧观及创办游艺园的初衷，与光宣之际的戏剧改革一脉相承。他受光宣之际戏剧改良的影响，强调社会教化，将戏曲视为革新社会、开启民智的工具。

（二）精英戏剧的现代经营设想

虽然奉天游艺园是以现代有限责任公司募股的方式经营，但是与以营利为目

---

① 《天津学务总董林兆翰卞禹昌华泽沅等禀提学司改良戏剧文》，引自甘厚慈辑：《北洋公牍类纂》卷六，吏治四，京城益森印刷有限公司铸，1907年。本文转引庄建平主编《近代史资料文库：第九卷》，上海书店出版社，2009，第449-452页。

② 穆儒丐：《戏剧必经文人润色》（5），《神皋杂俎》，1928年10月21日。

③ 同上。

④ 穆儒丐：《游艺园问题》（6），《神皋杂俎》，1929年9月17日。

⑤ 穆儒丐：《我近来疑惑和牢骚》（3），《神皋杂俎》，1929年9月8日。

的的商业化戏曲不同。创办游艺园的成员基本都是沈阳戏曲界的名人,除穆儒丐与王冷佛外,穆儒丐在《游艺园问题》提到的,"王精一和贾普知两个势力,便明争暗斗起来,王精一要退社,贾普知要辞职"①。王精一曾在营口《醒世报》和哈尔滨《正俗日报》做记者,在营口期间开创了营口现代话剧表演。贾普知是沈阳著名票友,奉天公余俱乐部骨干之一,于 1928 年创立晶晶剧团家庭票社。

20 世纪 20 年代末东北地区最兴盛的戏曲剧种是落子戏,皮簧戏已经式微。"至于今日二者(落子戏与皮簧戏,笔者注)在东三省之势力,已成为三与七之比例。在占有七分势力的洛子,还是日图富强,占三分势力的皮簧戏,如'败将莫说当年勇'。现今形势只有勉强对付著维持现状,苟延其残喘而已"②。在这样的形势下,奉天游艺园主张聘请北京名家,不果后仍聘请沈阳知名戏曲家,而没有将游艺园办成落子戏的演出场地,其精英戏曲的经营理念可见一斑。

这些创办者固然在游艺园创办期间发生过很多矛盾,其间王冷佛在《盛京时报》刊登辞去游艺园总办、退出游艺园的声明。但是奉天游艺园还是克服种种困难开办下去,最后因孙烈臣家属毁约收回场地才结束。他们在选择戏曲演员的标准倾向京津戏剧名家或奉天当地名角。相比组织票友式的票房俱乐部,有限责任公司是这些同人的新探索。

第二节　现代戏评话语的建构

《神皋杂俎》刊登的诸多高水平戏评文章,这与穆儒丐对戏曲的熟知、热爱密不可分。考察清末民初的报纸副刊,当时对于戏曲的报道和品评,尚不能称作戏评文章,或为戏报的演出单,或者品评戏曲演员与"品花"类文章并置。戏评文章要成为一种独立的文学表现形式必然要在审美品位、批评规范等方面建构自己的独特表现形式。穆儒丐作为戏评文体的最初创立者,不仅是戏评文体建构的亲历者,还是建构现代戏曲评论范式的缔造者之一。考察其戏评文章和戏评观念,可以看到戏评文体建构的诸多历史细节。

一、以史家之笔建构现代戏评

穆儒丐作品有一个很显著的特点就是注重史家之笔,注重事件的真实性与社

---

①穆儒丐:《游艺园问题》(4),《神皋杂俎》,1929 年 9 月 17 日。

②我佛弟子:《络子戏之勃兴与皮簧戏之退化》,《神皋杂俎》,1929 年 2 月 28 日。

会性。在事件真实性的基础上，其作品注重反映国家命运及社会变迁。这点在其戏曲评论作品上尤为明显。

其早期戏评作品《伶史》，采用纪传体记述清末以来的戏曲名家，记录了伶人的生平、师承、代表曲目，点评他们的演出、为人，每篇传记在文末以"赞曰"的形式总结，所记人物人各一面。他在《伶史》的开头凡例和序中，便一再强调自己创作的真实性，"本书择其信而可征者著之，其荒唐无稽之谈，则概付阙如，用昭信史。"和创作此书目的，"有关政治风俗""存一代之真相"：

《伶史》不日出版

《伶史 凡例》

本书以传记体叙述近代名伶之事迹言行，尤择其有关政治风俗者，而特著之。至各伶艺术之优劣，可以戏评概之者，则不滥为赘述，以符史例。

书中记事，虽分本纪、世家、列传诸体，于各伶之艺术，初无轩轾，特就其声望、资格、品行、身世诸点，略示区别，以清眉目。

此书虽名《伶史》，纯自社会着眼，而于近代梨园之变迁，选色征歌之风气，尤为特特表出，以存一代之真相。其不能于各伶本传记之者，则别为表志，以特著之。

近代名伶大都供奉前清内廷，不无遗话轶闻之可纪。惟外间传说，鲜能征实，出于臆造者,犹不遑枚举。本书择其信而可征者著之,其荒唐无稽之谈,则概付阙如,用昭信史。

名伶事迹多湮灭无征,非取材耆老之口碑不可。其无事可传者则略之,绝不为之穿凿附会。

书中各伶本传,互有详略,如一人之事,于其本传不足以记之者,则散见于他传,以求详尽,兼避文字之板滞。

本书仓促付梓,于篇名之次序,多欠斟酌,其间尤不免鲁鱼亥豕之误,一俟全书告终,当更详加订正,以期完善。此辑不过先事求教,阅者幸赐珠玉,以匡不逮。

《伶史 序》

辰公曰:中国伶史之不修也久矣,识者多慨叹之。余才薄而喜谈伶官事,每欲有所论断,顾文献不足征,史籍所载,有皆陈死人事,不难稽核。近今名伶,超迈往古,其事迹多能影响国俗,而史官不采。士大夫之锐意功名者,又卑不肯道。有道之者,则目为妄人。以故伶谱失绪,征实最难,虽有名人,其事则鲜有知者。有清治世凡三百年,海内宴安,内廷设南府,教育梨园子弟,使内务府堂郎中专其责。顾伶之入南府者,只有名簿,而不录其事迹。乾嘉而后,伶之成名者颇不乏人,其史迹则无由而考。余尝至精忠庙矣,冀于伶史有所见闻。顾庙中所存亦不过旧档册也。是知欲传伶史,必以耆老口碑为资,其年远而迹湮者,则概付阙如。

清季戏曲的繁荣距离穆儒丐并不遥远,他自己也是清末民初北京戏曲的亲历者,他在《伶史》中为我们提供了大量戏剧界的掌故:

鑫培尝念"奇"为"寄",念"冒"为"胄",此皆由于口授之误,而人以其为名家,亦无指摘之者。若在他伶,早为众矢之的矣。[①]

除了这些历史细节的掌故外,穆儒丐还在《伶史》中叙述了部分伶人参与社会变革的细节,力图做到他所希望的"存一代真相":

初,内廷供奉皆徽班中人,秦腔名优无一当选,有之惟俊山一人。其蒙圣眷,尤不亚于鑫培。鑫培固能邀孝钦宠,至德宗则深恶之,谓其无学,与阉宦等;而殊喜俊山,以俊山识字也。德宗尝自命题,使俊山破之亦通顺类秀才文。故当时徐颂阁相国有诸语云:"状元三年一个,十三旦盖世无双。"有某词臣与侯交最稔,以其貌美,乃忽生奇想,为作一剧。俾侯状一女盗而男装者,桃腮樱吻,被以赤髯,乃益形其美,即今之《辛安驿》是也。[②]

会武昌革命军起事,上海党人多应之者。王永利等九人以优伶皆加入之。当

---

①穆儒丐、张次溪,陈均辑校:《伶史》,北京出版社,2017,第34页。

②同上书,第38页。

陈其美率众攻火药库时,被官军所困,死战不能脱,时王永利与夏月山兄弟引诸武行,奋刀直入,救陈其美出重围。党人见之皆以为壮,及陈其美为都督,而潘月樵等九人咸有伟人之目矣。①

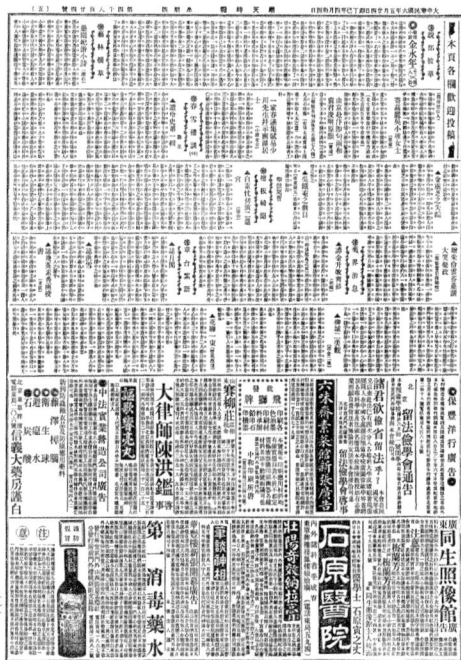

《伶史》读后感

　　除了真实性和社会性,穆儒丐戏评文章还注重描摹世情。这些掌故折射的历史有情感有温度,能够使没有经历那个时代的读者获取丰富的历史细节,更准确地说,能够帮助读者获得关于那个时代的感觉结构,让读者能够更好地解读当时的戏剧表意:

　　昨夕由青莲阁出来,见大观茶园弦鼓正酣。苗鑫如之《哭祖庙》方上场也。此剧为吾友汪伶隐感念故国而作。讥清之宗室,无一人能如北地王刘堪,故不惜笔墨,有此慷慨激昂之作。犹之受禅台,暗骂袁世凯父子,欺人孤儿寡妇,以盗人国家也。②

　　他不仅为伶人作史,还为一切反映时代变迁的戏曲人物作史,比如他曾创作

①穆儒丐、张次溪,陈均辑校:《伶史》,北京出版社,2017,第 34 页。
②穆儒丐:《大观园两出》,《神皋杂俎》,1923 年 4 月 6 日。

《捧角家小传》①，记述了北京从清末到民初有名的"捧角家"，从清末为戏曲一掷千金的捧角名人"田文三"，到杨深秀参与戊戌变法，作为"戊戌六君子"之一被斩后，无人敢为其收尸，伶人路三宝因杨深秀捧红自己，为其殓葬的掌故，以及当时捧红梅兰芳的梅党核心人物。用伶人和捧角家的故事为主线，展开了一幅清末民初历史巨变时期的政治社会图景和世情变迁。这正是穆儒丐创作的目的，并点评当时北京捧角之风盛行的根本原因，"旧人以此遣愁，新人以此学阔"。这种戏评文章是以戏评来讲述宏大历史，是穆儒丐建构现代戏评范式的模式之一。

二、建构戏评文章的文类规范

作为中国现代戏评最初创立者之一，戏评成为穆儒丐创作的重要部分。他关于现代戏评历史的反思和对戏评规范建构的思考在《说戏评》《再说戏评》②等文章中有着较为详细地阐释。

他将戏评视作一种独立的文学艺术样式，与戏报和捧角的文章相区别。在文章中他回忆并反思了民初北京报纸副刊的戏评，"戏评最隆盛时代，要算民国元二年了。可惜那时戏评多有作用，无非是拼命捧戏子便了。虽然满纸琳琅，究是没有一句说到痒处，不过一群文人在那里作违心之论。至若一般少年，因为捧戏子，至于彼此大骂，尤为可笑已极。如今这种风气总算式微了。戏评的本身也渐渐由无意识而为有意识的评论，且渐渐对于戏剧，加以很精密的研究。所以今日戏评，虽不及往日热闹，它的程度可是进步多了。本来无谓闲文，外行腐论终归是要被淘汰的，所以我们不做戏评则已，若是做戏评多少也须带一点研究性质，无谓的捧场文字也就可以不必做了"③。

戏评文章要成为一种独立的文学表现形式，必然要在审美品位、批评规范等方面建构自己独特的表现形式。穆儒丐认为戏评文章成为一种独立的文学批评形式，必须从艺术上着眼。

"固然对于伶人的批评也算是戏评之一部，可不能说对于伶人说几句话、捧一捧场就算是戏评了。戏评是对于艺术而加以批评的，并不是对于个人而称□的。本来人是感情动物，对于□人自然是具有一种感情作用，不知不觉形之笔墨，那也是不能免的事。不过我们不能认为这是戏评，不过是个人心理作用，绝对不是批评艺术的文字。若是真正批评艺术的文字，那就不能专在个人着想，而必须从艺术上

---

①穆儒丐：《捧角家小传》，《神皋杂俎》，1929 年 7 月 27—8 月 3 日。

②穆儒丐：《再说戏评》，《神皋杂俎》，1926 年 4 月 7 日。

③穆儒丐：《说戏评》，《神皋杂俎》，1926 年 4 月 4 日。

着眼"①。

具备从艺术上着眼的批评,要求戏评创作者要有一种对待艺术公正的心态,用穆儒丐的话说就是要取"大同主义","以我今日即或作一点应酬戏评,必取大同主义,不敢偏重一人,这正是我的苦心"②。"尝见世之批评家,□于感情作用,本来同是一剧,我所喜之人演之,则以为好,我所嫌之人演之,则以为不好。固然戏由人演当然有好有坏。若由感情作用,硬说某人好,某人不好,那就不算是评戏,只可说是自家闹脾气便了。"③

同时他认为戏评创作者还要对戏剧这种综合性艺术有较为深入的了解,"戏评也是一种批评文字,在文学艺术上,多少要占一席之地,因为戏剧是文学、是艺术。我们如今用文字来批评他,当然这种文字可以搁入文学艺术范围。可惜世上有许多人,以为作戏评不算什么,自要把字正腔圆、唱作俱优、很卖力气等套语写在上面也就算是戏评了,其实戏评怎能这样简单呢。戏剧是一种综合的艺术,即使我们不能把戏剧里面所包含的事项一一了解,至于戏剧的大体性质,也得了解一点。了解一点之后,再去作戏评,才能少微有点见解。若是对于戏剧的大□节目还不知道,一味地字正腔圆、色艺俱佳,那就不值得识者一笑了"④。

并且他还对戏评类型进行划分,"戏剧若没人来演,这戏剧无非是纸上东西,我们若加以评论,那叫脚本的评论,便不是戏评。若专就戏评而论,那就得专评表演,以演者之艺术工夫,是否他对于这出戏表演如何。戏和人要成一件东西去评论。至于演者之为谁、年龄如何、脸子如何,那是不能问的戏与人不合,人与戏不合,或是戏与人合。我们看得明明白白再去评论,或者这个戏评就有点意思了"⑤。这样穆儒丐就厘清脚本批评与戏评的区别。

三、将传统诗话批评引入现代戏评

穆儒丐初到《盛京时报》时,在《神皋杂俎》艺圃栏目发表《绮梦轩剧话》"非深于诗,不能作诗话。非精于剧,不能作剧话。近人作戏评,虽不少佳篇,而耳食滥竽充数之徒,亦殊不少。甚至党同伐异,姿为秽言。不惜观者齿冷,徒以文字为媚伶

①穆儒丐:《再说戏评》,《神皋杂俎》,1926 年 4 月 7 日。
②穆儒丐:《说戏评》,《神皋杂俎》,1926 年 4 月 4 日。
③穆儒丐:《再说戏评》,《神皋杂俎》,1926 年 4 月 7 日。
④同上。
⑤同上。

之具,亦可慨也"。"戏虽小道,亦有可观。非穷毕生之力,不能窥其堂奥"。① 穆儒丐用诗话的方式来品评戏曲,注重各个角色和派别的传承,建构诗话的戏评范式。

老谭之《碰碑》,句句哀音,使人聆之,如读杜工部北征,怆然欲涕。然老乡亲之《逍遥津》,句句警绝,诡幻莫测,正如韩昌黎之南诗,极笔墨之能事。②

1918 年在《凝香榭书评》中,评价大鼓艺人李大玉《出塞》的表演:

大玉之艺,余既约略言之矣。兹就其《出塞》一段,评之如下:出塞以昆腔为最哀艳,而子弟书中亦时歌此剧,其词亦驯雅可听。至于梨花大鼓则余未前闻也,乃不意自李大玉之娇喉中得闻此声。且其调为梨花,非如京津之平板,于是惯闻之《出塞》,遂如新谱佳词闻所未闻矣。且大玉所唱之词与京鼓迥异,其词之繁视京鼓不啻倍蓰,然繁而不冗、句句大雅,逼近元人马致远之《汉宫秋》。

穆儒丐将李大玉演出的梨花大鼓《出塞》放在诸种戏剧中比较,并以元曲《汉宫秋》与之相提并论。穆儒丐以诗话的形式创作戏评文章,大大提升了其戏评文章的艺术性,为现代戏评提供了可以参照的创作路径。

第三节　穆儒丐与新旧"剧战"

批判"旧戏"建设"新剧"是新文化运动的重要内容。与白话文、新诗批判文言义和旧体诗相似,建设"新剧"必定要批判"旧剧",这是激进主义内在逻辑之一。当然也赖于这种激进的逻辑,才使得本来迥异于中国文化的戏剧进入中国文化及大众视野,成为今天我们熟悉的审美形式。回顾这段新旧戏剧争论的历史,应该看到新文化运动的主将们对于旧剧批评的狭隘性,以及五四阵营外的现代文学势力的戏剧观对中国戏剧实践的影响。穆儒丐作为排斥激进主义的现代作家、报人,其观点恰恰可以给我们诸多启发。

一、"除旧布新"与"新旧不妨"的戏剧观冲突

穆儒丐到《盛京时报》不久,日本女演员松井须磨子自杀殉情。穆儒丐创作

---

①穆儒丐:《绮梦轩剧话》(1),《神皋杂俎》,1918 年 4 月 10 日。

②穆儒丐:《绮梦轩剧话》(1),《神皋杂俎》,1918 年 4 月 11 日。注:应为《绮梦轩剧话》(2),疑报纸印刷错误。

《书女优须磨子殉情事》①提及自己留学日本期间,曾经在日本帝国大剧院落成后,观看松井须磨子演出的新剧,高度评价了岛村抱月与松井须磨子组建的艺术座新剧团,"(岛村抱月)与须磨子共建艺术座,专演泰西名剧,如沙克斯比尔(莎士比亚)之四大悲剧,固皆须磨子之杰作。近日日本剧团所以有此文学的独立剧场,实抱月氏与须磨子之力"②。由此可见穆儒丐十分熟悉新剧的这种戏剧形式。

1923 年 1 月 20 日晚,奉天基督教青年会③新剧团上演义务戏,穆儒丐观看了该剧团上演的南开中学编制新剧《一文钱》,并发表《青年会之义务会》④,儒丐对此晚演出给予了很高的评价。不久又发表《说新剧》⑤,鼓励青年会新剧团,"至于此次青年会新剧团之义务戏,我认为有极优越的成绩,比我在北京看的新戏强得多。我希望诸君不可因为外界有同情不同情的批评受了如何影响,皆因批评无论是非都很有利益的。尚望诸君于公余之暇,对于斯道还要努力前进,则新剧幸甚。"

在连载文章《说新剧》中,穆儒丐在文化平等的视角下比较中国传统戏曲与当时的文明剧。

或曰:新剧难乎? 旧剧难乎?

我说:新剧似易而实难,旧剧似难而实易。新剧不难于写真,而难于有韵致,旧

---

①穆儒丐:《书女优须磨子殉情事》,《神皋杂俎》,戏评栏目,1919 年 1 月 19—22 日。文章未署名,笔者根据文章中作者留学日本,帝国大剧院落成等细节,推断作者为穆儒丐。

②穆儒丐:《书女优须磨子殉情事》(1),《神皋杂俎》,1919 年 1 月 19 日。

③1923 年 1 月 18 日,《盛京时报》刊登《青年会新剧团义演助赈》的广告,此次演出时间为 1923 年 1 月 20—23 日,每晚 5 时开演,演出地点为奉天会仙大舞台,演出剧目《一元钱》《五千金》《巧团圆》。根据 1923 年 1 月 27 日、28 日、30 日,《神皋杂俎》戏评栏目刘菊魂连载《对于这次青年会筹赈义务新剧的批评》"青年会组织新剧团,为俄国灾民筹赈的事,早已在报纸上,传扬多时了。所说该团的团员,多半是京津各校出身,而现在奉天做事的,对于新剧上的知识和经验,也都是很宏富的,所有我早就料到届时必然有一番盛况的。"可以大致了解,青年会新剧团的成员大多是京津各校的毕业生,在沈阳工作,利用业余时间排演新剧,并在 1923 年义务演出,赈济俄国贫民。1923 年 3 月 9 日,穆儒丐在《神皋杂俎》戏评栏目发表《大观茶园义务戏》,"在西站住的俄国难民,无衣无食,看着很可怜的。年前基督教青年会和皇姑屯乐善新剧团,在城内尽了三天义务,很有成效。"可知这次演出是由基督教青年会和皇姑屯乐善新剧团联合演出。根据民国十年二月刊行的《青年进步》杂志中署名阎乐山发表的《奉天基督教青年会之历史》一文显示,奉天基督教青年会成立于 1914 年 3 月。根据穆儒丐的自传体小说《徐生自传》,他在日本期间就由他的同学恒均介绍,参加当地华人为主的基督教青年会的活动。20 世纪 20 年代穆儒丐在沈阳也经常参加基督教青年会的活动。

④穆儒丐:《青年会之义务会》,《神皋杂俎》,1923 年 1 月 23 日。

⑤穆儒丐:《说新剧》,《神皋杂俎》,1923 年 2 月 1—7 日。

剧不难于写意,而难于逼真。而新旧剧之佳不佳、美不美,亦从可知也。①

并将莎士比亚戏剧与元曲相比较:

莎士比亚之戏曲,关于舞台面之设备均极简单,因彼时(六百年以前)英国物质文明去今远甚,所以莎氏剧纯以神味胜者。观剧者,不于象外求之,终不能得其好处,与我国元曲颇有类似之点,特其演法为新派,故不能不谓之为新剧。②

穆儒丐认为中国新剧之所以一直停留在"幼稚时代"的根本原因:

须知新剧之久久不振,其咎不尽在演者,大致之缺点在于无脚本制作家。③

演戏需要脚本,在今天看来是无须争论的,但在当时新剧演出没有脚本且是新剧演出的常态。新剧家汪仲贤在《新旧剧之异点》中也提到过新剧多无脚本的现象,"现在流行之新剧,大半无一定脚本,所有剧中言语动作,全恃演者之一点小聪明,随意发挥。新剧往往甲演之则如此,乙演之则如彼,即同一人演同一戏,有时亦不相同"④。

为提高新剧的脚本创作,穆儒丐在 1925 年创作讽刺冯玉祥倒戈的新剧《马保罗将军》⑤和讽刺对内不与百姓讲道德对外向列强求所谓公理的北洋政府的新剧《两个公理》⑥连载于《神皋杂俎》。

奉天基督教青年会新剧团每有新剧,《神皋杂俎》大都刊登戏评,多以表扬剧团成绩,积极促进新剧发展为基调。1924 年 2 月 12 日晚,奉天基督教青年会新剧团,根据沈阳地区真实发生的一起恶婆婆逼死媳妇的事件,改编成新剧《谁的罪》演出。《神皋杂俎》连载《看了〈谁的罪?〉》⑦给予这出新剧很高的评价。1924 年,穆儒丐在《神皋杂俎》戏评栏目发表《〈一个老学究的公德〉略评》品评奉天基督教青年会新剧团反对纳妾制度的新剧《一个老学究的公德》,"青年会新剧团,自成立以来,对于新剧的研究和扮演很是永迈前进,团员也一天比一天多。第一次的扮演已经得了许多好评,这次(四月八日)又演了一本共分五幕的社会剧叫《一个老学究的公德》。大体的主义是为反对纳妾制度而创作的……新剧虽无生旦净末丑之名色,而性质上却无一不备。依角色之性质,剧中之冯某似是生;冯之悍妇则为彩旦;董学究为丑;二仆妇及马某之妻亦均为彩旦;马某之心理及言语行为不能为生,亦丑

---

①穆儒丐:《说新剧》(1),《神皋杂俎》,1923 年 2 月 1 日。

②穆儒丐:《说新剧》(2),《神皋杂俎》,戏评栏目,1923 年 2 月 2 日。

③同上。

④王仲贤:《新旧剧之异点》,载朱双云《新剧史》,新剧小说社,1914,第 31 页。

⑤穆儒丐:《马保罗将军》,《神皋杂俎》,1925 年 4 月 22—26 日。

⑥穆儒丐:《两个公理》,《神皋杂俎》,1925 年 8 月 17—20 日。

⑦盛桂册:《看了〈谁的罪?〉》,《神皋杂俎》,1924 年 2 月 28 日—3 月 2 日。

角也;只一马女士为正旦。以角色分配言丑角太多,故前四幕所令人绝倒而成喜剧性质,以此故也。至于扮演工夫上,他们诸位团员都是很有心得,以非专家而竟有此良好结果实在不易得很。我敢断定他们研究一次定然有一次进步,将来为新剧界大放光明不卜可知了"①。

可见穆儒丐并不是排斥新剧的文化顽固派,相比大多数国人甚至是新文化运动的倡导者,他更熟悉外国戏剧,同时他也十分熟悉中国传统戏曲。在这种文化平等的视角下,他对新剧与传统戏曲间的关系有较为独特的见解。比如他回忆自己在日本留学时代,留日学生组建的春柳社。他认为春柳社之所以成功的原因之一是春柳社诸君虽然以演新剧成名,但是他们于中国传统戏剧都有深厚造诣。

该社不仅演新戏,还兼演旧剧,因白鹤汀君善胡琴,予倩、伯桥、抗白皆于皮黄有造诣者,故于旧文艺常常加以十分之爱□。所演之新剧,虽有自编之脚本而能力究未养成,故不能不仰赖于译述,或竟以原文排演外国脚本。②

在穆儒丐的文学观里,中国的传统戏剧和西方新剧是不存在冲突的两种艺术形式,两种艺术形式不存在相互排斥的性质,相反可以对话,相互通融。在穆儒丐看来,春柳社新剧取得不凡成就得益于其成员对旧剧的熟悉。显而易见,穆儒丐的戏剧观与新文化运动戏剧观明显不同。

新文化运动先驱以除旧立新的文化立场,认为旧剧是内容充斥着封建毒素的"野蛮戏"③;以西方戏剧为标准批判中国传统戏曲在表现形式上,不具有写实性,认为中国传统戏曲中脸谱、嗓子、台步、武把子、唱功、锣鼓、马鞭子、跑龙套等表现形式,都是已经是时代淘汰的"遗形物"④。随着新文化运动在东北地区的传播,1923年哈尔滨《大北新报》发生了关于"新剧与旧剧"的争论,为此穆儒丐发表《新剧与旧剧》⑤。该文反映了穆儒丐对于当时戏剧改良的看法,以及对新剧与旧剧继续发展的主张。

不同于新文学运动者对旧剧的激烈批判,穆儒丐对于新剧与旧剧持兼容并蓄

---

① 穆儒丐:《〈一个老学究的公德〉略评》,《神皋杂俎》,1924年4月11日。
② 穆儒丐:《说新剧》(4),《神皋杂俎》,1923年2月4日。
③ 周作人:《论中国旧剧之应废》,《新青年》5卷5号,1918年11月15日。认为中国戏剧是野蛮戏。
④ 胡适:《文学进化观念与戏曲改良》,《新青年》5卷4号,1918年。文中这样定义遗形物,"一种文学的进化,每经过一个时代,往往带着前一时代留下的许多无用的纪念品;这种纪念品在早先的幼稚时代本来是很有用的,后来渐渐地可以用不着他们了,但是因为人类守旧的惰性,故仍旧保存这些过去时代的纪念品。在社会学上,这种纪念品叫作'遗形物'。"
⑤ 穆儒丐:《新剧与旧剧》,《神皋杂俎》,1923年9月28日—10月16日。

的态度：

> 记者对于新旧戏都很喜欢看……我对于中西学问、新旧知识，从来持一种'兼爱主义'，绝对不敢说一定要做胡适之，也不敢一定要做林琴南。中西新旧不是绝对反对的名词。但是一谈到中西新旧，立刻就能有争端，把中西新旧四个字（感情方面）弄得冰炭不同炉，一点接近的机会也没有。那是中西新旧的罪吗？简直是谈中西新旧的人挑拨起来的。①

穆儒丐这篇论文不是一味为旧剧辩护，与其说他反对新文化运动对旧剧的攻击，不如说他反对新文化运动中过分激进绝对的二元对立思维，尤其是将中西、新旧对立的思维逻辑。

> 新剧有新剧的意义，旧剧有旧剧的意义，绝对不能并作一谈的。胡适一流人物，因为要说新剧的好处，却故意来把旧剧辱骂，他很失身份的。因为他们把不同性质的东西，绝对不同的东西，硬来比拟攻讦，他们的见识是极狭小而可怜的。②

他指出胡适等学者攻击旧剧的根本原因，是将政治革命的思维用在了文学艺术上：

> 文艺革命与政治革命不能同日而语。胡适所以不能完全成功，就皆因他要以政治革命手段来改革文字。他也主张先破坏、后建设……须知政治革命，一定要把旧政府破坏了。因为政府只有一个，旧政府不破坏了，新政府建设不出来。文艺界向来没有固定的领域，便是有旧文艺存在，新文艺未尝不可另建一国，并不是完全把旧的破坏，新的才能发生。所以把旧的置之不理，亦无不可，或是联络疏通，共同研究，亦无不可。③

对于攻击旧剧的新文学倡导者，他给予了充分的理解，文中他回忆自己在青年时代留学日本，初次接触新剧时也对中国旧剧充满反感，认为旧剧是"傀儡剧稍微进化一点"。将新文学倡导者此时的主张，归为年轻人初见西方文化时的一时偏见：

> 当记者在日本留学时候，那时不过二十上下的岁数（由光绪三十一年至宣统三年），什么事都喜欢新的。那时候我骂中国的东西，比现在青年还厉害呢。我那时对于新文艺，真是极端崇拜。戏剧也愿意看新的，又赶上帝国剧场才开幕，我去看了几次戏，更使我忘其所以了。后来见日本许多博士，依旧在那里批评新剧不好。所谓名优，还是高丽藏菊、五郎梅幸等几个旧派戏子占势力，我便很疑惑的。怎么

---

① 穆儒丐：《新剧与旧剧》(1)，《神皋杂俎》，1923 年 9 月 28 日。
② 穆儒丐：《新剧与旧剧》(6)，《神皋杂俎》，1923 年 10 月 5 日。
③ 穆儒丐：《新剧与旧剧》(7)，《神皋杂俎》，1923 年 10 月 6 日。

这样完美的新剧,他们硬说不好,反倒说听不懂看不惯的旧剧好呢?后来又跟日本人打听,多一半说旧剧好,我就说究竟怎样是旧剧好呢?他们说旧剧合乎艺术的价值,新剧不过是能说话的电影罢了。我于此知道日本人还是对于旧剧方面感情深。既然是感情作用,究竟新旧剧哪头好,不能算是定见了。后来我把日本旧文艺,如同近松氏所作的《净琉璃》读了一读,他的文章实在是绝妙的,无怪乎有东方莎士比亚之目。然后,我知道日本人所以崇拜旧剧不为无因了,但是,我那时还是崇拜新剧。我对于中国的旧剧,依旧持一种菲薄态度。我硬说现在的中国剧,是一种傀儡剧稍微进化一点的。我的断语,有多么大胆哪。①

并提出自己对于新旧剧发展的建议:

若说到新旧剧的实质,两者绝对不同,可以相立,而不可以相因。新剧不能废幕、废背景、废转台,犹之旧剧不能废上下门,不能废锣鼓,不能废所有切末。所以有关旧剧提倡废弃或改良,我皆不能表示赞成。我的意见对于旧剧主张保守,对于新剧主张进取。既不愿新剧家不顾新剧本身,专一来骂旧剧,亦不愿旧剧家受新剧家的无谓攻击,把旧剧里面加点新剧材料,弄得非驴非马。我以为必这样时,于新旧文艺两方面都有益处。②

在穆儒丐看来,作为一门成熟的艺术样式,旧剧应该坚持自己的艺术规律,不能以西方新剧为标准,违背自身特点和规律进行改良。新剧作为新的艺术样式应该更多些尝试。而这些意见在今天看来不可谓不中肯。

同时穆儒丐还指出,此时新剧真正的危机不是旧剧,而是新剧和旧剧都共同面对的戏剧、戏曲过分商业化、娱乐化、恶俗化的趋势。

现在的新旧剧渐渐地都往邪魔外道里走去了,真正以文学和艺术为前提的百不见一。新剧差不多都以男女秘事为本位,许多编剧总忘不了男女爱情。爱情在戏剧、小说里固然是普通材料,但是也应当精心采择,不是有两个男女学生在公园里唔唔情话便算爱情的。但是现在的新剧,多一半演的是男女野合的事,美其名曰自由恋爱,其实内容枯燥极了。他们见这种戏没人欢迎了,却又在社会黑幕或劫杀案里去想法子,所以阎瑞生等等的新剧也发生了。他们实在无聊已极,所以愈弄愈不像样子。

旧剧受了上述新戏的影响,已然是失了庐山真面。他们把固有的好剧,置于脑后,天天去胡想主意。果然弄出两本好戏也未尝不可,无奈他们所弄得都是什么济公活佛、诸葛亮招亲、狸猫换太子等等,简直不值读者一笑。

---

①穆儒丐:《新剧与旧剧》(10),《神皋杂俎》,1923 年 10 月 10 日。

②穆儒丐:《新剧与旧剧》(9),《神皋杂俎》,1923 年 10 月 9 日。

新旧剧目都弄得一团糟了,难道自己还有理由彼此攻击吗? 新剧不是皆因有布景便算好的,旧剧也不是因为会唱几句二黄就算对的。舍文学和艺术而不顾,专门无情无理地去凑热闹,正是戏剧破产的先兆。我们应当同声悼叹,还有工夫彼此揭短吗?①

在反对戏剧过分商业化、恶俗化上,穆儒丏也与很多新剧家看法一致。曲用一句古语"道路绝而风云通"来形容新旧之争的历史现实,在新旧之争两条看似隔绝的道路上,他们所处的时代风云是相同的。穆儒丏等与五四新剧家理念不同的文人,对于建构中国现代戏剧规范有着不同于五四新剧理论家的想法。并且这种想法通过现代媒介向大众传播,与新剧理论家形成了交流。还原穆儒丏的戏剧理念可以更加深刻地看到中国现代戏剧建构之初的诸多细节,看到今天我们习以为常的戏剧现实,正是在这些不同的戏剧观念相互碰撞、对话的合力下形成的。如果只关注五四新剧家、新文化运动倡导者对戏剧的理解,对旧剧的批驳,那么无法全面了解和解释中国戏剧的发展。

二、对旧剧"改良"的支持与反对

新文化运动时期,一方面新文化阵营批判旧剧,另一方面旧剧内部的改良也很兴盛。穆儒丏在旧剧改良运动中的态度很复杂,不能简单地用赞同或反对的态度来界定。他承续光宣之际京津戏曲改良的观念,主张提高戏曲的文学地位,重视戏曲教化作用。以西方发达国家重视戏剧为标准,希望建立能传承一国文明、体现民族特色的戏剧形式。进入民初后,尤其是在新文化运动时期,在西方戏剧大量引入,新文化阵营批判旧戏,以及市民通俗文学需求的压力下,这一时期的"旧剧改良"呈现向新戏学习和商业化、世俗化的倾向。这与光宣时代的"戏剧改良",从改良内容到改良形式都有很大的不同。这就造成穆儒丏关于旧剧改良的观点,在今天看来有些自相矛盾。一方面他自己也批评旧剧,也对旧剧的内涵进行"再解读",一方面他又说,"据我的愚见,文化大须革新,戏剧我却赞成复古"②。厘清穆儒丏的旧剧改良观点,可以还原和丰富旧戏甚至是传统文化如何进入现代文学的历史语境,逼近五四新旧之争的核心问题。

1921 年穆儒丏在《神皋杂俎》戏评栏目连载《旧剧新解》③,以旧剧《取帅印》《彩楼记》《天雷报》评论军阀统治、新文化运动时期的女性争取婚姻自由、反对孝

①穆儒丏:《新剧与旧剧》(14),《神皋杂俎》,1923 年 10 月 16 日。

②穆儒丏:《戏剧杂谈》,《神皋杂俎》,1922 年 6 月 2 日。

③穆儒丏:《旧剧新解》,《神皋杂俎》,1921 年 5 月 13—20 日。

道等时事。

以京剧《取帅印》讽刺当时只看党派利益,不顾国家大义的军阀政治:

编这剧的先生,虽然另有用意,却好似为现在时局编的,哪能说旧剧没有新思想呢,不过见仁见智,端在观剧的人,自家判断便了。

现今最强横的无过军阀,偏巧旧剧里这出《取帅印》把军阀形容得强横到十二分了。这位秦二爷自贾家楼结拜,结识了瓦岗寨好汉,组织了个瓦岗党,老李家仗着他们得了天下。瓦岗党一变而为军阀派,军国大权差不多都是他们一党。那位尉迟黑爷,虽然也算开国元勋,却是超然派,不是瓦岗系的人。他们哪肯把帅印交与他,牺牲本党的权利……军阀强横自古已然,何况现在,看了这出戏,别当作唐朝的事,就当作现在军阀的写真也无不可。①

1923 年发表的《戏剧之教训》②,品评传统戏剧《天雷报》《南天门》《双摇会》《马前泼水》《取帅印》《彩楼记》,内容更为复杂深刻,"中国旧剧里面缺乏人生观的固然很多,但是寓有相当教训的也不少"③。可见穆儒丐并不是看不到在新的时代道德和审美映照下旧剧中的诸多糟粕,但是对于旧剧他不主张废除,而是想在新的中西文化碰撞中重新认识阐释旧剧。1924 年穆儒丐发表《中国的社会剧》④,回应新文学阵营批评中国戏曲缺少"社会性"。穆儒丐认为新文学家以易卜生的社会剧攻击中国旧剧,是"拿着外国文学家批评外国旧剧的成文,生移到中国,把中国的旧剧硬和外国旧剧视作同一例"⑤。他认为,"西洋的旧剧,实在缺乏社会公共性。"⑥因为西洋旧剧大都"动不动便是天使、便是魔鬼,甚至飞行天国"⑦。而中国的旧剧"除了一二历史剧以外,多一半是描写社会现象、家庭问题"⑧。因此中国的旧剧中是具备社会性的。

在《戏剧之教训》中,穆儒丐从戏文的艺术标准出发评价《天雷报》,"在皮里,若论戏文当以此戏为第一。没有一句不自然,没有一句不惨痛"。"作了这一篇悲剧,其与人的印象,虽莎士比亚之四大悲剧无以为过。"⑨同时他也看到中国旧文学

①穆儒丐:《旧剧新解》(1),《神皋杂俎》,1921 年 5 月 13 日。
②穆儒丐:《戏剧之教训》,《神皋杂俎》,1923 年 11 月 30 日—12 月 8 日。
③穆儒丐:《戏剧之教训》(1),《神皋杂俎》,1923 年 11 月 30 日。
④穆儒丐:《中国的社会剧》,《神皋杂俎》,1924 年 8 月 14—23 日。
⑤穆儒丐:《中国的旧戏》,《神皋杂俎》,1924 年 8 月 8 日。
⑥同上。
⑦同上。
⑧同上。
⑨穆儒丐:《戏剧之教训》(1),《神皋杂俎》,1923 年 11 月 30 日。

大团圆结局的局限,"不过后面雷报一场,未免蛇足。"①并提出了对《天雷报》的改编设想,"假使演至张元秀夫妇撞死而后便止,使张继宝依然是个状元,忝列衣冠之中,则观者所蒙之印象,一定比观雷击后加倍深厚,甚至永久不忘……不书'天雷报',而题曰'养子害'或竟题曰'新科状元',去其神道,但演事实,则此剧可谓第一杰作也。"②并对《天雷报》原有的意义进行新的阐释,"人类但应讲求互助,发挥人群的爱力。"③

穆儒丐对《天雷报》的改编设想和意义的重新阐释,已经明显超越了中国传统旧剧的艺术表现形式和意义局限,具备现代文学的思想和形式。从中可以看到他不是看不到新文学家所谓的旧剧中藏有糟粕,但是他不主张就此就废除旧剧。旧戏在中国有广泛受众,旧戏的题材又多反映社会问题、家庭问题。对旧剧进行新解,以及对旧戏的改编,都可以让旧剧承担社会责任,而一味地指责旧戏,甚至废除旧戏是不尊重文化的表现。这些关于旧剧改良的思考,在中国以后的戏剧发展中都得到印证,比如 1959 年对传统戏曲《三关排宴》的改编,将原剧主题从"忠、孝、义"向"歌颂爱国、反对叛徒"移动。④

除了对旧剧内容和意义的改造外,穆儒丐对部分新创作的戏曲,使用恰当的新布景评价也很高,"南市场新舞台,于日前演唱头二三四本《狸猫换太子》。晚间特意奉了我老母,看一场,虽是一种时髦戏,可较比《孔明招亲》强多了。'包公案'在这一时期的事情,总算是精心结构的所在,取为戏材,对于普通看客的心理颇属相合。所以很有叫座的能力……戏中最精彩者,为《金水桥》及《拷打寇宫人》两场。《金水桥》的布景不能律以纯粹新戏之布景法,总算火炽由桥洞里而钻出许多精灵一般的东西,倒教我很纳闷,不知有什么用处。我母亲倒明白了,说这一定是百灵,你不晓得真龙天子有百灵相助么。回头寇宫人来了抛太子,所以能遇见陈林,所以能出宫去,寄顿在八贤王那里,都因为有这百灵相助,后来果然亏了这百灵。揭开盒子,太子不见,竟是满盒寿桃,回头揭开盒子,又不见寿桃,依然是太子,比韩敬文的戏法不在以下"⑤。

由此可见穆儒丐也主张用时代精神对旧剧进行改编,赋予新的阐释,并不反对新编"时髦戏"。但是对于当时的旧剧改良风潮,穆儒丐却持保守态度。在穆儒丐

①穆儒丐:《戏剧之教训》(1),《神皋杂俎》,1923 年 11 月 30 日。
②同上。
③同上。
④张永峰:《〈三关排宴〉改编与戏曲改革的两个难题》,《文学评论》2013 年第 1 期。
⑤穆儒丐:《狸猫换太子》,《神皋杂俎》,1924 年 7 月 3 日。

的文化逻辑里,旧剧复古不是对新剧的排斥,旧剧复古和文化革新是一种文化到了该变革时代的两条途径。"文学到了末叶,必定有个复古的趋势,或者是加以革命。但看今日新思潮之勃兴,便可知道文学界的趋势。戏剧也是文学中一部分,自然也要受新潮的影响,所以有人主张复兴昆腔。可是主张复古的在北京已有很大的势力,不但有专唱昆腔的园子,连北大都填了这门功课,可见昆腔复古不是不可能的事。据我的愚见,文化大须革新,戏剧我却赞成复古,皆因新派剧这几年总没见有好成绩。昆腔在北京倒有几分希望了,再说这东西,实在有可保存的价值。文学是文学,艺术是艺术,若是消灭了,岂不是太可惜了"①。

可见穆儒丐并不是将传统戏曲视作完美艺术的典范,也不是反对传统戏剧做任何改良的顽固派。那么就要对他主张的"复古"和反对的"改良"做一下梳理。

首先,在戏曲题材上,穆儒丐反对不顾历史逻辑和戏曲本身艺术规律进行改良创作的风潮。

如同《妻党同恶报》《诸葛亮招亲》等戏,直到如今,还在那里死唱。假如我们若以文学艺术去批评,那不是白费力么。我想这类极恶劣的戏,非至社会一般看戏的都觉悟他不好时,万不会消灭的。②

目下上海又新出了一出戏,叫什么《霸王娶虞姬》,我们不用看这出戏,但看他的标题,已然令人欲呕了。杨山楼的《霸王别姬》不用看他演这出戏,只一个"别"字,全戏的精神已然活现了。试以《霸王别姬》和《霸王娶虞姬》比较,真不啻明珠与螂转之不同也。他们所以要编这出戏,第一是影射《霸王别姬》的老牌,第二仍不外用的是《诸葛亮招亲》的骗人手段。③

鉴于当时"古装"旧戏的泛滥,很多新编戏曲艺术水平不高的情况,他认为新编戏曲适合取材的范围:

大抵戏剧以创作为佳,但求之一般文人学者尚不能创作,何况伶人学识有限,教其创作真是苦人所难了。最妙还是由翻版入手,立下三个纲领:一、旧本翻新。如同元之杂剧、明以后的传奇及老昆剧本子,见有可以翻成皮黄者,未尝不可翻新。二、宜取之材料。正史及著名小说(神话等在内,如列仙传)、名人笔记等。即程砚秋所演之《风尘三侠》《孔雀屏》《风流棒》等,或取材正史,或取材唐宋人小说笔记,虽不十分完美,而能雅俗共赏,故戏剧上之材料,在根本上须有相当魔力。三、必不可要之材料。如《白蛇传》等等浅薄小说,以及老妈妈大全,但有传说,而无可考之

---

① 穆儒丐:《戏剧杂谈》,《神皋杂俎》戏评栏目,1922年6月2日。
② 穆儒丐:《编剧须立范围》,《神皋杂俎》,1925年3月27日。
③ 穆儒丐:《评剧家的流品》,《神皋杂俎》,1923年12月27日。

村间笑话,皆宜深恶痛绝,不可编戏。以上三条,果能恪守,则虽梨园中之营业戏,亦未尝不可一寓目也。至于脚本佳否,则在编排者之手笔如何。①

其次,穆儒丐反对违背戏曲艺术规律对戏曲服饰、背景进行改良。

以《独木关》一剧观之,这时的薛礼不过是个火头军。在早年黄胖演此,并不照现在外江武生,打扮的这样阔绰,头上不过戴一项极简单的扎巾。如今却了不得了,就以一顶帽子而论,零零碎碎,就值好几十元,后面带风巾,前面垂着飘带,比草桥关姚期戴的王爵帽子还要复杂,我不了解铡草喂马的火头军,居然有这顶帽子,大可以不干了,为什么还是在矮□下受气呢,一点情理不讲,专门卖弄行头,这样下去,不但戏剧一天比一天坏,便是社会风俗也就不可问了。②

反对当时由梅兰芳及梅党引领的“古装剧”,对戏曲服饰的改造。

如今梨园的规矩差不多荡然无余了,老派的规矩今日何以不讲,难道说是梨园行以外的人给破坏的么? 不能不归罪于梨园行内部的人,如同王瑶卿因为自己没有跷工,有许多应当上跷的戏,他都是一双大脚片……又如戏行头,本有一定制度,故有宁穿破,不穿错之说。谁想北京几个臭名士,因为捧梅兰芳,替他编了几本戏,你就穿旧有的行头也未尝不可,凭空杜撰弄出一种无可考据的古装。于是凡唱旦角的莫不争先效法,弄了到处都是古装,其他配角反倒依然旧来面目。在一个戏台之上见出两种装束,令识者莫名其妙……老生、武生,在往日规矩,盔头皆有一定规矩,不可乱戴,靠子应穿白的,不敢穿黄的。应穿红蟒,不能穿绿蟒。如今都把旧规矩打破了,属□科红的混穿一气,弄得奇装异服任意打扮,可以说满台上跑妖怪……于此我倒想起一个笑话来,前些日在南市场新舞台偶然听了一出《金榜乐》,不必说他们演的如何,总算正南八北一出老牌儿戏……不过令我最生气的,得中以后大家去拜老师,那去柳生春的小生竟穿了一件绿蟒,而不穿红官衣。才中进士便穿蟒袍,也是太奇怪的事了。当时我和朋友说,你别看穿错了。他这正是揣摩前台心理来的呢,穿的阔一点,好拿他当角儿看。③

但是穆儒丐也不是坚守戏曲规矩不变,他也主张更新戏曲舞台道具,但是不能违背艺术规律。他反对用新剧的“道具”等名词来指称戏曲舞台布置,仍沿用“彩切”术语。

“戏剧有须添加彩切而相得益彰,要在体贴剧情,应用如何彩切,而不滥设,则不第能尽彩切之用,且使一剧加倍生色,固不必新编之戏,始能有彩切之应用也。”

---

① 穆儒丐:《编剧须立范围》(续),《神皋杂俎》,1925 年 3 月 28 日。
② 穆儒丐:《戏风日坏》,《神皋杂俎》,1922 年 12 月 15 日。
③ 穆儒丐:《说戏装》,《神皋杂俎》,1924 年 7 月 12—18 日。

穆儒丐举例《醉打金枝》就很适合应用彩切,"此剧若加以相当彩切,如金殿之巍峨,闺房之富丽,岂非一冠冕堂皇之历史正剧乎?"而《南天门》就不适合添加彩切,"南天门本为一唱作兼擅之剧,今人演此多加布景,自余观之,可以不必。因添置布景,不但使此剧减色,而许多做派反为布景所掩,不能入目。①

自记者观之,与其(彩切)谓为布景,勿宁仍谓为彩切为得。盖彩切为旧剧所用之名词,背景为新剧专有之器具,以新戏眼光而律旧戏之彩切故为不可,而旧剧故不妨利用近世科学,多制新鲜之彩切,自要与剧中人不十分矛盾,则以未尝不可一新耳目也。惟仍须保守彩切之名词,以免新剧家之误用,为至要耳。②

他反对过度依赖新潮的背景道具,偏离戏曲艺术最为重要的"情理","科学知识非可骤至,而经济能力以非可骤至者,无论其为布景为彩切,以能办至如何程度,便极力去办,此等玩意绝无止境。惟无论如何,不可忘了情理二字。"③

再次,除了切末和转台等具体的戏曲规矩外,穆儒丐更反对以"社会剧"求"真"的艺术要求来改良传统戏剧"虚"的艺术准则。

本来中国戏是一种歌舞剧,一举一动皆与音乐有关,与那写实派的新剧,绝对根本不同。所以扮演一项,纯粹要注重艺术,而不能注重历史……装束要贴近时代,那不是旧派系的责任,那正是新派剧的天职。④

不但皮黄,东方的戏剧全是如此。最初发明戏剧的人,也未尝不知背景过具之不可少,但是背景有时而穷,道具终嫌不够,顾此失彼,忙乱的不亦乐乎。有圣人出,决计把背景道具一举推翻,规定演剧不得使用真物,戏场之上只铺毛毡,挂台帘,安置桌椅,其他一概取象征主义,极端排斥真物。至于衣冠刀仗也因与时代攸关难于考就。与其不舍古制受人批评,转不如混而一之,所以《太师还朝》《渭水河》等,殷周故事与明清两代衣冠无别。施大人所穿的红蟒和周西伯所穿的红蟒,原是同物,不必另制。这就是它的哲学,所谓九方皋相马,在牝牡骊黄以外另有真马,毛色公母在所弗论,如必断断于此点,是不知中国哲学者也。⑤

由上述可知,穆儒丐反对"改良",但并不是坚持传统戏曲一成不变,而是抵制艺术水平低下的新编戏曲,反对以西洋"社会剧"的艺术标准来要求和改造中国传统戏曲,反对对传统戏曲成熟的艺术表现形式进行根本废除。用穆儒丐的话说就

---

① 穆儒丐:《戏与背景》,《神皋杂俎》,1924 年 5 月 26—28 日。

② 穆儒丐:《说彩切》,《神皋杂俎》,1924 年 5 月 21 日。

③ 同上。

④ 穆儒丐:《说新形头》(1),《神皋杂俎》,1924 年 9 月 7 日。

⑤ 穆儒丐:《说戏装》(5),《神皋杂俎》,1924 年 7 月 18 日。

是,"演剧跟作文章一样,文章的体格不是永久不变的,可是文章的理法规矩终古不会变的"①。而他坚持的"复古"是在西洋社会剧的冲击下,不放弃中国传统戏曲独特的表现形式。

在穆儒丐看来,一种文化走到了危急时刻,改革和复古都是文学自身存活下去的两种模式。因为新剧没有良好的成绩,那么复古也是中国戏剧继续发展的一种可能。可以看到新文化运动时期的戏剧改良运动,并非仅仅是一种二元对立式的构想模式。穆儒丐坚守旧剧反对改良,也不是对西方文明、西方戏剧一无所依的顽固派。在中西文明的剧烈碰撞中,多种戏剧观念得以产生并实践,而这些观念和实践最终都深深地影响了新中国成立后对传统戏剧的筛选,以及当下戏剧、戏曲观念的形成,不同审美体验形式的形成。对不同戏曲、戏剧观念的梳理,可以更加细致重建新文化运动时期戏剧论争情景,反思新旧之争的多重意义。

三、穆儒丐对落子戏的批评

20 世纪 20 年代沈阳民间戏曲界,最盛行的剧种不是旧剧也不是新剧,而是落子戏。落子戏是我国北方地区的一种地方戏,1910 年前后形成于唐山,因唐山话中习惯把"莲华"称为"落(lào)子",所以得名落子戏。落子戏在华北、东北流传很广,又称"平腔梆子",俗称"蹦蹦戏"。1935 年改称"评剧",1936 年白玉霜在上海拍影片《海棠红》,《大公报》报道时首次使用评剧这一名称,从此评剧成为该剧种的名称。

清末落子戏被看作有伤风化的剧种,在直隶等地屡遭禁演,因此落子戏演员转向东北地区演出。为适应东北地区的方言和民众口味,在念白、演唱和演出习俗上不断调整,东北地方色彩越来越浓,20 世纪 20 年代这种东北化的落子戏被称为"奉天落子"。1921 年署名伯苏发表的《破天荒之落子戏》记录了落子戏 1920 年第一次进入奉天茶社演出,而不是以草台班子的形式演出。"溯落子滥觞于滦州、唐山、榆关等处,近盛于关左、营口、长春、哈尔滨各繁华之地。我奉仅于客岁,在铭卿茶社唱义务赈捐戏"②。随着落子戏在沈阳的发展,1925 年前后成为最受欢迎的戏曲,超过旧剧和新剧,"当欧阳予倩为了奉天青年会,教演新戏的时候,同时有一种平腔落子戏(即永平府的平子)与南市场新舞台,订立百日合同,为时也正然演戏。顾客起满坐满,拥挤异常。到院若时候晚了,简直就没有座位。该台也演过皮黄戏,去年此际还正在兴旺中。但无论皮黄戏,当日是若何兴旺,以言乎引人入胜的

①穆儒丐:《戏剧杂谈》,《神皋杂俎》,1922 年 6 月 2 日。

②伯苏:《破天荒之落子戏》,《神皋杂俎》,1922 年 11 月 4 日。

魔力,及奉垣社会里一般多数人的评价,不但张雨亭、张德禄、张春山、张文卿等不足与落子争衡,就此次商务总会欧阳予倩君制的新戏,也难于落子戏同日而语"①。及至 1920 年末落子戏已经成为东北地区戏曲舞台的主要戏曲形式,"今三省各戏园,十有六七,都换了洛(落)子戏"②。

从穆儒丐诸多戏评文章中都能看出他十分反感落子戏的。但是他批判落子戏的逻辑却很耐人寻味。按照穆儒丐"戏曲无新旧"的理论,旧戏当年也是新戏,新戏也会成为旧戏,他应该并不反对落子戏。"徽班(即二黄)之兴,大约在同治初年,而秦腔之化雅为俗亦似在此时。但此时之崑弋并非式微。据我们想象,以及《都门纪略》等书之记载,崑弋在当时算是旧戏,皮黄秦腔算是新戏。人情厌故而喜新,再加以崑弋文辞高雅,非一般人民所能领悟。可巧于此时产生一种平民的戏剧,他们能做好买卖,使崑弋变成一种老古董,那也是时势使然,虽有大力,不能退止。就好似现在的落子戏,旧派文人以及懂得皮黄戏的,无论怎样说它村俗,但是它的程度颇与一般民众相容,所以现在东三省落子的势力,反倒凌驾皮黄而上之。我想同光时代的老人,未尝不骂皮黄秦腔胡闹,可是现在这胡闹的居然成了古董。再过四五十年,安知落子不又成古董,甚至有人追怀想慕,所以别人菲薄落子,我是不敢菲薄的。照现在所谓文明,我管保落子必有成为古文之一日"③。

而另一方面,在不言及其戏曲史的语境,穆儒丐对落子戏基本都是批判的。

"今日的落子,可谓俗到极点了,绝无文学的价值"④。"空使那知识阶级的人们,向天长叹,可怜的新戏啊,可怜的文学艺术啊,在奉天社会里,怎么就兴不开哩?这真是人民程度低降到冰点以下八百多度了"⑤。

穆儒丐在论述自己戏曲观念时使用的新、旧概念,更多包含着文学雅俗间的隔阂。穆儒丐在调整自己文学观念和文学品味间些微矛盾的方法是文人应参与流行的俗文学创作中,"假如有良好的指道者,再把他们的文辞加以润色,在社会上也可叫作民众戏剧"⑥。而具体的文人润色方式是"把戏文研究一下子,替他加以润色,现代戏剧虽以通俗为妙,但文辞须俗不伤,而所演的事迹,多少要有点意识。譬如现在关外,中下人民多半欢迎落子,假如官家发给他们本子固然好极了,但是现在

---

① 冷佛:《看落子戏〈枪毙驼龙〉的感言》(1),《神皋杂俎》,1925 年 5 月 6 日。
② 我佛弟子:《洛子戏之勃兴与皮簧戏之退化》,《神皋杂俎》,1929 年 2 月 28 日。
③ 穆儒丐:《戏剧之进化与退化》(2),《神皋杂俎》,1928 年 10 月 14 日。
④ 穆儒丐:《戏剧之进化与退化》(3),《神皋杂俎》,1928 年 10 月 16 日。
⑤ 冷佛:《看落子戏〈枪毙驼龙〉的感言》(1),《神皋杂俎》,1925 年 5 月 6 日。
⑥ 穆儒丐:《戏剧戏文必经文人润色》(2),《神皋杂俎》,1928 年 10 月 16 日。

官家谁会干这些事"①。

这种按文人的品位,去除通俗戏曲中有伤风化的部分,由文人"润色",使之成为教化民众的戏曲,甚至设想一种"官家"统一版本,将其发给戏曲艺人认真演出,这很像新中国成立后"样板戏"的生产方式。如果穆儒丐的戏曲生产方式真的实现,其结果必然是落子戏的僵化。当然笔者并不是反对文人对戏曲的改造,而是质疑将教化民众视为戏曲最高目标,戏曲高度统一的生产方式。这些必将禁锢戏剧等文学形式。

第四节　戏剧国家化的相关设想

翻阅穆儒丐创作于 20 世纪 20 年代与戏剧相关的文章,除了对于新文化运动时期戏剧论争有新的认识以外,更引人深思的是他对于戏剧国家化的相关思考。在穆儒丐的文章中,他对于当时戏剧诸多状况多有不满,经常流露出对于戏剧国家化的设想。

"明朝以前的教坊司,便是发达戏曲歌词的官家机构,大约倡优两行,都归教坊司管理,一功戏文词曲,自然有了制造产出的源泉。可惜在雍正时代,那时皇帝,目教坊司是不合人道的衙门,旨意裁撤了。教人民自由去营业,专门的文人,也就不喜欢作了。所以清朝戏剧不如元明两朝发达,我想第一原因在于裁撤教坊司,于是倡优两行自然趋于平凡化了。"穆儒丐认为雍正朝裁撤教坊司是导致戏剧低俗的主要原因,认为戏剧能够走上真正艺术化的道路,教化民众必须走戏剧国家化的道路,"我想若欲戏剧真个能发挥光大,非有国家社会的大力量不可"②。

穆儒丐将戏剧置于国家管理之下的设想,并不是回到元明教坊司,而是在面对西方文明冲击下,思考建构现代民族国家文化。他将沈阳"简陋而且腐坏"的戏院风气归结"太讲势力问题,无论大小戏园,认为一种贱业,始终没有国民和地方文化的观念"③。"盖一国固有之文化,固有之思想,乃一国精神的领有物,其重要之程度,较之土地、人民、政权三要素,尤为重要。譬之于人,国土其形骸,文化思想则其灵魂也。故人之形骸,可以去其一肢一体,而尚不妨为人,至于灵魂一去,则不复能为人矣。自国家学言之,一国之土地未尝无变化,而一国之思想,由各民族接触,亦

①穆儒丐:《戏剧戏文必经文人润色》(3),《神皋杂俎》,1928 年 10 月 18 日。

②穆儒丐:《戏剧戏文必经文人润色》(未完),《神皋杂俎》,1928 年 10 月 16—23 日。

③同上。

未尝无变化之事。虽然吸收外来文化以资应用,此固无不可者。至若本国之文化、之思想竟置之于不顾,任其丧失而不恤,一味以吸收外来思想为能事,则其不利于国家,真有视丧失土地国权,虽不幸而有丧失之事,犹有珠还之一日。至于国粹之亡,则永无恢复时矣。真正爱国之士,岂可不殷殷为之维护,发挥光大之哉"①。并以西方珍视自己文化,将自己的文化视为"灵魂",作为民族认同的重要来源为参照,思考中国如何在现代语境下建构古典文化在民族国家中的位置,"记者于学生时代,最喜读英人克莱尔氏所著之《英雄崇拜论》,其间一章专论莎士比亚,谓莎氏为文学之英雄,推崇其价值胜于英伦三岛。谓如有人索英伦三岛者则与之,至若来索莎士比亚,则抵死不能与也。盖三岛易得,至如莎氏则英国之魂也。灵魂一失,复用三岛胡为哉"②。以英国人重视莎士比亚来反观中国人对戏曲家的漠视,"试思吾国,如关汉卿、王实甫、高则诚、汤临川、李笠翁诸大家之作品。视莎士比亚还多哉。不闻中国人推尊崇拜,如英人之崇拜莎士比亚也,岂不哀哉"③。"中国之不讲艺术也久矣,吾以为艺术实应保存,一面尤须改革。然改革与保存,国家之责也,政府之事也。营业者不与焉"。"外国之戏剧音乐,何以如是其发达?以政府为之也,皇家为之也。今中国事事□于民众化,而欲戏剧之返古,不亦□哉"④。

这种戏剧理论背后的民族国家建构显而易见,它将戏剧提升到民族国家认同的层次,将其编织进现代民族存亡的进化论逻辑,这正是穆儒丐提倡中国传统戏剧文化的真正用意。这种戏剧国家化及其相关设想,正是从传统与现代两个方向上寻找中国戏剧在现代文化中的作用和意义。

戏剧国家化的主旨使穆儒丐对戏曲评价偏重"雅驯""雅洁",强调戏剧教化民众的作用,故而他反对戏剧过分商业化,"在上海各大戏园利用特质,把戏剧弄得十分热闹,在一般不懂戏剧的总以为是进化,其实于戏剧本身性质,早已失败达于零点了"⑤。他倡导一种非营利性质、文人编剧、演员演出,文人与演员密切配合,以研究艺术为目的的戏剧团体。针对当时戏剧商业化的倾向,他提倡一种由"票友"组织"票房"的戏剧组织模式。"票房"和"票友"在清代就已经存在,并非穆儒丐创造。但是穆儒丐的"票房""票友"并不是恢复它们的原意。他在《票房说》中,描写了当年北京票房的恶习,认为子弟里票友的恶习皆是因为"爷"多。另外很多人并

①穆儒丐:《爱护国粹》,《盛京时报》第1版,1923年1月27日。

②同上。

③同上。

④穆儒丐:《戏剧与民众》,《神皋杂俎》,1929年3月11日。

⑤穆儒丐:《票房说》,《神皋杂俎》,1926年2月10日。

不是坚持票友的身份,准备"下海",所以模仿戏子导致票房风气差。

穆儒丐主张的"票房",首先强调票房的"无阶级性","票房是昇平时代产生之物","昇平时代"的票房"是平等无阶级的","票房非至无阶级,不能到发展兴隆的地位"。"我们不欲组织票房则已,如果真欲组织票房,我们人人均需觉悟。无论谁要以'人'待'人',以'友'待'友',不可以'贵'待'贱'、以'富'待'贫'、以'爷'对'仆'。"①这很像后来新中国成立后对文艺工作者的定位。

其次要求票友的非职业性。这种非职业性的要求,是对应职业戏剧演员为了糊口必须迁就观众,进而导致戏剧艺术不纯正的倾向。所以非职业性本质上是反对戏剧过分商业化。"票友是普通人士,不以营业为目的,而倾心于艺术。以其研究所得,在舞台上表演之,用促艺术之进步者,谓之票友……普通人士无论哪一界的人,于职务之暇欲研究一种艺术,且欲在人前表演之者,谓之票友。票友者,即以示别于优伶,或以此为业者,又谓之子弟……日本语谓之素人。"②

穆儒丐提倡票友、票房除了传承文化、追求艺术性以外,还有更大的目的,就是养成一种民族自治的能力。"票友演剧绝不仅仅为娱乐,在娱乐以外,另有各极大目的,便是为改良、为研究、为发挥固有艺术"。"票友是以研究艺术为指归的,在社会上应具一种伟大人格,不可妄自菲薄,举凡一切恶习均须一鼓荡除,内行中的好规矩,未尝不可借鉴,但是伶人的恶德,绝对不可效尤……我所希望的票房,按着人群进化的程序终归要实现的,便仿佛由专制必然到民治的路径上……在娱乐和艺术范围里,表达我们的民族究竟有无自治的能力"③。

穆儒丐对戏剧国家化、非营利性的追求,并非仅仅是一种空想,他代表着当时沈阳戏剧界的一股趋势。1920 年代沈阳两个重要的非职业性戏剧组织"公余俱乐部""商埠俱乐部"就是在这种戏剧理念下成立的。

根据《中国戏曲志·辽宁卷》记载"(1923 年)11 月,奉天公余俱乐部成立,为筹设改良戏曲所,聘请皮黄演员程永龙、李玉奎和票友丁辑甫、纳(应为讷,笔者注)禹竹,在奉天会仙大舞台演义务戏三天"④。1923 年 11 月 2 日,《神皋杂俎》戏评栏目刊登一则《戏界消息》记录了公余俱乐部成立的公启及演出的戏单,笔者将公启部分摘录:

①穆儒丐:《票房说》,《神皋杂俎》,1926 年 2 月 10 日。

②穆儒丐:《票友说》(1),《神皋杂俎》,1926 年 2 月 11 日。

③穆儒丐:《票友说》(2),《神皋杂俎》,1926 年 2 月 12 日。

④中国戏曲志编辑委员会、《中国戏曲志·辽宁卷》编辑委员会:《中国戏曲志·辽宁卷》,中国 ISBN 中心出版社,1994,第 25 页。

戏曲为通俗教育之一,勒以正人心,维风化,所系綦重。孔子曰:声音之道,与政相通。司马迁曰:雅颂之音和而民正。关汉卿曰:演剧须士夫自为之。英之莎士比亚,以戏曲兴欧洲之文化,法之摹拉锡兰,以戏曲辅其国之教育。可知戏曲一道与风俗政教息息相关。古今中外本无异致。

吾奉地处边陲,戏曲一端,雅士即不屑道,听诸梨园,自为风气。郑卫之音盛,斯风雅之道衰,良可叹也。前者有识之士,曾假商品陈列所,组设改良戏曲馆,旋以经费不给未竟其功。自时厥后,无继其者。岁癸亥,省垣各界同人,组织公余俱乐部,研究戏曲,本为公余遣兴之所。与其事者,皆一时之选,意之所存,原以研究戏曲,籍维善俗为职志。惟本部经费,系由同人担负。

这明显是在打通中国古代正和雅颂之音与西方民族国家视角下的文化来想象一种国家化、政治化、教化国民、去除资本的戏曲制度。

根据《京剧文化词典》记载"辽宁沈阳商埠俱乐部成立于 1928 年。成员约 40 余人,多为电业、铁路员工。主要有周大文、徐文谟、曹幼泉、吕惹愚、吕惹我等。行当齐全,阵容较强,活动频繁,曾演出传统戏 30 余出,在沈阳颇有影响。成员中不少人后来下海,如徐文谟为赵荣琛琴师多年"[1]。而笔者在查阅《盛京时报》时发现,当时的"奉天商埠俱乐部"成立要早于 1928 年,1926 年 2 月 2 日穆儒丐发表《祝两俱乐部》"商埠离城较远,而近来居民渐多,气象大非往昔,而所感缺乏者,华人方面,尚无一正当娱乐机关。有高君竹生者,人颇热心,乃就旧有之商埠俱乐部,而加以皮黄之研究。虽为初创,而成绩颇不恶,近更假凌格饭店之电影场,每礼拜排演一次,其意无非使商埠地之快乐空气,不教外人独占而已"[2]。从这段穆儒丐这段文字可以推断奉天商埠俱乐部专门从事皮黄戏的票房,应该成立在 1926 年 2 月前不久。而这两家俱乐部经常联合演出,"公余商埠两俱乐部,现下联络主义,遇有彩排,两部合演,以故近日异常发达。每演一次,戏码恒有十余出"[3]。穆儒丐与两家俱乐部的很多成员都很熟悉,前面提到公余俱乐部的刘竹友、郎笑痴均为穆儒丐旧时同乡,《神皋杂俎》上经常可以看到穆儒丐参加两个票友俱乐部活动的文章。可见穆儒丐的戏剧理念与当时沈阳戏曲界形成一种互相促进的关系。而这种戏评家与研究性的戏剧组织之间相互促进的学术关系,与新中国成立后建构戏剧事业的诸多政策都有很多相似之处。

穆儒丐以文化平等的视角,看待西洋戏剧与传统戏曲的艺术表现形式,建构戏

①黄钧、徐希博主编《京剧文化词典》,汉语大词典出版社,2001,第 701 - 702 页。
②穆儒丐:《祝两俱乐部》,《神皋杂俎》,1926 年 2 月 2 日。
③穆儒丐:《戏界消息》,《神皋杂俎》,1927 年 8 月 18 日。

评文体批评范式,追求戏剧雅洁、雅驯的艺术性,反对戏剧过分商业化的倾向,尊重戏剧表演者,将戏剧视为中国文化的特有表现形式,以及主张建立管理戏剧的国家机构,都在新中国成立后的文化体制中得到印证。在此笔者并不想暗示穆儒丐对戏剧发展的预见性,而是认为以穆儒丐为代表的戏剧理论家,他们的思考虽然未进入现代文学史考察的范围,但是他们真实地参与到了中国文学建构的合力中,这种合力使得戏剧的走向,并非完全按照新文化运动设想的方式进行。在新旧诸多合力的作用下,戏剧和文学才具有我们可以不断回望的轨迹,对穆儒丐的戏曲、戏剧观念的梳理,正是让诸多合力中的一种被遮蔽的力量得以厘清。

小　　结

穆儒丐在戏剧方面的成就很高,一直为穆儒丐研究者忽视。他对戏评文体的建构做出了巨大的贡献,同时穆儒丐以戏曲、戏剧无新旧、无中外的观念,为我们留下诸多有价值的思考。尤其是他与新剧的对话,为反思新文化运动时期戏剧理论提供了诸多有效视角。他承续光宣时代的戏剧改良观,于 20 世纪 20 年代在东北地区结合戏剧同人组织票友俱乐部、办演出曲艺的舞台,对东北地区尤其是沈阳的戏剧繁荣做出了很大的贡献。但是他仅以艺术性和教化作用来看待戏剧的观念,潜藏着对戏剧多元性的压制。从中我们该看到,所谓戏剧或文化多元共生,并非仅仅是文化观念所能解决。前提是承认差异,承认包括戏剧在内的不同文学样式间冲突的合理性。而 20 世纪 20 年代沈阳甚至包括北京、上海等文化中心戏剧的繁荣,有赖于各种戏剧观念并存。戏剧正常发展的环境本身就不是统一、一致的文化观念能实现的。同时笔者希望借承继光宣时代戏剧改良精神的穆儒丐,在这一时期的思考,与新中国成立后戏剧理念、实践,及戏剧等文学制度间的相似性,来印证在中国传统、现代、当代在不断断裂、告别中存在着连续性的可能。

第四章　伪满洲国语境下的潜话语写作

　　随着学界对东北现代文学及伪满文学研究的深入,穆儒丐作为东北现代文坛的开拓者之一已经成为定论。学界基本肯定他对 20 世纪 20 年代东北现代文学的贡献,对其在东北沦陷时期的政治立场定为清朝遗老、落水文人或汉奸作家。主要依据是他在东北沦陷期间创作了《福昭创业记》,号召创作"大东亚人杰传"。比如刘心皇的《抗战时期沦陷区文学史》将穆儒丐列为东北沦陷区落水文人第二位,在郑孝胥之后。"穆儒丐,号六田。他是满洲旗人,曾任沈阳《盛京时报》主笔。以满洲起源的故事,写了一部《福昭创业记》,来讴歌伪朝。又复译了《哀史》,连载于《盛京时报》"①。张毓茂主编的《东北现代文学史论》,高度评价了穆儒丐对东北地区文学的贡献。但是对其政治立场这样评价,"(穆儒丐创作《福昭创业记》)至此,穆儒丐萌发于青年时期的狭隘的民族主义,得到了极致的扭曲的表现"②。在 1936年前后,伪满作家古丁等就"独立色彩""感谢情调"等话题批判穆儒丐。一些学者以抗日–媚日的逻辑,认为古丁是站在抗日的立场,批判为日伪代言的穆儒丐,"自穆儒丐发表了小说《栗子》以后,东北沦陷文坛曾刮起了一股'独立色彩'的歪风。这股风按其鼓吹者之意,自然是强调文学要有地方的色彩,亦即当时的'满洲的文学必须是满洲的'意思,这种强调本身似乎是无可厚非的,但遗憾的是,这个主张正与日本要把东北从中国的疆土上割裂开来,变成一个'独立'的所谓的新国家不谋而合了。因此遭到了古丁的反对"③。2016 年王晓恒在《在文学与政治之间:〈盛京时报〉时期的穆儒丐》中,以《新京七日记》和穆儒丐的其他论说文章,认为穆儒丐在东北沦陷时期是汉奸文人。而这也并非是研究者后设民族主义的偏见,1937 年阿英的笔记文章《一束汉奸报纸》,记载了当时阿英看到穆儒丐《福昭创业记》的反应:

---

①刘心皇:《抗战时期沦陷区文学史》,成文出版社有限公司, 1980,第 345 页。

②张毓茂主编《东北现代文学史论》,沈阳出版社,1996,第 151 页。

③李春燕:《古丁文学意识中的爱国抗日思想》,《辽宁大学学报(哲学社会科学版)》1995年第 6 期。

自东三省陷落后以后，没有看到那边寄来的新闻纸。今年卢沟桥事变继起，平津又告陷落，便是平津的新闻纸，也都看不到一张了。

然在我，是并无遗憾的。因为新闻纸虽然看不到，内容却大体想象得出，不过是一班傀儡，在无耻地对"友邦皇军"歌功颂德而已。

最近意外地得到了一束。

……

(《大同报》)副张刊载文艺作品。有"儒丐"的长篇小说《福昭创业记》，正登着第五回：《践九重群臣捧表，书九恨太祖伐明》，歪曲的描写明倭寇事。

……

《盛京时报》是日本人所经营，执笔者的大部分，当然是属于"汉奸"之类。新闻照样充满了夸大，欺骗，造谣。从我所见到的九月三日报里，知道奉天也在举行"宗教家时局祈愿大会"，替"友邦的皇军"祝福。

……

副页题"精(神)皋杂俎"，所载仍是"儒丐"的《福昭创业记》，不过已是第六回："冒白刃刀取清河城，破明兵大战萨尔浒"。名副其实，真不愧为"儒丐"，而且是无耻之尤的"儒丐"。①

1991年9月，日本学者村田裕子(长井裕子)，在长春召开东北沦陷时期文学国际学术研讨会上发表了《穆儒丐的精神历程》，肯定了他的民族自尊心。亲历东北沦陷时期的上官缨先生也参加了此次会议，他不认同村田裕子的观点，并在事后对此多次提及：

村田裕子女士对穆儒丐的评价，我作为中国人不能赞同、接受。穆儒丐的文学成就很高，写过《如梦令》《新婚别》等小说。但他的小说《福昭创业记》却是把清初开国同伪满洲国成立相连，从史实找依据形象地制造'天心民意'，适应当时侵略者的政治需求。我国自古人格、文品并重，从穆儒丐的作品和当时他在伪满的职位来看，怎么能说他有民族自尊心呢？②

我们说穆儒丐是个复杂的人物，其复杂就在于如果只看《新婚别》《如梦令》两部小说，前者颇有'反战'意味，内容不能说不好；后者叙社会风情尽写人海沧桑的情态，也不能说有问题；艺术上尚不乏独到之处。同时更复杂在《福昭创业记》这部大受日伪当局青睐的小说，对于写清初创立基业的历史，我们不能有非议和责难；但在穆儒丐的笔下，却是把清初开国同伪满成立相连雨过天，'古为今用'地为之张

---

①阿英：《阿英文集》，生活·读书·新知三联书店，1981，第358－360页。

②刘晓丽：《上官缨先生的启示》，《中文自学指导》2004年第6期。

目立论,从史实找依据形象地制造'天心民意',适应侵略者的政治需求。这是我们对穆儒丐和村田裕子女士不同之处,更不能苟同'民族自尊心'的说法。①

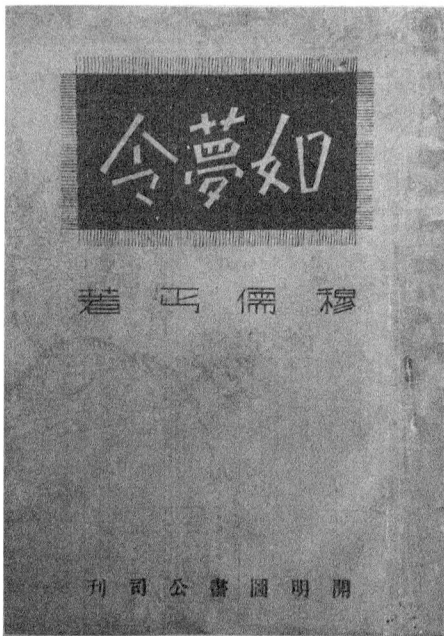

《如梦令》

(山田清三郎)他推出的第一本书就是臭名昭著的《满洲列传》(第一部)此书与穆儒丐《福昭创业记》同出一辙,都为日本的侵略寻根觅迹,为"大东亚圣战"辩白。②

村田裕子女士引发了对穆儒丐思想倾向和创作阐释的变化。作为较早注意到穆儒丐创作成就的学者铁峰这样评论:

东北沦陷以后,儒丐虽然站在清朝遗少的立场上,拥护伪满洲国,并主张写作对日伪带有'感谢情调'的粉饰文学。可是他既没有写过为日伪歌功颂德,粉饰太平的文学作品,也没有参与日伪的政治、文化统治。特别是在太平洋战争爆发后,当很多作家为日本的侵略战争大唱赞歌,呐喊助威时,儒丐也既没参加日伪召开的"大东亚文学者大会""爱国誓师大会""圣战文学者大会",以及什么"恳谈会",也没发表过支持日本进行侵略战争的言论和作品。基本保持了一个作家的民族气节

---

① 上官缨:《上官缨书话》,吉林人民出版社,2001,第71-72页。
② 上官缨:《东北沦陷区"日系"作家》,《吉林日报》2002年9月21日第7版。

和正义感。①

争论也引发了与穆儒丐共事过的同事王秋萤②,回忆穆儒丐在东北沦陷时期的状态:

他既不是"大主笔",也没倡导过感谢文学。东北沦陷后他已进入晚年,更不过问编辑工作。名义是论说委员,连社论也不写。每日上班养闲,只是写小说自遣。当时我就与他同在一个报社工作,是我亲眼看到的事实。如果说此翁是东北新文学的拓荒者,可以当之无愧,早在20世纪20年代初,是他首先把"五四"新文化思潮传入东北,并在报刊大量转载过鲁迅、郭沫若、郁达夫等名人作品。他本人除写过一些通俗小说外,还翻译过不少世界名著。特别是他培育过不少青年文艺工作者,后来散在各报也做了副刊编辑,更拓宽了东北新文学阵地。据说村田裕子还想研究他晚年写的历史小说《福昭创业记》,也可作为我们参考借鉴,是否真是汉奸文学。③

这反映了当下在对伪满文学和文化研究中的两种倾向:一种是基于作家的政治倾向来解释作家创作意图、解读作品。在伪满新闻审查制度下,大多数作家作品中都不同程度存在媚日言论。如果仅考证作者是中国共产党、国民党或是左翼、"左倾"人士,那么就会忽略其媚日言论,从抵抗角度分析文学作品,如果作者是汉奸、遗老,分析其作品就从迎合日伪统治的角度阐释。另一种研究方式是将作家的政治立场与文学作品分离,进行去政治化的文学研究。两者都属于非历史化的研究方式,不能还原东北沦陷时期复杂的文学图景。而当时伪满洲国真实和日常的文学生态是多种势力互相借用,相互嫁接,相互竞争形成的复杂多义状态。作为表征的媒体和文学作品,仅仅用中国或日伪二元对立的方式来处理,或者用去政治化的方式切割文学,无疑都会遮蔽伪满文化文学的复杂生态和独特的文化逻辑。

作为东北现代文学开拓者之一的穆儒丐,是沈阳20世纪20年代文化图景重要的组成部分。他在1931年"九一八"事变期间的活动,他本人对"九一八"事变的言说,以及他在东北沦陷时期的文学活动,是考察当时东北地区文人思想的有效角度。伪满成立必然要借用东北地区原有的文化资源,比如批判军阀统治,言说旗人的历史与现实。而在"九一八"事变前,穆儒丐所持的文化立场正是伪满建国所

①铁锋、郑丽秋:《东北现代文学的开拓者与建设者——满族作家儒丐》,《学习与探索》1993年第4期。

②王秋萤(1913—1995),原名王之平,曾用笔名:秋萤、苏克、舒柯、孙育、黄玄、谷实。辽宁省抚顺市人,东北沦陷时期重要作家、编辑,1940年起任《盛京时报》副刊《文艺》周刊编辑。

③黄玄:《艰难的探索:〈东北沦陷时期文学新论〉读后》,《社会科学战线》1993年第4期。

需要借用的。考察他在"九一八"事变前的经历，以及他在自己作品中对"九一八"及伪满建国的真实态度，可以梳理出作为一种被外在权力借用的文化资源，其持有者在文化压迫面前并非完全被动，被迫交出言说的权力，他们仍然可以利用被借用的文化资源进行文化抵抗。因为文化的意义建构从来都不是单向的，不是单一意义的。本章通过钩沉穆儒丐在"九一八"事变前后的经历，分析他关于旗人族群记忆、伪满建国的言说，来阐释一种被权力借用的文化资源如何利用潜话语进行文化抵抗，希望能为目前东北沦陷时期文学文化生态研究和作家作品研究，提供一条线索，在一定程度上揭示东北沦陷时期文学文化生态的复杂性。

《福昭创业记》1939 版

《福昭创业记》1986 版

第一节　"九一八"前后的穆儒丐

作为《盛京时报》副刊《神皋杂俎》的创办者,20 世纪 20 年代几乎天天能看到穆儒丐发表在该报的作品。而 1931 年"九一八"事变前后,其文章骤减。一些学者已经注意到了穆儒丐这段创作空白期,"1931 年'九一八'事变日本发动侵华战争到 1932 年伪满洲国成立期间,穆儒丐没有发表论说文章"[①],不仅是论说文章,在"九一八"事变至 1933 年穆儒丐的作品在《盛京时报》基本绝迹。他发表在《盛京时报》头版,最后一篇论说文章是《关城制度》[②],发表最后一篇文学作品《人类之矛盾行为》[③]。1931 年 7 月 5 日连载完翻译小说《严窟岛的爵》之后,7—8 月就没有文章发表。9 月 1 日《神皋杂俎》开始连载其《游平漫记》[④]至 9 月 18 日未结束,就不再刊载。从《游平漫记》的内容判断,这时穆儒丐已经回到北平。《游平漫记》分为两部分:发表在 9 月 1—4 日的是第一部分,创作于 7 月 14 日—8 月 28 日。第二部分发表于 9 月 15—18 日,创作 8 月 28 日—9 月 10 日。考虑到翻译小说《严窟岛的爵》很有可能是翻译好后连载于报纸,由此推断穆儒丐是在 1931 年 6—7 月由沈阳返回北平。1933 年 6 月 1 日,穆儒丐在副刊《神皋杂俎》又开始发表文章。重新回到沈阳的穆儒丐发表第一篇论说文章是《沙漠政策》[⑤],由此可以判断穆儒丐应该是在 1933 年 6 月左右重新回到沈阳。

关于穆儒丐为什么在这个关键的时间段离开沈阳回到北平,以及他返回北平的细节和在北平的活动,是目前穆儒丐研究的一个空白。1933 年金小天在《神皋杂俎》连载《吾之生涯》,或许能提供一些线索。

儒丐君怀才学隐,不与世争。年近五旬,当知无命。施耐庵曰:四十未士,不应再士,彼盖拳拳此言。是以八九年来,吾未闻其谈官梦,仅见其半亩庐中读古书也。事变前,日华外交紧急之秋,吾侪寄食外报者,多为亲友所忧虑,就中欲令吾侪鬻文

---

①王晓恒:《在文学与政治之间:〈盛京时报〉时期的穆儒丐》,《中国现代文学研究丛刊》2016 年第 3 期。

②穆儒丐:《关城制度》,《盛京时报》第 1 版,1931 年 5 月 24 日。

③穆儒丐:《人类之矛盾行为》,《神皋杂俎》,1931 年 6 月 13 日。

④穆儒丐:《游平漫记》,《神皋杂俎》,1931 年 9 月 1—18 日。

⑤穆儒丐:《沙漠政策》,《盛京时报》第 1 版,1933 年 6 月 18 日。

并□引拔者,大有人在。夫关爱者既不以言废人,不以词害事,厚意如此,未可拒也。惟以多年潦倒,疏散性成,而手编报□文艺,非无成绩,遂不忍一旦即相别耳。适此时周君华章,将长燕市,吾等师友乃促儒丐君从其行,而周君三顾其庐,彼终不得不西上出为一衔署之秘书矣。儒丐君之赴燕也,于国于友诚两无所愧。①

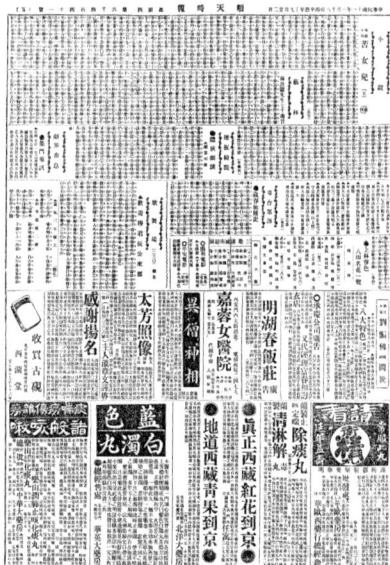

《盛京时报》刊载穆儒丐回北平的文章

在金小天叙述中,可以看到"九一八"事变发生前,东北局势已经非常紧张,穆儒丐经由周大文②多次请求,赴北平市政府做秘书工作。而穆儒丐离开沈阳的时间和周大文任北平市长的时间大致相当。此时笔者根据《北平市市政公报》1931 年12 月第 135 期,刊登一份政府公报《令筹备自治委员会请转令公安财政两局将厕所捐另款存储以便改良公厕由》,看到穆儒丐的头衔是首善工艺厂董事会候补常务董事。

另外笔者在穆儒丐的零散文章中找到了他与周大文的一些交往,在穆儒丐的《运命质疑》中提到辛酉年间(1921 年),他因为在报纸上的言论受到东北当局的威胁,周大文帮助穆儒丐从中斡旋,"最后求出张惠霖先生替我疏通,我也破釜沉舟地把我自己表白了一番,果然那时当真好多人对我是有误解的,说明了,自然是一天

①金小天:《吾之生涯(2)》,《神皋杂俎》,1933 年 10 月 29 日。
②周大文(1896—1971),字华章。与张学良为结拜兄弟。1931 年 4 月任北平市长,1933 年张学良下野,周大文 1933 年 6 月辞去北平市长职务。

云雾散。我记得为了此事，连王希哲先生，周华章先生，都替我很帮忙"[1]。而在穆儒丐回忆北京的连载文章《北京梦华录》中提到"百景楼的主顾，本来以善饮者居大半，而该楼女侍者，亦多善饮，记得友人华章君，招饮于此。预戒女侍，严布酒阵。是予夕，几被灌醉，同席者，多半扶醉而归"[2]。

1931 年 4 月 19 日穆儒丐在《神皋杂俎》漫谈栏目发表《繁荣北京》，这篇文章是接续前一天《盛京时报》登载署名记者的论说文章《不可引占自解》。《不可引占自解》一文说民国迁都南京后，北平作为故都日渐衰落，对此作者十分痛惜，并驳斥了那些为北平衰落在历史上寻找合理性的说法。《繁荣北平》肯定了《不可引占自解》的观点，对刚刚任北平市长的周大文寄予厚望"现在市长及代理市长周二胡公，在官在私，皆最负时誉者，繁荣北平，决其早有方针。余为北平任，固亟愿北平市早沐廿世界之新的实惠也"[3]。这种为官者宣传的文章，在穆儒丐的文章中是很少见的。由此可见，穆儒丐与周大文是交情很深的朋友，所以在日华关系紧张之际，周大文拜会穆儒丐，请他到北平政府任职。同时也提示我们，当时东北各派势力间千丝万缕又错综复杂的关系。

穆儒丐在 1933 年发表《运命质疑》中也提到了这段经历：

这是事变以前的事，报社所遇到的压迫情形，较比从前，更有长足的进步，他们不但对于报纸设法不得发卖，对于记者，也曾立定一个对待的方法，尤其对于鄙人，那是非教离开不可的自然是先用大义来责备，使我自己估量，一个人，处在这种情势下，是应当怎样难过呢？我常说，骂人、打人、杀人，是没关系的，可是万不可既把人骂了、打了、杀了，又给人加上污名。这实在是有伤天和的罪恶！

所以我遇到这样困难情形，依然无可奈何，只得到北平去一趟，借以缓解他们的故意和误解。

我常说爱国是人人所应当做的事，爱国心也是人人所同有的，但是爱国要使国家有益处，万不能因为爱国反使国家受了无穷的损害。国民党是由哄闹成的功，所以虽然是爱国行为，也以哄闹式出之。他们不能沉着的埋头用内功，只不过在表面上瞎哄嚷，结局是自己杀了自己。[4]

"这是事变之前的事"，指的就是上文提到的辛酉年间，东北当局与《盛京时报》以及穆儒丐的紧张关系。穆儒丐认为"九一八"事变前，这种紧张的关系较辛

①穆儒丐：《运命质疑》(5)，《神皋杂俎》，1935 年 11 月 21 日。
②穆儒丐：《北京梦华录14(北京之饮食店)》，《神皋杂俎》，1934 年 4 月 4 日。
③穆儒丐：《繁荣北平》，《神皋杂俎》，1931 年 4 月 19 日。
④穆儒丐：《运命质疑》(5)(6)，《神皋杂俎》，1935 年 11 月 21—22 日。

酉年更加严重。"尤其对于鄙人,那是非教离开不可的自然是先用大义来责备"一段,是指事变前部分东北人士因穆儒丐供职日报以及其一直反对用激烈的排日方式激化中日矛盾,用民族大义来指责穆儒丐,并加以"汉奸"的污名。这些因素与东北局势危机叠加,使穆儒丐不得不出走北平。而穆儒丐对"九一八"事变的发生、伪满的成立,归因于"哄闹式"的爱国行为,导致中日矛盾激化而造成的,与日伪对"九一八"事变的解释相同。但是需要注意的是,穆儒丐在叙述"九一八"事变到伪满洲国成立的历史时,并非是日伪官方惯常的将张氏父子统治东北时期称为"军阀时代"大加痛斥,进而指向颂扬日本扶植伪满统治的叙述策略,而是充满了痛心叹惋的情感基调。他首先认可的是"爱国","爱国心也是人人所同的",而这个"国"显然不是伪满,而是中华民族这个现代民族国家共同体,也就是他与那些激进爱国人士的爱国心是相同的,只是在对待当时紧张局势的方式不同。挖掘穆儒丐"九一八"事变前后在《盛京时报》"消失"的经历,梳理他出走沈阳的种种原因,以及他周边人和他自己对这段经历的不同角度叙述,可以更好地还原当时的文化生态,也可以对穆儒丐文学作品进行细致的分析。

第二节 《财色婚姻》的潜话语表意分析

在伪满洲国极权语境下,文化抵抗的主要方式是间接的、多样的、隐晦的,这已经成为沦陷区文化研究界的共识。而如何具体地描绘这种间接的、多样的、隐晦的抵抗方式,是东北沦陷区文化文学研究的一个重要命题。脱离历史语境基于今天的后设民族主义,考察东北沦陷时期文学抵抗,这种抵抗与同时期的抗日文学相比,它一定是妥协的、软弱无力的。但是如果基于伪满高压封闭的话语系统语境下,文化抵抗不能顺畅地进行,对抗异质文化侵略的力量转而在各个不同的文化形式和话语形式间穿行。这使原本与政治、反抗不相干的文学文化表现形式,在那个特定的文化语境中有了共同指向,进而打通不同文学表现形式的间隔,借助"合法"的途径,由文学和文化"夹带"着各种形式的意义,在作者、读者甚至媒体之间创造一种心照不宣的意义传播流程。另一方面,这种反抗有时需要借助"中日亲善""五族协和"等"合法"话语才能得以流出。"中日亲善""五族协和"更像保护色,让这些抵抗话语得以出现。仔细分析这些话语与日伪官方的意图,除了在字面上相似,作品自身的内在逻辑并没有改变,并没有按日伪"中日亲善""五族协和"的逻辑进行,甚至有时消解其意义。笔者将这种文化现象称为潜话语。并试图通过对穆儒丐作品的分析来梳理和解读这种潜话语的表意方式。

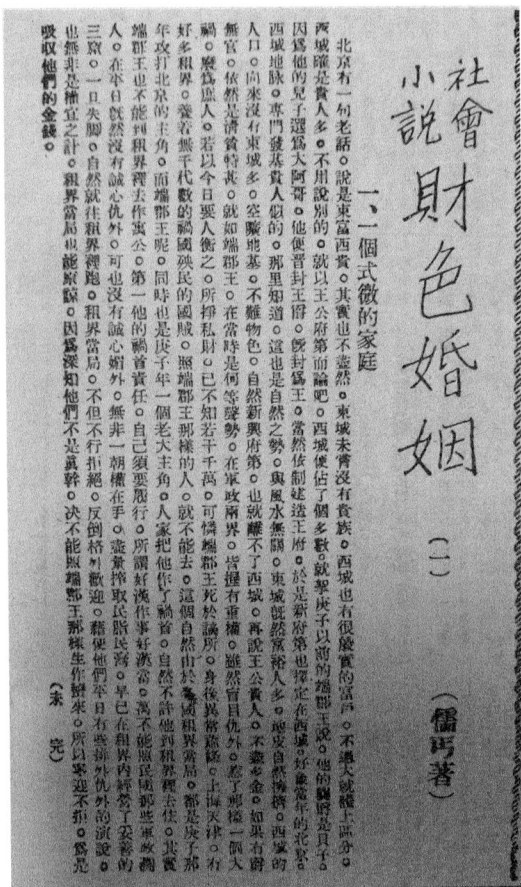

《盛京时报》刊载穆儒丐的《财色婚姻》

　　《财色婚姻》[1]是穆儒丐 1933 年回到沈阳后创作的第一部长篇小说,在《神皋杂俎》连载 500 多天。学界一般将其视为一部通俗小说、旗人小说一般看待,比如张菊玲认为这部小说"表现出他对于坚守传统道德、力行孝悌友爱的赞许,对纸醉金迷的时代社会颓风的谴责,对满洲贵族无人改变门庭,充满失落感"[2]。詹丽将其视为儒家立场对社会弊端的批判"如穆儒丐的《埋香记》《梅兰芳》《香粉夜叉》《徐生自传》《北京》《财色婚姻》《如梦令》等小说多在儒家视野的关照下批判社会种种

---

①穆儒丐:《财色婚姻》,《神皋杂俎》,1934 年 8 月 4 日—1935 年 10 月 30 日。
②张菊玲:《"驱逐鞑虏"之后:谈谈民国文坛三大满族小说家》,《中国现代文学研究丛刊》2009 年第 1 期。

弊端"①。曹艳霜认为是对旗人际遇的反映和对个人自由和解放的批判,"小说《笑里啼痕录》《北京》《同命鸳鸯》《如梦令》《财色婚姻》等均表现了社会转型期旗人的际遇以及特定的生存状态"。"《财色婚姻》批判了个人自由和个性解放的思想价值观"②。

笔者通过钩沉出穆儒丐1931年"九一八"事变前到1933年6月在《盛京时报》中断创作期间的经历,使得解读穆儒丐的这部小说有了新的视角。穆儒丐最早透露《财色婚姻》创作意图是在他重回沈阳后,连载关于清末老北京风俗的回忆文章中,这些回忆文章起初冠名为"北京梦华录"③,在这部《北京梦华录》中,穆儒丐直接声明效仿《东京梦华录》:"记者久拟仿照《东京梦华录》的体裁,作一本《北京梦华录》"④。《东京梦华录》是一部北宋亡国遗民回忆故国繁盛的书,其叙述基调是"一旦兵火,靖康丙午之明年,出京南来,避地江左,情绪牢落,渐入桑榆。暗想当年,节物风流,人情和美,但成怅恨,近与亲戚会面,谈及曩昔,后生往往妄生不然。仆恐浸久,论其风俗者,失于事实,诚为可惜,谨省记编次成集,庶几开卷得睹当时之盛。古人有梦游华胥之国,其乐无涯者,仆今追念,回首怅然,岂非华胥之梦觉哉!目之曰《梦华录》"⑤这种身处乱世,追忆已然消失殆尽的前朝繁荣的世俗生活的叙事基调,在伪满洲国刚刚成立的语境中,偏离日伪官方的意图不难体察,同时也可以窥见尽管伪满成立得到了很多清朝遗老遗少的支持,但是不能轻易将遗民叙述完全归于为伪满成立张目。这同样提示在伪满文化语境中,只根据文学作品的字面义和题材来判断文学的派别和属性,尤其是政治属性的做法过于武断,无法还原东北沦陷时期混杂多义的文学文化生态。《财色婚姻》正是接续《北京梦华录》遗民笔调来书写的。

《财色婚姻》连载前的预告,这样介绍这部小说,"近应多数读者之要求,创作一书,名曰《财色婚姻》,以深刻之笔墨,描写现代婚姻之真相"⑥。穆儒丐这样介绍自己这部小说:"立意自然很明显,主要的宗旨,是攻击以财色为目的的婚姻。但是古今中外,演财色的书为数很多,大半附会太甚,任意渲托,既违事实,尤伤风化。

---

① 詹丽:《东北沦陷时期通俗小说研究》,博士学位论文,吉林大学,2012,第61页。

② 曹艳霜:《论穆儒丐小说的旗人书写》,硕士学位论文,暨南大学,2017,第18页。

③ 连载后期,不再冠以北京梦华录,但是文章具有连贯性,所以都统称为"北京梦华录",学者陈均也持这一观点,并将穆儒丐这一时期的创作的回忆老北京风物的文章重新编辑成书,书名为《北京梦华录》,北京出版社,2016年版。

④ 穆儒丐:《北京之粥类》,《神皋杂俎》,1934年2月6日。

⑤ 孟元老:《东京梦华录》,中华书局,2020,第1页。

⑥ 《财色婚姻》预告:《神皋杂俎》,1934年7月28日。

本书所言之财,是普通实际之财,所言之色,是目前公睹之色,用不着怎样裸化言及曲线。虽然连打胎的事都写到了,然而决不使用一句污言秽语,务使书中人物,各具人格,绝不照其他财色书写得那样卑贱。更有一点,普通财色书无非黑幕拆白,多半是男骗女,所谓既骗其财又盗其色。事既丑矣,文亦殊秽。本书使男主人公生有殊色,意志却不见怎样坚强,处处使他失败,俾不落常套,以免去那些污秽不堪的事情"①。

但是在女骗男的财色小说背后,对时代的隐喻却分外明显。小说的时间线索十分明确,小说主人公是旗人子弟金珠。他的母亲在 1911 年中秋节怀孕,与辛亥革命基本同时。1912 年诞下金珠,与中华民国成立同年。1931 年初金珠由北京燕华大学毕业到哈尔滨税务司任职。1931 年 5 月结婚,在蜜月期间被哈埠海关紧急召回,得知夏秋间满洲将有大事。伪满成立之初,金珠在岳父的怂恿下以宗室身份到"新京"求职,结果就职不成染上传染病,回哈尔滨后病逝。故事中每一个时间点在中国近代史上都有重要的意义,尤其是对于刚刚发生的"九一八"事变和伪满成立,隐喻性不言自明。穆儒丐将自己对辛亥以来的历史,尤其是对"九一八"事变和对伪满成立的态度,以潜话语的方式写进了这部一反常调的女骗男财色的小说中。

《财色婚姻》连载结束后,穆儒丐在《神皋杂俎》连载《〈财色婚姻〉脱稿述略》。以作者的身份谈自己的创作思路,其中颇有耐人寻味之处:

小说在形式上,虽然和大说不同,但是事体与社会国家无干的,也不许枉费笔墨。(以小说为业的,不在此例。)廿四史中,虽然是本纪列传的好像给一个人作传,骨子里并不是那件事,利害的关系,果然仅止限在一个人。施加也犯不上给他们立传。小说也是这样,不能看作一人一家的事,那正是社会国家的问题,或是一时代的历史,用小说的形式来谈论或是记述的。

说到这里,所以有人来问我说,"你所写的财色婚姻,是谁的事呢。"这话使我很难答。没有事,自然不能写小说,但是小说决其不是这样简单的。如果认作一个人如何如何,就尽小说的立意,那小说当真不必作了。小说不能为一人一家饶舌,也犹之史记不为一人一姓之传,所以读者千万也不要认作这就是一人一家的是。"你写的是谁的事?"这都是教作者难为情的,我不敢说辜负了作者的命意,不但是我这样一个老朽无才的作家,便是天下一功小说家,都不愿意人家问他,"你写的是谁的事?"②

一方面他强调小说的"史家之笔",另一方面又说小说并不是写一人一家的事

①穆儒丐:《〈财色婚姻〉脱稿述略》(上),《神皋杂俎》,1934 年 10 月 31 日。
②穆儒丐:《〈财色婚姻〉脱稿述略》(下),《神皋杂俎》,1934 年 11 月 1 日。

情。在《财色婚姻》之前穆儒丐创作的小说,尤其是长篇小说,一般都是根据真实发生的事情进行创作。他1918年在《神皋杂俎》连载的小说《女优》,是以北京戏曲演员筱爱茹为原型。① 小说《北京》的预告:"此书为儒丐君最近铭心之作,以北京为布景,写社会之状况,用笔犀利,可歌可泣。内容有女士、有青年、有游侠,社会各级人物,莫不关联。而其事迹,皆十一年来丐君所目观。冶入一炉,用稗官家言渲染之,故加倍生色,与其他空中楼阁,及无聊杜撰者,不可同日而语"②。而穆儒丐在作品中,也经常拿自己的作品作为事实的证明,"我记得是在丙辰丁巳两年之间,那时我的事由很不随心。先君便是那年见背的。据说,人在丁忧的时候,运气当然不好。诚然,那时第一届县知事考试,我已然及第了。不想我自己犯脾气,竟然齐全了。(详细参阅拙著小说《北京》)"③。小说《财政次长的兄弟》④连载结束后,更是指天发誓地告诉读者这件事情的真实性。"作者附志:此篇纯粹写实,不加伪饰,至于行文,是用我自己描写方法,如有半点私心,甘当天谴。"可见穆儒丐在小说中,尤其是以戏剧和旗人为题材的长篇小说中,一直有意坚持以史家之笔来创作。而在《财色婚姻》中,他一方面仍强调这篇小说的史家传统,另一方面又以小说的虚构性来回答"谁的事?"的提问。穆儒丐最后还是交代了一点他创作的出处,"据偶然的感触,加入些预储的材料,便这样一天天地写下去。"可见这篇小说的确与他之前的小说都不同,穆儒丐表达"偶然的感触"是小说创作的主要目的之一,也是其表现"时代和国家"的史家之笔的核心。而对刚刚发生的"九一八"事变和伪满成立,也自然成为穆儒丐描述的重点。

一、结构潜话语:中日俄铁路与"九一八"事变

《财色婚姻》第十七章"悠悠的长途,绵绵的情绪",描写1931年初金珠从燕华大学毕业离开北平到哈尔滨任职的旅途。从讲述故事的角度讲,这一章与故事进程无关,仅仅是场景的转化,用整整一章来写故事场景的转化无趣而冗长。然而穆儒丐分外用心地创作这一章,细致地描写了金珠从北平上车乘坐北宁铁路,到沈阳和长春换乘两次火车抵达哈尔滨,重点描写金珠路途中乘坐中、日、俄三个国家铁路的区别。借由金珠的视角来描写三个国家铁路的经营情况,进而表达自己对东

---

① 穆儒丐:《介绍筱爱茹》,《神皋杂俎》,1925年6月27日,"诸君欲知筱爱茹的为人和历史,我记得作人盛京时报时,曾写了一篇长篇小说《女优》,那里面一半是爱茹的事。"

②《北京》广告:《神皋杂俎》,1923年2月13日。

③ 穆儒丐:《运命质疑》(2),《神皋杂俎》,1935年11月8日。

④ 穆儒丐:《财政次长的兄弟》,《神皋杂俎》,1925年6月12—14日。

北地区"九一八"事变前,中、日、俄三方势力的实际情况:

　　这悠远烦闷的旅行,终于完成了。他经过了关内外好几处大站。坐了三种彼此不同的火车。在初次旅行的人,也可以说得了不少的经验,有了不少的观察。虽然说三四日的光阴,完全消磨在火车里。而且有时又在夜中,广漠的满洲平原,黑洞洞自然是什么也看不见了,仅就在车中和白天所看见的,已足判明关内的和关外的不同,中国和日俄的不同了。坐在北宁车上,所见无非军阀和官僚的恶气焰,至于沿途的老百姓,不但不曾受着铁路的恩惠,反倒因为有了铁路,而尝着了更迅速更惨酷的压迫和蹂躏。坐在"南满"车上,所见惟有日本人一致的努力,决其不是一个铁路公司,在那里敷衍着做买卖。他们虽然是对于一尺长的铁道,也好像是国家的重宝般,举国一致的经营着、爱护着,及至他坐在北铁的车里,那就又换了一个世界,车身的阔大,铁轨的绵长,处处表现着当年俄国人雄风巨魄,在满洲的悬案问题,固然是很多了,只就这三国的铁路看来,胜败之数,已不待著龟了。①

　　穆儒丐通过金珠的旅程展示了"九一八"事变前,东北地区中、日、俄三国的形势。在小说接下来的叙述中,他更加深入地表达了他对局势的看法。事变前金珠在蜜月旅行中被哈尔滨税务司紧急召回,通过税务司得到"本年夏秋之间,在满洲地方,要起一大变化"②的情报便感叹,"这不是神经过敏,但看近来的趋势,迟早是不免的。他们为什么一点外交也不懂,依然是一味蛮来呢?"③穆儒丐在小说中描写当时的社会形势,"同时不但是南方,便是北方,以及东北,人们的口号,喊得益发厉害了。不仅口号,挽联一般的白布标语,张得满街皆是"④。可见穆儒丐认为"九一八"事变前夕,东北当局处理危机的方式和民众的抗议方式是不适当的。这也和上文提到的《运命质疑》中,提及自己离开东北的原因相互印证。在穆儒丐看来,日本多年来在东北地区的浸润很深,事变前东北当局"一味蛮来"和"不仅口号,挽联一般的白布标语,张得满街皆是"的激进爱国行为都是不明智的,激化了中日矛盾,导致"九一八"事变发生,对此穆儒丐充满了惋惜。穆儒丐对"九一八"事变发生的看法与日伪官方声称是东北军炸毁铁路导致的,两者有巨大的区别。这种明显溢出小说故事层面意义的表达,导致小说在结构上或偏离故事,或为表达其潜话语而设置故事情节,都是明显的结构潜话语表达。

---

①穆儒丐:《财色婚姻》(167),《神皋杂俎》,1935 年 1 月 26 日。
②穆儒丐:《财色婚姻》(304),《神皋杂俎》,1935 年 6 月 24 日。
③同上。
④穆儒丐:《财色婚姻》(311),《神皋杂俎》,1935 年 6 月 29 日。

二、反讽潜话语:金珠"新京"之行与伪满傀儡政权

"九一八"事变后金珠面临两个选择:一是回北平,二是去"新京"。而在穆儒丐看来回北平是上策。"近日金珠,过于烦闷了,论理他舍了他那已经动摇的地位,回到家乡,恳求师友,另谋他就,也未始不是上策,无奈七小姐,根本不赞成他的主张"①。但他恐惧母亲对自己擅自娶亲的责备同时也不敢面对青梅竹马的淑良姑娘,加上被岳父一家束缚,终究没有能回北平,而是去"新京"谋职。

小说通过侧面描写表达对伪满成立的嘲讽,金珠的岳父林锐忧怂恿金珠以清宗室的身份去"新京"求官,金珠如是说,"您这话使从何说起,您,我不敢说,因为您有老资格。若说我,在民国还有希望,因为他们重视青年人,如今'新京'国喜欢老的,我们青年人,恐怕要被摈弃了"②。到"新京"后,穆儒丐通过描写金珠在满洲大旅社人眼中的怪异,展示伪满成立遗老遗少云集的闹剧:

这满洲大旅社,在从前有买卖没有,虽然不得而知,但是在现在名副其实的仕宦行台了,他这里不但现任官吏住着不少,便是不远千里,到"新京"来献计谋事的,为数也很多。可是在这些人里,要以金珠一人最为醒目了,不但他的衣服时髦,举动贵华,便是他那俊美的面庞,之亭的体态,英爽的精神,无论谁见了他,都要暗吃一惊。若说他是唱戏的,他又一点轻佻神态也没有,若说他是来谋事的,也不像,不但年龄可疑,怎么连蓝袍青褂也不穿呢。③

穆儒丐还通过金珠"新京"求官的经历,描写"新京"的混乱和投机分子的丑陋:

及至到了"新京",不但没雨,天气很热,这里城小人多,什么都不方便。交通机关,除了一道公共汽车,便是带着马溺味的破□马车,坐起来,把屁股和后腰硌得生疼,虽然也有几家汽车车行,既忙且贵,急切里还寻不着。栈房、饭店,更是十分拥挤,并且也没有好的,都是鸽子窝一般的房屋,外带着使用臭虫,招待客人,不用说最近的金珠,受不了这样的罪,便是他在学生时代,也不曾尝过这样的□□的□味。没法子,在繁华的中枢区,满洲大旅社,觅到一间上等□□,勉强住下,但是他的神魂,已然懊恼。④

---

①穆儒丐:《财色婚姻》(326),《神皋杂俎》,1935 年 7 月 14 日。

②穆儒丐:《财色婚姻》(320),《神皋杂俎》,1935 年 7 月 8 日。

③穆儒丐:《财色婚姻》(329),《神皋杂俎》,1935 年 7 月 17 日。

④穆儒丐:《财色婚姻》(328),《神皋杂俎》,1935 年 7 月 16 日。

　　根据穆儒丐 1937 年发表的《新京七日记》①，提到 1932 年溥仪在"新京"任执政时，他参加了典礼，"当五年前，登基大典时，予曾忝参列。"而穆儒丐创作《财色婚姻》期间，穆儒丐的弟弟穆晓田就在"新京"任职，"是日，舍弟晓田，也因为放假，自新京回金州去，特地到我这里看看，给我买来了两瓶酒，和许多精美的肉"②。并且《盛京时报》于 1933 年 8 月 2 日开始设置"新京专刊"，"新京"的建设新闻屡屡见报。这些都表明，他对伪满"新京"建设过程应该是熟悉的。而他在 1934 年写到伪满"新京"时仍然用这样的笔触去写，就不能不让我们联想到他的真实用意。③

　　颇令人玩味的是小说第二十四章"霹雳一声山河变色"，这一章以明末满洲兴起的传说开始：

　　在三百年前，有一位望气先生，由中原到关外来游历，因为他已经看出满洲分野，起了一股紫霞，便是星象家所说的王气。因为满洲有了王气，所以他才来访求真主。这时太祖高皇帝，已由长白山下，统一诸部，大破明兵，在沈阳继了帝位。这位望气先生来到沈阳，虽然见不着皇帝，但他进得城来，真是另有一番新气象，虽是贩夫走卒也具着王侯气概，绝无半点滑头滑脑，傲气凌人的样子。至于租房不给钱，坐了车还打车夫，就算给了代价的事，决其没有。所以这位望气先生，承认王气尽在大清国了。他们的贩夫走卒，都亭亭有王侯之表，那皇帝的伟大，还用问吗？果然不久大清兵便统一了全中国，在固有版图外，又开拓了不少领土属国，在东方成立一个古来少有的伟大帝国。这就因为天人合一，才成功了，这样的伟大的事业，以后人事不济了，竟凭天运，所以天运也就消失了他的效能。话虽如此，可不能说满洲的王气，从此便断了根，因为人心还在那里希望着，酝酿着，再说眼前的痛苦就是以往安乐的比照，固然机关一触，新命旧邦，梦一般便告成了。④

　　写三百年前满洲崛起是真诚的，出于对族群历史的自豪，但说到三百年后的伪满时充满了戏谑，"新命旧邦，梦一般便告成了""自有一班攀龙附凤的人，眼光敏锐，手腕灵活，努力向前迈进了去。"也充分说明了对于满洲崛起的民族自豪与旗人身份的认同，并不一定就等同于对伪满的认同。而且在叙述中见缝插针地讽刺伪满的官员，"平日没什么资格的人，都作了总长"⑤。

---

　　①穆儒丐：《新京七日记》，《神皋杂俎》，1937 年 9 月 24—9 月 30 日。
　　②穆儒丐：《新年五日记》，《神皋杂俎》，1934 年 1 月 14—1 月 21 日。
　　③根据《财色婚姻》连载期间，在 1935 年 7 月 21—24 日中断连载，于 7 月 23 日在《神皋杂俎》刊登启事，"《财色婚姻》小说，因著者小受感冒，请假休养，暂停两三日，即请读者谅之。"可知小说并非提前写好后刊载，小说创作时间与刊载时间是一致的。
　　④穆儒丐：《财色婚姻》（319），《神皋杂俎》，1935 年 7 月 7 日。
　　⑤穆儒丐：《财色婚姻》（320），《神皋杂俎》，1935 年 7 月 8 日。

虽然穆儒丐没有正面描写伪满成立的过程,但是通过揶揄、反讽的潜话语表达方式,叙述金珠的"新京"之行,展示了伪满成立的混乱和丑陋,嘲弄了伪满成立的闹剧。

三、隐喻潜话语:死亡的隐喻

金珠在"新京"没有得到官职,反而得了致命的传染病,"他的心中,有说不出的烦闷,有极度的懊恼,偏又赶伏后的褥暑,较比夏天尤为酷烈。又以入秋以来,气候失常,雨水不断,各地常有传染病,也就因之断断续续的,每有警耗。金珠因为所谋不遂,瞻前顾后,大是不了,失望之极,对于卫生的事也就不大注意。偏巧传染病便趁隙侵入,始而发烧,头目昏沉。他自觉不佳,所以强打精神,赶紧跑回家来"①。回到哈尔滨不久,金珠就病死了。

小说总结金珠的死因也与此时伪满成立联系起来,隐喻地表达对伪满成立的批评,"贯总归一,金珠没有那么大的福命,所以才自投罗网的,造成这样一个无法挽的结果。连整个的国家,都有类似这样的事,本来自己早已许给人了,并且恨不得管人叫爸爸,就求人家帮个忙,什么愿都可以还的,哪里知道你成功之后,依然是儿子的地位,翻脸不认账,人不打你怎的,责人不如责己"②。

《财色婚姻》写了金伯苓和金珠父子两代旗人的遭遇,父子二人都是早逝。小说中金珠的父亲金伯苓是为清朝灭亡而死,而出生在中华民国建元年的金珠,死在了伪满成立的闹剧中,小说中金珠的死亡时间是1931年秋天,而穆儒丐创作这部小说的时间是1934—1935年。1934年3月1日,"满洲国"改为"大满洲帝国",溥仪由"满洲国"执政,转为"大满洲帝国"皇帝。金珠之死无论文本时间还是作者创作时间都隐喻地表达了穆儒丐对伪满政权本质的揭露和批判。

厘清穆儒丐1931—1933年经历,还原穆儒丐创作《财色婚姻》时的处境和心态,使得小说中的文化抵抗的潜话语凸显,这对穆儒丐进入东北沦陷时期的创作心态和作品解读都有很大的启示。

第三节 《新京七日记》的潜话语分析

伪满成立所盗用的历史资源之一,就是历史上旗人曾拥有满洲土地的所有权,

①穆儒丐:《财色婚姻》(332),《神皋杂俎》,1935年7月20日。
②穆儒丐:《财色婚姻》(507),《神皋杂俎》,1935年10月20日。

以及旗人在民国时期受到的不公待遇。这使一直言说旗人历史、守护旗人记忆的穆儒丐,被轻易地划入"汉奸文人"行列。而通过分析穆儒丐创作于伪满成立初期的小说《财色婚姻》的潜话语,可以看到怀有自己族群历史的荣耀记忆,并非就认同伪满成立的合理性和正当性。因为族群终究是在血缘和地缘基础上形成的共同体,它是前现代的社会结构形式,中华民国是以现代国家的形式出现,即使伪满是傀儡政权,也是以现代民族国家的面目出现。现代民族国家对族群历史,或是排斥或是吸收,都必须经过现代性这个装置①,这就对族群历史的言说、对族群记忆的守护,不可能是一种意义、一个指向。对于自己民族记忆坚守的文学表达是民族文学的范畴,而对于民族国家的认同是民族国家的范畴,两者不能混同。不能因为伪满成立就将东北沦陷时期言说旗人历史、坚守旗人记忆的文学归为伪满张目。书写族群记忆和历史究竟是什么意图,还要在具体的历史语境和文本逻辑中确定。

这一时期,伪满傀儡政权急需存在的依据,旗人族群言说是其确立政权"合法性"的一个重要资源。这恰恰是旗人族群言说成为文化抵抗可以借用的一种资源。用后现代理论视角来看,话语意义并非是单向的,日伪官方对旗人族群言说的借用,使得旗人言说成为一种在伪满语境中"合法"的言说,但是政治权力并不能做到使这种言说完全沿着统治者意图进行。穆儒丐在这种合法性的庇护下,以旗人族群的视角来反思历史和现实,用潜话语的文学抵抗方式来讽刺伪满的成立。用刘晓丽的话来说,伪满洲国的文化空间是"异态空间",在这异态空间中的文化生态必然与正常时空的文化生态不同。而穆儒丐代表着与伪满当局曾经共享同一族群历史,而在伪满成立这个节点上产生了内部分裂的旗人立场。这两种旗人立场相互借用、相互竞争、相互嫁接。而这两种分裂的族群言说,其逻辑是可以借助史料和文本辨析的。这促使我们去思考在伪满文化语境中,潜话语的多重指向。这不仅是全面阐释穆儒丐作品的一条有效线索,也是打开伪满异态空间的一条有效途径。

王晓恒在其论文《在文学与政治之间:〈盛京时报〉时期的穆儒丐》中提到,1937 年穆儒丐在"新京"建设典礼期间,参加由弘报协会主办的"全国满字新闻记者恳谈会"等一系列活动,并发表连载文章《新京七日记》②。王晓恒这样评价《新京七日记》,"日记记述了 1937 年 9 月 12 日至 18 日穆儒丐在'新京'参加会议的内容及所见所感。其中就有对'新京'城变化的赞叹:'沿途所见巨厦层楼,壮丽无比,尤以道路,异常修洁','家屋建筑,已鳞次栉比,街道国道,四通八达,且处处美化,俱见匠心,谓为新兴国际都市,询无逊色,建设之孟晋,规模之伟大,观者唯有惊

①此处借用柄谷行人在《日本现代文学起源》中使用的"现代性装置"概念。
②穆儒丐:《新京七日记》,《神皋杂俎》,1937 年 9 月 24—30 日。

叹而已。'这种明显带有夸张成分的溢美之词充分说明了作者对伪满洲国及其建立者的肯定和赞美"①。

而王晓恒没有注意到这篇文章中大量脱离会议本身的拉杂叙事,形成一种潜话语瓦解着报道字面意义。在这篇日记中穆儒丐记述了与当时伪满官员不和谐的一幕:

(9月14日)晚六时半,赴"国务总理"之招宴,"总理"未出席,以谷次长②代为主人。席间谷次长致辞,语极热烈恳挚。先述日系官吏不眠不休之精神,中述满系官吏之多腐败,终以优胜劣败之天演之说,以免同人痛快淋漓,得未曾有。同人乃使予作答词,意鄙言拙,殆不足述。惟关于物竞之说,有不能不少加解释者。则物竞原则,乃仅行于自然界者,至于日进文明之人类国家社会,大部分已脱除此法则。而另以人为的法规或道德治理之。譬如老虎吃鹿,物竞天择也,不能谓之犯法,强盗杀人,则不能引物竞之说,以自回护。此乃真正犯法行为,文明的国家社会,所不许也。然而谷次长学识宏富,岂不知此。特目击种切,大有恨铁不成钢之意,其所以激励吾人者,可谓至矣。虽国家当道,对于一般人事有提高向上之责,亦非一朝一夕所能跻及,要不外上下共勉,止于至善而已,席散归寓,已将及九时矣。③

从穆儒丐的叙述中,可以窥见这次招待宴上发生了伪满官吏与"满人"记者的一次冲突。文中关于这次招待宴宾其他细节,穆儒丐只字未提,作为一个新闻行业资深从业者,这种报道是十分不专业的。考虑到当时伪满的语境,可以想见当时宾主双方的分歧和冲突激烈程度。而从"同人乃使予作答词",隐约透露出当时参加招待宴的中方记者对谷次亨讲话的反感。穆儒丐作为记者代表的答词,并不是为"满系"官员辩护,而是反驳谷次亨社会进化论观点。从穆儒丐的叙述中,可以看到他对进化论学理式辩驳只是一种掩护,真实的意图是以学理论辩的方式表达对伪满官员言论的反感和抗议。从这个细节可以窥见伪满文化的复杂性,以及潜话语式的文化抵抗在各种话题和讨论中的痕迹,各种势力间的冲突无法在正面的描述中充分展开,论战双方立论、反驳的方式都必须借助科学、知识、旗人历史等伪满允许的话语范围展开。各种文化力量在相互借用,相互嫁接,相互竞争中表达自己,潜话语式的文化抵抗正是在其中得以表达。如果以后设民族主义的思维看待这些

①王晓恒:《在文学与政治之间:〈盛京时报〉时期的穆儒丐》,《中国现代文学研究丛刊》2016年第3期。

②谷次亨(1898—1977),原名谷嘉年,字次亨,汉族。伪满"国务院"唯一一名作次长的中国人。

③穆儒丐:《新京七日记》(4),《神皋杂俎》,1937年9月27日。

作家作品,很难描摹当时细微而扭曲的表意图景,只能借助充足的史料尽可能地细化当时的文化生态。只有细读文本中"民族协和""文字报国"与作家文本中内在叙事逻辑间的关系,才能还原真实的伪满文化图景,厘清各种话语之间扭结、缠绕、竞争的多声部式的复杂关系。

通过细读穆儒丐的《新京七日记》,笔者不能赞同王晓恒对《新京七日记》的解读方式。除对"新京"建设赞叹外,可以在文中大量与参会过程无关的闲言中看到穆儒丐的另外一种情绪表达。1937 年 9 月 14—21 日在《盛京时报》号外版刊登此次会议的专题新闻报道。这些报道虽未署名,但根据穆儒丐在《新京七日记》中记录的参加此次会议的伪满各地记者名单,穆儒丐是《盛京时报》唯一参加"全国满字新闻记者恳谈会"的记者,因此可以推测《盛京时报》号外版对此次会议日程的报道出自穆儒丐之手。而穆儒丐在正式的报道之外,以日记的形式发表此次参会的感受,其中看似与会议不大相关的文字和情绪就颇值得玩味。

根据日记记载,13 日开会,12 日穆儒丐才接到通知。他没订到"亚细亚号"特快车票,只能乘坐"鸠号"慢车。到"新京"时已经很晚,会议举办方没有接站,也没有住宿安排。他自己找到一家旅店又没有空房,跟店家商量得了一间如仓房一般顶棚开窗的房间。

记者以十二日赴"京",本拟乘"亚细亚号",因该列车票已售罄,临时不能得,乃改乘"鸠号",以故于午后四时余始登车,至"新京"已将九时矣。事前虽有书致戚家,但未标明时刻,故降车后,无一熟人,亦不见协和会有何标志。辛舍亲关维琴君,有事赴"京",与余同行乃相偕出站,呼二人力车,暂投头道沟越香春旅店。比至,主人意欲不纳,谓客已满,无空房。盖以集协和会联合大会各省代表空房者多,不愿接纳素所不识之人也。予以来意告之,且谓如无房屋,可假电话一用,之戚家以车来迎,如有房便祈匀一间,决不见累。主人见予似非不鸣一文者,意少动,乃顾谓店伙,在楼上为予觅得一室。室在西北隅,光线不得入,顶棚天窗,如仓房然,租金一日三元。予以暂居,遂命粪除,置卧具焉。[①]

到达"新京"后,穆儒丐对第二天开会日程一无所知。直到晚上 11 点多,"国通社"才有人逐家旅店搜访外地来"新京"开会的记者,通知第二天的会议相关日程。

十一时许,"国通社"所派之招待员吴宇存君,搜访至此。谓事前仓卒,既未预发免票,亦未代订居处,恐诸君不知明日开会地点,故向各栈房偏(遍)访,已得二人矣,其余尚不知住在何处。予询以外埠代表共有几人,吴君谓外埠报名者,止不过

---

① 穆儒丐:《新京七日记》(1),《神皋杂俎》,1937 年 9 月 24 日。

六七人,其余多驻京之分馆职员。语时,由皮包内取出日程单一份,出席代表名簿一纸,予始知详细。①

9月14日,和协会联合大会召开,穆儒丐等参加"全国满字新闻记者恳谈会"旁听会议。其间各部大臣将旁听会议的记者误以为是"新京"记者采访。穆儒丐在文中直接地表达了对会议组织者的不满:

> 大臣皆着协会服,除治安部于大臣另有规定访问,是日各部大臣殆全辱临。惟是时有足令人骇诧者,各大臣竟不知予等为"全国满字新闻记者恳谈会"之代表,依照日程而访问者,乃竟误为采访新闻而来,故一开口即相左。如为采访新闻,有所请教,自有驻京记者,何必集全国代表特来京中访新闻乎。如何致误,殊不可知,遗憾之情,亦难自己。总之此日之事,由于误会,而欠圆满,两皆有失,莫怪一方。惟予以新闻记者立场,深判吾同业有以自勉。②

按会议日程9月16日是自由活动,这天因为是伪满"国都"建设典礼,"新京"警跸。由于事先没有办观看手续,加上是非"新京"的"外来之人",不能外出,只能在客栈默坐,直到警跸解除才能出门。

> 是日(9月16日)午前,自由见学,然"国都"建设典礼,适于是日为正式,皇帝陛下幸临。自昨夕即加警跸,今晨益严。虽事前曾一度请求参加,以手续仓促不备,为首都警察厅所拒绝。予等以外来之人,虽于新闻界从事多年,文字报国微忱,不无可录。然而官事官办,人既以手续不备而见拒。予等自应谨慎思过。是以早晨不敢出门,惟在客栈中默坐,如对帝天,用志私庆。及警跸解除后,始敢出行。③

穆儒丐在18日完成了会议日程的既定内容后,就订了返回沈阳的车票。接到会议主办方之一满日文化协会,在"新京"多留二三日的请求,穆儒丐以报社很忙推脱。

> (18日)予归客栈时,已将近九时,车票已购妥,以明日为中秋,决归社也。十时许有电话来,则满日文化协会之陈君英三见召也。谓协会中亦正开会,能否再留二三日,略事盘桓。予以社中大忙,且所作说部稿,已几中断,不敢再延,遂敬谢之。④

19日穆儒丐临离开时,又因客栈主人害怕没人付钱而不得不与客栈主人多费很多口舌,屈辱感跃然纸上。

> 十九日午前九时,行李已束,将行矣。而客栈主人忽拦予不听行。予询以何

---

① 穆儒丐:《新京七日记》(1),《神皋杂俎》,1937年9月24日。
② 穆儒丐:《新京七日记》(4),《神皋杂俎》,1937年9月27日。
③ 穆儒丐:《新京七日记》(5),《神皋杂俎》,1937年9月28日。
④ 穆儒丐:《新京七日记》(7),《神皋杂俎》,1937年9月30日。

事,则以七日房租未付为言。予甚骇然,自余至此,当夕即有"国通社"之吴宇存君,在账房留言,将来宿费,由"国通社"或另以其他手段支付,无于客事。昨晚吴君又来叮嘱之,宜无误矣。不意客栈主人,知识短浅,恐予行后,无人付钱,将受亏累,执意主张谁住房谁付钱。予百方譬解,又有送行者代为说明,意始少平,而仍寻吾短曰:君之宿费,既有公家担任,君之杂费,以及君之同伴所需,应归谁付乎? 予笑谓曰:此等杂费,分文未短,并小账统于前夕了清矣,彼询楼上伙友,良然,始放予行。意! 七日功成圆满,不图濒行,遭此挫辱,世路之难,亦可想见。昔商鞅治秦,徙木立信,商民识浅而愚,以言语使信,不如以事实使信,信立,虽使不信不可能矣。[①]

通读《新京七日记》固然有王晓恒所谓"作者对伪满洲国及其建立者的肯定和赞美。"但是通篇文章中,对会议组织无序的气恼、对当局的揶揄、对自己"新京"之行诸多不便的抱怨,比较对伪满的赞扬、对"新京"建设的称赞更引人注目。如果将穆儒丐《新京七日记》这些与"肯定和赞美"大相背离的情绪和叙述概括起来的话,"苦差"一词倒是更为恰当。而文末写自己回到沈阳家中的放松和愉快与"新京"的苦差形成了鲜明的对照:

午后二时余,车至奉天,归寓后,月饼水果,堆列满案,预备晚间赏月大嚼矣。然而予家有小事,足博一噱者,则予所爱之狼犬玲玎,自予赴京后,即不食,意忽忽不乐。若甚殆备,喻之不解。盖此犬四岁,从未与予离一日,今七日长思,几酿大病。见予归,始欢跃而起,此犬之愚,亦犬之忠,不可不记也。[②]

笔者借《新京七日记》,分析穆儒丐在东北沦陷初期文学作品中的潜话语及潜话语的表现形式,希望能丰富穆儒丐研究的历史性和多维性。以穆儒丐作例,说明伪满官方主流意识与其他多种话语在相互借用、相互竞争、相互嫁接中,形成了伪满真实复杂的日常文化图景。

小　结

在日本支持下建立的伪满洲国,为掩盖自身的不合法性,以集权的方式,试图将社会生活各个部分纳入统治。然而在文学领域,东北文学仍然与中国文学血脉相连。虽然穆儒丐一直言说旗人历史,表达社会对旗人的不公,他仍然是在中国这个前提下言说族群。因此"九一八"事变前,穆儒丐跟随周大文选择离开东北。在

①同上。
②穆儒丐:《新京七日记》(7),《神皋杂俎》,1937 年 9 月 30 日。

周大文卸任后,穆儒丐回到东北,在伪满集权语境下,以各种潜话语的方式游离日伪对文学的胁迫。在政治高压的异态时空中,形成了生动的多样的文化抵抗。借助对穆儒丐东北沦陷时期的文学创作、文学论争的还原,勾勒出伪满复杂的文学创作环境,揭示伪满政治胁迫文学的行径,以及文学对政治的曲折反抗。从另一个侧面也反映了伪满文学"独立"只是一件"皇帝的新衣"。

结　　语

　　穆儒丐思想中一以贯之的存在三对矛盾:满汉、中外、新旧。这三对矛盾关涉着现代民族国家的形成、进化论下的民族自强、如何建设中国现代文学,三个中国近代社会的大问题。他的思考总被中国近代历史的巨变不断地打断,社会现实处境的巨变,使穆儒丐的思考不断增加新的因素。新思潮地不断涌入,使穆儒丐在新语境下,不断与新思潮发生碰撞。而我们现代文学史的书写大多以新文化运动作为起点,成长于光宣之际的穆儒丐,他所持的文化立场异于新文化运动,这使穆儒丐成为中国现代文学史上的边缘人物。另外因为他的旗人身份和他对族群身份的强烈认同,使他对中国文化和历史的叙述与传统以中原汉文化为中心的叙述存在很大差异。"九一八"事变后,在日本支持下的伪满洲国傀儡政权建立,使东北和旗人作为一种文化资源极易被盗用,也极易被误解,这使穆儒丐研究一直存在争议和困境。

　　为了更好地展示穆儒丐在满汉矛盾所关涉的民族国家认同及世界想象,笔者以象限图的方式展示穆儒丐在清末民初民族国家形成时期,处理旗人历史、文化与中华文明、旗人族群认同与中华民族现代民族国家认同之间的关系。

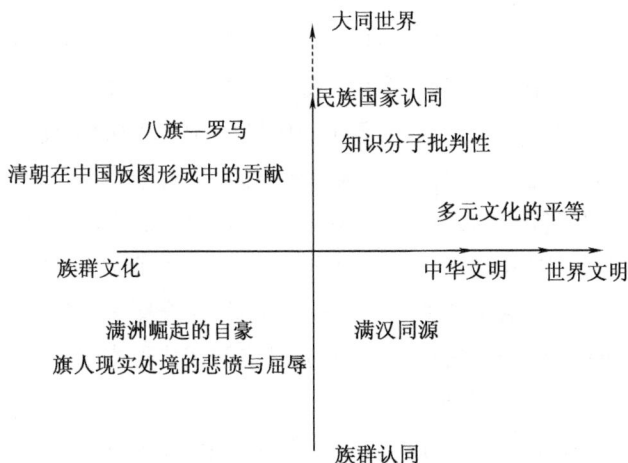

穆儒丐族群——国家思想体系图

该象限图纵轴为穆儒丐"族群认同－民族国家认同轴",在民族国家认同之上,是穆儒丐构想的世界大同想象。穆儒丐对未来理想世界的大同想象,在很大程度上加入了中国传统天理式的道德建构。但穆儒丐认为自己所处的世界,是万国竞争、弱为强食的公理时代。如果中国不经过公理时代的考验,建成独立强大的民族国家,便没有资格进入未来的大同世界,因此大同世界并不是此时的当务之急,因此笔者将民族国家到大同世界以虚线表示。

该象限图的横轴为穆儒丐的文化观念,分为三个层次:族群文化—中华文明—世界文明。穆儒丐作为旗人历史与文化的守护者,他热爱自己的族群文化,对于旗人文化圈中的京剧、岔曲、单弦等文化形式推崇备至。认为以满洲旗人为代表的北方少数民族文化,在中华文明形成中起到重要作用。坚持北方文化与中原文化同源且同等的观点,批驳将北方文化视为蛮夷的傲慢的汉文化中心史观。而在中华文明之上,穆儒丐认为世界文化存在各文明相互尊重和彼此交流,独立、平等的大同文化世界。

穆儒丐关于满汉、新旧、中外思考的表达,会因不同时代随着中国现实和自己族群的处境变化在横纵轴上滑动。

清末旗人群体处于满汉族群的优势地位,此时穆儒丐极力言说"满汉蒙回藏"五大族群应合为一大国民,从传统王朝族群认同向现代民族国家认同过渡,并从自己族群的历史中汲取资源,构建现代民族国家观念,穆儒丐将满洲入关前的八旗制度比附西方罗马时代就是其中一例。在族群认同上认为旗人与汉人为同种人,文化上强调满汉文化的同源性。辛亥革命后,旗人族群陷入困境,旗人悲惨的现实处境,以及旗人困苦的在社会言说体系中的结构性失语,使得穆儒丐在纵轴与横轴分别向下、向左移动,在文学作品中表现出对旗人现实处境的悲愤与屈辱。

然而需要注意的是,这种族群言说仍是在族群认同－民族国家认同的纵轴上。他强调满洲作为华夏文明的一支,在现代中国版图形成中的重要作用。言说族群伤痛的逻辑起点是曾经为中国做出巨大贡献的旗人,现在作为"五族"之一的满人,却不能分享现代民族国家的公民权利;以民族国家统一的立场,质疑造成民初乱象的辛亥革命的意义。对族群历史的自豪与现实的屈辱,形成一种扭结悲愤的情感基调。同时这一时期他也创作了大量的政论文章,在非文学性的政论文章中,穆儒丐大多都站在现代知识分子的立场上,依据民族国家共同体批判民初的军阀混战、百姓遭殃、国家不能统一的乱局。

在这文化观念横轴上,这一时期,穆儒丐批驳中原汉文化视北方少数民族文化为蛮夷的论调,强调旗人所代表的中国北方文化在华夏文明形成中的贡献。他认为现实的世界文化中已经存在不同文明间平等的相互沟通的"大同文化",因此站在"大同文化"的立场上,批判新文化运动视中国传统文化为糟粕的观点,在穆儒丐的文化观中文化有"文野"之分而没有新旧、中西之分。

在文学观念上,穆儒丐明显受清末光宣之际文人的影响,对中国传统文学有着深厚的情感,能在文化平等的视角下,对待中国文化和西方文化。他反对激烈的革命,尤其反对以革命的方式对待文学。穆儒丐青年时期怀有政治抱负,主张实行君主立宪制,辛亥革命使得他的政治理想破灭。但是作为产生于清末的一种"现代性",并没有因为政治的失败而寂灭。作为文人、报人的穆儒丐仍延续着异于五四现代性的思考,在中国接下来的时代生活、思考,与各个时代的新的思潮发生碰撞和交流。其文学创作也在接下来的时代取得很高的成就,他对新文化的接受、批判、反思都反映在他的创作中。这些为我们重新回到中国现代文学发生的语境,提供了不同于新文化运动的视角,也成为我们反思新文化运动、扩大中国现代文学边界的一条线索。通过对穆儒丐的"发现",也可以看到当今的文化现实、文化制度是多种历史合力作用而成的。以穆儒丐为代表的一批文学史上被边缘化的文人,在当时历史语境中的文学实践也影响了后代的文学进程。

伪满傀儡政权是一个特殊的历史时期,它的特殊性之一在于它将本质是侵略的政治性需求强加于文学。它以武力和政权为后盾,将诸如创作题材、创作体裁、地域风俗等等与政治无关的文学现象涂上政治色彩,这是政治对文学的胁迫,但是文学也并非完全没有反抗的余地,因为意义的生成从来都不是单一的,文学仍可以在自己的范围内游离政治。东北沦陷时期穆儒丐对于旗人历史及现实的言说,受到伪满主流文化的青睐,将其纳入伪满"独立"的政治需求,但是在穆儒丐的文本中看,其创作依然还在上文的象限图里,他还是将自己的族群视作中华民族的一部分,他仍在满汉同源的基础上阐释族群文化。穆儒丐在东北沦陷时期的文学创作,为我们提供了鲜活的文学抵抗样式,从中能看到中国文学的力量,也能看到文学在政治面前的妥协和无奈。历史最终证明,伪满所谓的伪满文学"独立色彩"的破产。因为即使他创作了东北地方题材、章回小说体裁、反映东北地区民族历史的《福昭创业记》,其文本的内在逻辑仍是中国的,仍然是中国文学的一部分。

中国近代以来的时代变迁,不断地改变着穆儒丐的现实处境,不同时代所带来的文化主题也不断地冲击着穆儒丐的文化观念。如果以颜色来做一个比方,穆儒丐有他自己的底色,每一个时代也都有自己的颜色,在历史不断地涂抹和不同颜色的混合下,穆儒丐的作品在今天看起来色彩斑驳。但是借助史料考证、文本链的勾连、符码分析,可以还原穆儒丐的底色,也可以触碰到中国近代以来历史和文学中异质思想不断出现,各种历史文化观念相互碰撞的富于张力的鲜活时刻。作为经历了清末、民国、伪满、新中国不同历史时期,一直关注时代发展,又不断被时代边缘化的穆儒丐,还原其"底色",以及不同时代"颜色"的混合,不同"颜色"间的遮盖,对于反思中国现代文学、文学与族群记忆、文学与民族国家、文学与政治、扩大中国现代文学的领域等有诸多价值。

参 考 文 献

一、资料类

[1]管翼贤.新闻学集成:第四辑[M].北京:中华新闻学院,1943.

[2]刘晓丽,大久保明男.伪满时期文学资料与整理与研究.史料卷.伪满洲国的文
    学杂志[M].哈尔滨:北方文艺出版社,2017.

[3]戴逸.北京市文史研究馆馆员传略[M].北京:北京市文史研究馆,2002.

[4]常书红.辛亥革命前后的满族研究:以满汉关系为中心[M].北京:社会科学文
    献出版社,2011.

[5]上官缨.上官缨书话[M].长春:吉林人民出版社,2001.

[6]张毓茂,本卷编委会.东北现代文学大系:1919—1949:第十·四集:资料索引卷
    [M].沈阳:沈阳出版社,1996.

[7]刘心皇.抗战时期沦陷区文学史[M].台北:成文出版社有限公司,1979.

[8]朱书刚,孙进.辛亥革命与海峡两岸关系研究[M].武汉:湖北人民出版社,
    2014.

[9]金毓黻.静晤室日记[M].沈阳:辽沈书社,1993.

[10]陈加,郭君,孙仁奎.辽宁地方志论略[M].吉林省地方志编纂委员会,1986.

二、作品集

[1]穆辰公,张次溪编撰,陈均辑校.伶史:外四种[M].北京:北京出版社,2017.

[2]穆儒丐.梅兰芳:穆儒丐孤本小说[M].台北:釀出版,2012.

[3]穆儒丐.北京[M].沈阳:盛京时报社,1924.

[4]穆儒丐,陈均.北京,1912[M].北京:北京联合出版社,2015.

[5]谷崎润一郎.春琴抄[M].儒丐,文华,译.长春:艺文书房,1942.

[6]穆儒丐,陈均.北京梦华录[M].北京:北京出版社,2016.

[7]儒丐.福昭创业记[M].长春:满日文化协会,1939.

[8]儒丐.福昭创业记[M].长春:吉林文史出版社,1986.

[9]穆儒丐.如梦令[M].长春:开明图书公司,1943.

[10]穆儒丐,高翔点校.穆儒丐稀见本小说《如梦令》点校[M].沈阳:辽海出版社,
    2014.

三、论著类

[1]刘晓丽.伪满洲国文学与杂志[M].重庆:重庆出版社,2012.

[2]王德威.被压抑的现代性:晚清小说新论[M].北京:北京大学出版社,2005.

[3]逄增玉.东北现当代文学与文化论稿[M].北京:中国社会科学出版社,2012.

[4]郑大华,邹小站.辛亥革命与清末民初思想[M].北京:社会科学文献出版社
    2012.

[5]冈田英树.伪满洲国文学[M].靳丛林,译.长春:吉林大学出版社,2001.

[6]杜赞奇.从民族国家拯救历史民族主义:话语与中国现代史研究[M].王宪明,
    高继美,李海燕,等,译.北京:社会科学文献出版社,2003.

[7]关纪新.满族书面文学的流变[M].北京:社会科学文献出版社,2015.

[8]王屏.近代日本的亚细亚主义[M].北京:商务印书馆,2004.

[9]雷海宗.中国文化与中国兵[M].北京:华侨出版社,2013.

[10]林庆元,杨齐福."大东亚共荣圈"源流[M].北京:社会科学文献出版社,
    2006.

[11]徐乃翔,黄万华.中国抗战时期沦陷区文学史[M].福建教育出版社,1997.

[12]柄谷行人.日本现代文学的起源[M].赵京华,译.北京:中央编译出版社,
    2013.

[13]杨义.中国现代小说史[M].北京:人民文学出版社,2001.

四、期刊论文

[1]铁峰.二十年代的东北新文学[J].社会科学辑刊,1992(1):145-149.

[2]冯为群.评古丁的文学成就[J].社会科学辑刊,1992(4):142-149.

[3]铁锋,郑丽秋.东北现代文学的开拓者与建设者:满族作家儒丐[J].学习与探
    索,1993(4):108-112.

[4]张菊玲.清末民初旗人的京话小说[J].中国文化研究,1999(1):104-110.

[5]孙玉石,张菊玲.《正红旗下》悲剧心理探寻[J].北京大学学报(哲学社会科学
    版),1999(5):82-90.

[6]雷晓彤."京味"近代北京小说家的探索[J].北京社会科学,2005(2):78-84.

[7]刘晓丽.伪满洲国时期文学杂志新考[J].中国现代文学研究丛刊,2005(6):
    152-169.

[8]长井裕子,莎日娜.满族作家穆儒丐的文学生涯[J].民族文学研究,2006(2):

163 – 170.

[9]刘大先.清末民初京旗小说引论[J].民族文学研究,2007(2):45 – 51.

[10]关纪新.风雨如晦书旗族:也谈穆儒丐小说.[J].满族研究,2007(2):103 – 111.

[11]张菊玲.穆儒丐的晚年及其它[J].满族研究,2007(3):114 – 118.

[12]箔声.穆儒丐与王度庐[J].满族研究,2008(2):115.

[13]张菊玲."驱逐鞑虏"之后:谈民国文坛三大满族小说家[J].中国现代文学研究丛刊,2009(1):54 – 64.

[14]薛勤.旨趣和意义:清末民初东北叙事文学主题研究[J].社会科学战线,2010(12):122 – 125.

[15]刘大先.制造英雄:民国旗人对于清初历史的一种想象:论穆儒丐小说《福昭创业记》[J].满族研究,2011(2):96 – 102.

[16]冯静.辽宁现代文学发生期的文学批评:以穆儒丐为中心[J].名作欣赏,2012(11):43 – 44.

[17]闫秋红.论民国时期满族作家的民族意识[J].中央民族大学学报(哲学社会科学版),2012(4):111 – 116.

[18]刘晓,尚侠.古丁与"大东亚文学"[J].外国问题研究,2013(1):31 – 35.

[19]王秀艳.《盛京时报》"神皋杂俎"副刊十年与穆儒丐小说创作:1918—1927 年《盛京时报》的文艺传播[J].文艺评论,2014(1):111 – 115.

[20]刘晓,尚侠.古丁和《一知半解集》[J].东北师大学报(哲学社会科学版),2014(1):115 – 118.

[21]王巨川.再疆域时空的文化形态与旧体诗创作特征:以东北沦陷时期《盛京时报.文艺副刊》为中心[J].北方论丛,2015(5):46 – 52.

[22]高云球,王巨川.论旗人作家穆儒丐在东北的翻译文学实践[J].民族文学研究,2015(5):40 –49.

[23]冯静.殖民权力场域与东北现代文学话语建构:以《盛京时报》文艺副刊为考察中心[J].社会科学辑刊,2016(6):174 – 179.

[24]张伟,李永东.民初北京的文学想象:以穆儒丐的长篇小说《北京》为中心[J].创作与评论,2017(18):84 – 92.

[25]刘晓丽.作为方法的"穆儒丐"[J].沈阳师范大学学报(社会科学版),2017(6):34.

[26]刘大先.晚清民国旗人社会变迁与文学的互动[J].南京师大学报(社会科学版),2018(5):132 – 142.

[27]刘伟.清末立宪派的民权观[J].近代史研究,1993(1):130-146.

[28]陈宇翔.清末留日立宪派的理论贡献[J].求索,1996(4):112-117.

[29]黄兴涛.现代"中华民族"观念形成的历史考察:兼论辛亥革命与中华民族认
    同之关系[J].浙江社会科学,2002(1):129-142.

[30]常书红.清末满汉关系的变化与中华民族认同的诞生[J].陕西师范大学学报
    (哲学社会科学版),2010(4):165-172.

[31]邓丽兰.种族政治压力下的政治现代性诉求:从《大同报》看满族留日学生的
    政治认同[J].华中科技大学学报(社会科学版),2011(6):82-89.

[32]何卓恩,孙会修.清末满人知识分子的民族认同思想:以《大同报》为中心[J].
    安徽史学,2012(6):17-23.

[33]魏善玲.辛亥革命前留日学生创办期刊及其影响[J].江苏大学学报(社会科
    学版),2012(4):45-49.

[34]王玉玲.清末知识分子的"新中国"构想[J].清史研究,2013(4):66-77.

[35]王富仁."现代性"辨正[J].北京师范大学学报(社会科学版),2013(5):5-
    30.

五、学位论文

[1]刘晓丽.1939—1945年东北地区文学期刊研究[D].上海:华东师范大学,2005.

[2]蒋蕾.精神抵抗:东北沦陷区报纸文学副刊的政治身份与文化身份[D].长春:
    吉林大学,2008.

[3]赵海霞.1872—1919年近代报刊剧评研究[D].上海:复旦大学,2011.

[4]高云球.1932—1945:东北沦陷区翻译文学研究[D].北京:中国社会科学院研
    究生院,2013.

[5]詹丽.东北沦陷时期通俗小说研究[D].长春:吉林大学,2012.

[6]王越.东北沦陷时期文丛派与艺文志派比较研究[D].长春:东北师范大学,
    2013.

[7]何爽.伪满洲国戏剧研究[D].长春:吉林大学,2014.

[8]王秀艳.《盛京时报》小说研究[D].长春:吉林大学,2014.

[9]丰杰.民国文学中的辛亥革命叙事(1912—1949)[D].南京:南京师范大学,
    2015.

[10]刘旸.古丁研究[D].长春:东北师范大学,2015.